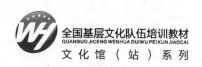

全国基层文化队伍培训教材
QUANGUO JICENG WENHUA DUIWU PEIXUN JIAOCAI

文 化 馆 （ 站 ） 系 列

U0573770

QUNZHONG WENHUA

ANLI XUANBIAN

群众文化案例选编

路 斌　杜 染◎主　编

北京师范大学出版集团
BEIJING NORMAL UNIVERSITY PUBLISHING GROUP
北京师范大学出版社

图书在版编目(CIP)数据

群众文化案例选编／路斌，杜染主编．—北京：北京师范大学出版社，2013.6（2015.4 重印）

（全国基层文化队伍培训教材）

ISBN 978-7-303-15599-6

Ⅰ．①群… Ⅱ．①路… ②杜… Ⅲ．①群众文化-案例-中国-业务培训-教材 Ⅳ．① G249.2

中国版本图书馆 CIP 数据核字(2012)第 261833 号

营 销 中 心 电 话	010-58802181 58805532
北师大出版社高等教育分社网	http://gaojiao.bnup.com
电 子 信 箱	gaojiao@bnupg.com

出版发行：北京师范大学出版社 www.bnupg.com
　　　　　北京新街口外大街 19 号
　　　　　邮政编码：100875

印　　　刷：北京中印联印务有限公司
经　　　销：全国新华书店
开　　　本：170 mm × 230 mm
印　　　张：17.5
字　　　数：305 千字
版　　　次：2013 年 6 月第 1 版
印　　　次：2015 年 4 月第 2 次印刷
定　　　价：38.00 元

策划编辑：马洪立　　　责任编辑：马洪立　李　念
美术编辑：毛　佳　　　装帧设计：毛　佳
责任校对：李　菡　　　责任印制：陈　涛

作者简介

路斌，男，1968年出生，大学毕业，文学学士。曾在中共北京市委宣传部文化处，北京市文化局社会文化处、办公室、演出艺术处，北京文化艺术活动中心（北京群众艺术馆）等处就职，历任北京市文化局办公室副主任、演出艺术处副处长（主持工作）、北京文化艺术活动中心主任（北京群众艺术馆馆长），现任北京市文化局办公室主任。被国家文化部聘为国家公共文化服务专家委员会专家。其群众文化学术论文《构建群众文化创新的科学体系》和《免费开放的思考》，分别在中国群众文化学会主办的2010年、2011年全国群众文化年度论文评选中获得一等奖。另外，《试论我国文献资源共享的现状及发展对策》在1997年度北京市图书馆学会论文研讨会上获得二等奖；调研报告《我市街道社区文化站发展现状及对策》获北京市文化局优秀调研报告。其撰写的文章多次在人民日报、中国文化报、北京日报等报刊发表，并多次获得北京市文化局优秀公务员并立三等功；在首都建国50周年庆祝活动中荣立三等功和优秀共产党员称号。爱好硬笔书法，获全国"兴华杯"硬笔书法比赛优秀奖；北京市第三届机关文化艺术大赛硬笔二等奖等。

杜染，1969年9月生于北京，中共党员。1995年毕业于北京大学中文系。现任职于北京文化艺术活动中心，并任北京民间文艺家协会、中国散文诗学会、中国乡土艺术协会文学专业委员会理事，北京作家协会会员，北京市东城区文联理事、《东城文苑》执行主编、北京市东城作家协会常务副秘书长。

2007年入选北京市文艺人才"百人工程"。出版专著《杜染作品集》、《文化家园》、《皇城内外》。编有文学和理论类图书10余部。获全国和北京市级奖35项。论文获得全国第11届"群星奖"群众文化科研成果银奖。发表各类作品百余万字、论文30余篇。曾为30余台北京市和东城区大型文艺晚会撰稿。曾在10个北京市和东城区文化调研课题中执笔。

曾参加人力资源和社会保障部、文化部文化行业国家职业标准的起草，多次应邀到中央文化管理干部学院授课。

序 言

　　文化部国家公共文化服务体系建设专家委员会组织编写的全国基层文化队伍培训教材陆续出版了。这是加强公共文化服务人才队伍建设的一项基础工作，很有意义。

　　推动社会主义文化大发展大繁荣，队伍是基础，人才是关键。2007年中央"两办"发布的《关于加强公共文化服务体系建设的若干意见》中，就对加强公共文化服务人才队伍建设作出了部署，明确提出了提高公共文化服务人才队伍思想素质和工作能力的要求。2010年《国家中长期人才发展规划纲要（2010—2020年）》发布之后，文化部专题部署了开展全国基层文化人才队伍培训的工作。党的十七届六中全会通过的《关于深化文化体制改革，推动社会主义文化大发展大繁荣若干重大问题的决定》，提出基层文化人才队伍是文化改革发展的基础力量的重要论断，要求制订实施基层文化人才队伍建设规划，完善机构编制、学习培训、待遇保障等方面的政策措施。《国家"十二五"时期文化改革发展规划纲要》对加强基层文化队伍建设、完善文化人才培训机制作出了具体部署。建设一支德才兼备、锐意创新、规模宏大、结构合理的基层文化人才队伍，成为新时期公共文化服务体系建设的重要任务。

　　2010年9月，为落实《国家中长期人才发展规划纲要（2010—2020年）》，文化部发布了《关于开展全国基层文化队伍培训工作的意见》，主要任务是用五年时间，对全国现有约24万县乡专职文化队伍和360多万业余文化队伍进行系统培训，促使基层公共文化队伍素质显著提高，服务能力明显增强。为此要求建立、健全基层文化队伍培训工作体制和机制，建立分级负责、分类实施的培训组织体系，其中文化部负责指导各地培训、组织编写教学纲要、建设远程培训平台、培养省级师资、举办示范性培训等工作。按照文化部的统一安排，组织编写教学纲要和教材这一任务，由国家公共文化服务体系建设专家委员会负责实施。

专家委员会在广泛征求意见、充分讨论研究的基础上，形成了培训教材编写的整体方案：教材的内容规划为"公共文化服务通论系列"、"公共图书馆系列"、"文化馆(站)系列"三大系列；教材的形式设计为培训大纲性质的教学指导纲要和系统化的教材并举，为应培训之亟须，先行编写出版公共图书馆系列和文化馆(站)系列的教学指导纲要；纲要和教材的编者在全国范围内遴选一流的专家学者和富有经验的实际工作者。2012年年初，先行组织编写的《公共图书馆业务培训指导纲要》和《文化馆(站)业务培训指导纲要》由北京师范大学出版社出版，文化部免费配送至全国县以上文、图两馆及相关部门。现在呈现在读者面前的，就是在指导纲要基础上编写的系统化教材。按照计划，三大系列共17部系统化教材在2012年年内全部出齐。

就文化馆(站)系列的教材而言，更有其特殊的意义。群众文化学是我国一门新兴的学科。从文化建设层面讲，群众文化是具有鲜明中国特色的社会文化现象。新中国成立后，正式提出"群众文化"的概念。随着群众文化事业的发展，群众文化的理论研究不断深入，1959年出版了第一本群众文化理论著作——《群众文化工作概论》，标志着群众文化学基础理论的初露端倪。20世纪80年代末90年代初，陆续出版了《群众文化学》、《群众文化管理学》、《群众文化辅导学》、《文化馆管理学》等一批群众文化理论专著，标志着群众文化学基本形成。当前，在推动社会主义文化大发展大繁荣的大背景下，群众文化活动空前地蓬勃开展，人们对群众文化地位和作用的认识不断提高，理论探索持续深入，实践创新快速推进，政策法规逐步完善，群众文化的总体运行环境和基本形态发生了深刻变化，迫切需要总结提炼群众文化实践和研究成果，丰富和发展群众文化理论，形成新的系统化的理论著作和教材。此次文化馆(站)系列教材的出版，填补了空白，解决了基层群众文化队伍培训工作的燃眉之急。文化馆(站)系列教材第一次比较全面、系统地阐述了国家公共文化服务体系建设中的群众文化理论和群众文化工作，比较集中地体现了近年来群众文化理论创新和实践探索所取得的成果，是群众文化理论建设发展到一个崭新阶段的重要标志。

在文化馆(站)系列教材的编写过程中我们遇到的第一个困难就是,可供参考的理论专著和教材数量太少。由于群众文化学在大学里没有常设的专业,所以专业教材数量一直很少,专门面向基层文化馆(站)从业人员在职学习、岗位培训的适用教材更是缺乏,而且大都是20年前的教材。经过反复研究讨论,我们确定编写工作要遵循以下原则:第一,继承性原则。即以群众文化的基本理论为基础,以《群众文化学》、《群众文化管理学》、《群众文化辅导学》、《文化馆管理学》等著作为参照,继承和发展群众文化理论研究的成果,保持群众文化理论发展的连续性和稳定性。第二,与时俱进原则。广泛收集近年来群众文化实践的新经验和研究的新成果,总结、提炼群众文化工作的新观点、新理论、新探索,并将其上升为系统的理论成果,对原有的群众文化理论、知识技能进行发展、完善和创新。第三,与国家公共文化服务发展的方针政策相一致的原则。教材内容要力争全面、准确地阐述党和政府发展公共文化事业、构建公共文化服务体系的理念、思想、方针和政策,体现国家公共文化服务发展战略对群众文化理论、群众文化工作、文化馆(站)的建设与发展提出的新要求。第四,适用性原则。教材内容要以提升文化馆(站)业务人员管理和服务能力的现实需求为牵引,以提升从业人员的职业素养和业务能力为目标,以政策法规、专业知识、文化素养和能力养成为重点,以"学得会、用得上、有实效"为标准,不过分追求体系的完整性。教材的编写注重总结、提炼、升华实践中成功的做法、经验和案例,适应启发式、案例式、研讨式教学的需要。

教材编写的成功与否关键在人——编写人员,这也是我们遇到的第二个困难。同样是由于群众文化学在大学里没有常设的专业,所以也缺乏专门从事群众文化专业教育、理论研究和教材编写的专家,又没有国家文化馆可以依托,很难像公共图书馆系列教材的编写那样组织一批学者、教授参与其中。因此,文化馆(站)系列培训指导纲要和教材编写人员的组成,是以长期从事群众文化工作和群众文化理论研究,有着丰富群众文化工作经验和理论功底的群众文化工作者为主体,还包括群众文化工作的领导干部,以及从事公共文化服务体系研究的专家。他们大都拥有为业务骨干讲授的实际历练，有的已经形成了讲义并在全国作专题讲座，如社区公共文化服务、群众文化活动的策划与组织、群众文艺创作等，这些都为此次编写指导纲要和教材奠定了坚实的基础。他们的长处是有着丰富的实践经验和较深的理论功底，他们的短处是缺少一定的教材编写经验。但是，他们有着一个共同的特点，那就是热爱群众文化事业，有着为群众文化理论建设和群众文化事业发展贡献自己聪明才智的一颗火热的心。

教材不是个人专著，因此编委会通过研讨、交流乃至碰撞、争鸣而形成共识就显得尤为重要。在本套教材的编写过程中，编委会的每个成员都表现出了令人敬佩的高度重视、严肃认真、团队合作、学术包容的态度和精神。每本教材的主持人都组织编写人员进行了多次多种形式的研讨交流，从内容划分到框架体系，从章节要点到附属材料，都经过了编写团队的反复研讨打磨。三大系列所有编写人员参加的研讨会先后召开了 4 次。2011 年年底，公共图书馆和文化馆（站）业务培训指导纲要预印本印出后，分别在南京图书馆和宁波文化馆召开了由省、地、县各级公共文化服务机构代表参加的征求意见会。可以说，目前形成的教材，不仅凝聚着全体编写人员的心血，同时也包含着众多业界同仁的智慧。尽管如此，我知道问题和不足肯定还存在。欢迎使用本套教材的各级文化部门和基层文化工作者提出修改意见和建议，我们将在今后适当的时候作必要的修订。

参加文化馆（站）系列教材编写工作的还有上海市群众艺术馆、江苏省和江苏省相关地市文化馆、北京群众艺术馆和相关区县文化馆、天津市群众艺术馆等的专家和群众文化工作者。在编写过程中还得到了全国许多文化馆和群众文化工作者的热情帮助。教材的编写仅有编写人员的努力还不够，还应该感谢中国文化传媒集团公共文化发展中心为编写工作提供的有力保障，感谢北京师范大学副校长杨耕教授，北京师范大学出版集团叶子总编辑和李艳辉副总编辑，高教分社原副社长江燕老师，以及各位责任编辑，他（她）们为教材的出版把了最后一道关口，付出了心血和努力。

冯守仁

前　言

为了贯彻全国基层文化队伍培训工作会议精神，按照文化部《关于开展全国基层文化队伍培训工作的意见》中的要求，文化部计划用 5 年时间，以县、乡、村三级专、兼职文化队伍为主要培训对象，对现有 24.27 万人县乡专职文化队伍和 366.85 万人左右的业余文化队伍进行系统培训。

为了进一步推动全国基层文化队伍培训工作，文化部社文司启动了全国基层公共文化服务系列教材编纂工作，计划编写有关公共文化服务、文化馆、图书馆和非物质文化遗产等的系列丛书。受文化部社文司文化馆处委托，北京群众艺术馆负责编写文化馆系列的《群众文化案例选编》。

《群众文化案例选编》集中推出了一批全国各省、自治区、直辖市在发展群众文化事业中具有典型性、示范性意义的，并且在实践中学得会、用得上、有实效的案例，通过面向全国的培训，向广大基层文化工作者宣传、展示、推广各省市的典型经验和做法，从一个侧面体现这些省市的群众文化工作水平。对入选的案例，编者邀请国家公共文化服务体系建设专家委员会专家逐一进行了点评。

每个案例在文字上基本包括案例概况、具体做法、主要特色、社会效果、主要经验等，便于读者较全面地对案例进行了解和学习、借鉴，从而对本地区、本单位群众文化工作起到指导和启发的作用。

《群众文化案例选编》全书共分四章。第一章"群众文化活动"中，遴选案例类别包括广场活动、展演赛事活动、节庆活动、文艺辅导活动、民族民间群众文化活动、社区文化活动等。第二章"群众文化机制创新"中，遴选案例类别包括活动运作机制、服务机制、数字化网络服务机制、宣传机制、人才和服务配送机制、服务机构内部改革、管理机制创新等。第三章"群众文化队伍建设"中，遴选案例类别包括群众文化专业工作者队伍、基层协管队伍、文艺团队、文化志愿者队伍等。第四章"文化馆（站）的免费开放"中，遴选案例类别包括文化馆（站）的免费开放工作、免费服务项目、阵地服务品牌等。

群众文化事业发展到今天，需要在继承的基础上创新，不仅需要在实践中创新服务内容和服务方式，也需要在群众文化的应用理论上不断创新，面对丰富多彩、如火如荼的群众文化实践和一系列阻碍群众文化事业发展的体制机制障碍，需要特别重视群众文化的应用对策研究、现实问题研究，需要特别重视运用实证研究方法，特别重视理论研究的原创性、学术性，努力回答和解决公共文化服务体系背景下群众文化事业改革与发展的重大理论和实践问题，强化问题意识，以超前的眼光，关注学术前沿和时代的变化，深入研究建设公共文化服务体系中群众文化发展的全局性、战略性和前瞻性问题，形成群众文化自己的声音。当前，尤其需要侧重的是群众文化发展研究，要运用已有的基础研究成果，依据实际需要，提出群众文化发展的计划和对策，进行理论创新和实践创新。

针对群众文化事业发展面临的新形势和提出的新要求，《群众文化案例选编》从实践的角度为群众文化工作和理论研究打开了一扇全面了解全国群众文化发展现状的窗口，透过这扇窗口，我们希望引发全国群众文化工作者的思索和感悟，激发全国群众文化工作者的热情和才智，用我们群众文化人的睿智与思想、敬业与奉献，迎接群众文化事业发展的新高潮，为社会主义文化大发展、大繁荣添砖加瓦！

编　者

目 录

后　记 /261

第一章　群众文化活动

一、江城人民的精神乐园——"武汉之夏"

历史文化名城武汉地处长江中下游，素有"华中重镇、九省通衢"之美誉。自汉口开埠以来，这里便商贾云集、百艺繁盛。"一桥飞架南北，天堑变通途。"今日之武汉，两江四岸，三镇鼎立；长江汉水在这里交汇，琴台知音在此地共鸣；这里是白云黄鹤的故乡，这里更是辛亥首义的圣地。

(一)"武汉之夏"的源起

江城武汉地势如盆，这里夏季时间长、温度高，被国人戏称为长江流域"三大火炉"之一。很早以前，江城人就形成了在街头纳凉消暑的习惯。炎炎夏日，每当夜幕降临，辛苦劳作一天的江城人便自动聚集在大街小巷纳凉休息，大人在谈天说地，小伢在游戏玩耍，活脱脱一幅江城纳凉图，好不悠哉乐哉。随着时间的推移，江城人纳凉时的娱乐活动越来越丰富，拉琴的、唱戏的、赛歌的、说书的……好似八仙过海，各显神通。这便是后来享誉全国、深受江城市民喜爱的特色群众文化活动——"武汉之夏"的雏形。

1978年，时任湖北省省委书记的陈丕显同志发出了"占领夏季乘凉阵地，广泛开展丰富多彩的群众文化活动"的号召，并于1978年6月，由武汉市文化局主办，在中山公园人民会场举行了第一届"武汉之夏"开幕式。自此，"武汉之夏"这项由群众自发形成，政府引导兴办的特色群众文化活动展开了气势恢宏的历史篇章，载入江城的文化史册。

(二)"武汉之夏"的组织形式

自 1978 年至今，"武汉之夏"已连续举办 33 届，呈现出常办常新、久盛不衰的态势。究其原因，一是"武汉之夏"来自于群众自发形成的群众文化活动，具有深厚的群众基础；二是得益于政府文化部门的及时引导和大力扶持。自首届"武汉之夏"开始，每届"武汉之夏"都有固定的主办、承办单位，都有鲜明的主题、浓郁的特色和强大的演出阵容。

通常情况下，"武汉之夏"活动由武汉市文化局领衔主办，武汉市群众艺术馆、各区文体局、文化馆、文化站则是组织者和承办单位。每年 5 月，市文化局就正式向全市各区(县)文化部门发文部署，各区(县)文化局结合本地区实际情况向街、乡发文贯彻落实。

从每年 6 月至 9 月的 100 余天里，遍及江城大街小巷的"武汉之夏"活动，以其丰富的内容、广泛的参与性和浓厚的娱乐性，吸引了众多江城市民参与其中，发挥出了文化服务社会、服务大众的作用。

"武汉之夏"曾在全国产生轰动效应，三十多年来，"武汉之夏"所产生出的示范效应和导向性，影响并推动了全市社区文化、企业文化、校园文化、军营文化的共同繁荣和发展，催生出了"社区艺术节"、"武钢之夏"、"军营之夏"、"校园夏令营"等特色文化活动。历史上，中共武汉市委宣传部也曾发文主办过"武汉之夏"活动。

(三)"武汉之夏"的活动内容和形式

三十多年来，"武汉之夏"的活动内容和形式可谓是丰富多彩、五花八门，充分展示了人民群众的创造性和智慧。早期的"武汉之夏"以群众自娱自乐为主，活动规模小，形式简单，重娱乐性而轻艺术性。当时"武汉之夏"的活动主要包括街头说书、街头故事会、街头电视以及露天电影等形式。

随着经济社会的发展，"武汉之夏"也随着时代的发展而与时俱进，以不断创新的内容和形式，满足着人民群众日益提高的文化生活需求。

自政府文化部门主办以后，"武汉之夏"的活动规模、演出阵容得到了较大的提升。例如由市文化局主办、市群众艺术馆承办的第二届"武汉之夏"开幕式，于 1979 年 7 月在中山公园人民会场举行。首场演出便展示出武汉市最高的艺术水准，著名京剧表演艺术家关正明、著名汉剧大师陈伯华、著名楚剧表演艺术家李亚樵分别登台献艺，精彩演绎了自己拿手的传统折子戏；第二场则是以著名歌唱家吴雁泽领衔的武汉歌舞剧院演出的歌舞专场；第三场曲艺专场演出地点移至武汉市群众艺术馆露天舞台，由湖北省曲艺团、武汉市说唱团、武汉市群众艺术馆曲艺团联合演出。江城曲艺名家夏雨田、胡必达、何祚欢、张明智等众星云集、高潮迭起。这届"武汉之夏"开幕式演出，名家荟萃、盛况空前，不仅活动内容丰富多彩，深受江城市民喜爱，而且具有较强的示范性和指导性。其活动规模之大、演出阵容之强、影响之广泛均位居历届"武汉之夏"前列，为"武汉之夏"群众文化活动的开展打下了坚实的基础，开创了良好的局面。

自此以后，"武汉之夏"规模越办越大，内容越来越丰富，而且活动的形式也随着时代的发展而不断创新。

1. 活动主题鲜明

每届"武汉之夏"都要围绕当年的文化中心工作，确定一个明确的主题。例如 1987 年以歌颂改革开放辉煌成就为主题内容，全市 13 个区（县）同时举办了庆贺"武汉之夏"十周年系列文化活动；1997 年第 20 届"武汉之夏"以庆祝香港回归为主题，举办"回归之声"系列文化活动；1998 年第 21 届"武汉之夏"以抗洪救灾为主题，举办了赈灾义演、慰问抗洪大军等系列文化活动；2001 年第 24 届"武汉之夏"以纪念中国共产党建党 80 周年为主题，开展了"党旗颂"系列群众歌咏活动；2008 年第 31 届"武汉之夏"以"欢乐奥运年"为主题，开展了全民系列文体活动；2009 年第 32 届"武汉之夏"以慰问农民工为主题，开展了慰问农民工等系列专场演出活动，为江城农民工提供了夏夜消暑娱乐的好去处。

2. 活动内容丰富，演出阵容强大

"武汉之夏"的活动内容十分丰富，除了市民自娱自乐的文化活动外，武汉邮政艺术团、武汉电信艺术团、武钢文工团、星海合唱团等知名的社会艺术团队也加入到"武汉之夏"的活动中，武汉京剧院、武汉汉剧院、武汉楚剧院、武汉市说唱团等市属文艺院团也"奉命"参加到"武汉之夏"的活动中，这些专业文艺院团除开展专场演出外，还按照就近的原则，派出专业老师指导辖区的群众文化活动。

3. 活动规模、形式灵活多样

每届"武汉之夏"活动均从实际出发，活动规模可大可小。一般来说，"武汉之夏"的开闭幕式往往集中组织开展广场文艺演出活动，活动规模大，演出阵容强，社会影响广，突出了活动的示范性和指导性。而各个街道、社区开展的"武汉之夏"活动，则因陋就简，就地取材，活动规模较小，突出了活动的娱乐性和参与性。较有特点的有露天电影、露天舞会、街头卡拉 OK 以及楼台对歌、"家家乐"趣味游艺、青少年之家、文化夜市等活动形式。

(四)"武汉之夏"的特点

源自群众自发组织、政府引导兴办的"武汉之夏"活动，经三十多年的沉淀积累、发展演绎，例如大浪淘沙、去芜存菁，形成了鲜明的特色。

1. 服务大众的公益性

"武汉之夏"自创办之初始终坚持公益性的原则，这里已成为一个政府埋单、群众享受公共文化服务的大众文化平台。

每年的"武汉之夏"，各专业院团的名家、大腕都纷纷走出艺术殿堂，来到街头巷尾，走近百姓身边，免费为大家演出，受到广大市民朋友的欢迎。

近年来，针对"农民工"这一新兴弱势群体的文化生活相对贫乏的问题，每届"武汉之夏"都要为农民工组织一些专场文化活动。

2. 浓厚的地域特色

江城武汉素有"火炉"之别号，这里夏季时长温高，酷热难耐，最能说明其地域特色的要数蜚声全国的江城"竹床阵"。"武汉之夏"正是在这样的环境条件下应运而生，其鲜明的地域特色自不待言。

3. 广泛参与的群众性

"武汉之夏"源自群众的首创，从群众中来，又回到群众中去。它早已成为江城市民夏日的精神乐园，其深厚的群众基础和广泛的群众参与性也应是题中之义。

每年的"武汉之夏"，均会衍生出许多规模适度、趣味性、参与性较强的活动内容和形式，例如楼台对歌、"家家乐"趣味游艺等活动，十分符合江城市民的文化口味和文化生活条件，深受群众的喜爱，便于普及、推广。初步统计，每年直接参与到"武汉之夏"活动之中的市民达数万之众，间接受益的群众更是不计其数。

4. 鲜明的时代特色

"武汉之夏"已连续举办33届不间断，每届"武汉之夏"均历时100余天，除开闭幕式集中组织大型广场演出活动外，各类小型文化活动则十分之多，几乎无法统计。

纵观33届"武汉之夏"，不仅每届活动的时间跨度长、内容丰富，而且不同时期的"武汉之夏"均深深地打上了那个时代的烙印。例如1998年长江流域遭受百年不遇的特大洪灾，江泽民、朱镕基、温家宝等国家领导人先后亲临湖北武汉指挥抗洪救灾工作。当年的"武汉之夏"活动共组织赈灾义演、慰问演出300多场，以文化的方式有力地支持了抗洪救灾工作。

2003年6月，抗击非典取得阶段性胜利，武汉继上海之后成为全国第二个对大型群众性文化活动解禁的城市。6月13日，全市举办了声势浩大的广场文化周暨第26届"武汉之夏"开幕活动，产生了良好的社会影响。

5. 因地制宜的灵活性

"武汉之夏"活动内容丰富多彩，而形式则灵活多样，规模大的有在汉口江滩、西北湖广场等地举办的大型广场群众文化活动，参与者众多；小型活动则因地制宜，在社区广场、门栋庭院等处"遍地开花"。

1978年首届"武汉之夏"开幕式演出仅为单一的相声晚会，之后，逐渐演绎出图书一条街、电视一条街、街头大家唱、文化夜茶园等灵活多样的形式。"武汉之夏"十周年之后，发展更为迅猛，产生出广场文艺演出、文化夜市、文艺百花园等综合性系列活动，活动内容也扩展到科技游艺、知识竞赛等多个领域。

(五)"武汉之夏"的社会影响

多年来，"武汉之夏"不仅得到各级领导的关心和支持，而且受到国内外新闻媒体的强烈关注。初步统计，中央电视台、中国文化报、湖北日报、湖北电视台、长江日报、武汉电视台、羊城晚报、武汉晚报等新闻媒体先后播出、发表过有关"武汉之夏"的新闻报道、专题片近千条次，产生了深远的社会影响。

1987年"武汉之夏"十周年之际，时任全国人大常委会副委员长陈丕显同志及其他各级领导纷纷为"武汉之夏"题词。陈丕显题词："'武汉之夏'清风爽，文明之花盛不衰"；陈再道题词："娱乐与教育并重，巩固与提高共举"；王任重题词："文化娱乐精神爽，夏日盛开文明花"；宋一平题词："开展群众文化活动，促进精神文明建设"。宋侃夫、顾大椿、高占祥、李尔重、焦勇夫等领导同志也都为纪念"武汉之夏"十周年题了词。

2010年5月，在第九届中国艺术节上，"武汉之夏"不负众望，以其连续举办32届的深厚内涵和常办常新的活动形式一举获得第十五届全国"群星奖"项目奖。

"武汉之夏"是一个文化的大熔炉，它汇百艺而成精品。三十多年来，从"武汉之夏"走出多位江城文艺新星，从"武汉之夏"涌现出多件荣获全国"群星奖"的精品力作。

"武汉之夏"是一艘文化之舟，它承载着中华民族的优秀传统文化，正劈波斩浪，朝着建设具有中国特色的社会主义文化的彼岸奋力前行。

"一花独放不是春，万紫千红春满园。"历经三十余载，深受武汉市人民喜爱的"武汉之夏"活动，已成为全市公共文化服务体系建设的一个重要载体和抓手，对丰富活跃群众文化生活、促进家庭邻里和睦、建设和谐武汉起到了积极的推动作用。它历久弥新，已演绎成江城武汉大型公益性品牌群众文化活动，成为江城人民夏日的精神乐园。

【专家点评】

自1978年起，经历了三十余届的"武汉之夏"已成为武汉大型群众文化品牌活动。这项活动之所以能够获得成功，而且经久不衰，可从以下几个方面找到原因：第一，武汉的自然环境和人文环境构成了其独特的文化土壤，纳凉文化使"武汉之夏"在孕育时期就获得了充足的营养，这充分说明环境对群众文化活动的重要性；第二，各级政府对"武汉之夏"活动的扶植和支持目的十分明确，满足广大群众的文化需求的动机得到了人民群众的支持和认同，政府的活动目的与群众的参与动机相一致是促使活动成功的决定性因素。第三，寓教于乐的文化传播方式在活动中得到了充分体现，活动的承办方采用了丰富多样的活动形式将时代精神与党和政府的声音，以每年一主题的方式巧妙地融入活动中，并采用专群结合的方式把艺术家的风采带入到活动中，使广大群众在接受思想教育的同时提高了艺术审美水平，这是保证活动始终充满活力的关键性因素。

（点评人：贾乃鼎）

二、北京奥运文化广场活动

该品牌活动指以北京奥运会为契机，在筹备奥运会、奥运会期间和奥运会之后，北京以奥运文化广场活动为品牌，举办了具有常态机制的、以公共服务为宗旨的、影响较大的一系列广场文化活动。

自 2001 年北京奥运会申办成功，北京奥运文化广场活动就开始被整体酝酿，并进行了一系列的筹备活动。经过近 10 年的运行，北京奥运文化广场活动不仅成为一个成熟的文化品牌，在城市广场文化活动运作方面有比较多的创新，在全国广场文化活动领域处于毋庸置疑的领先位置；同时，北京也利用奥运会的平台，使该活动积累了丰富的国际经验，对今后如何通过广场文化展示中国丰富的民间文化，起到了重要启示作用。

近 10 年来，北京市以"文化奥运"为核心理念，通过奥运文化广场活动的组织，充分发挥了文化广场这个重要公共文化设施的作用，形成了以 26 个奥运文化广场活动为核心、各区县广场活动为主体、城市社区广场活动为补充的全市广场文化活动体系，为开展广泛的群众文化活动提供了广阔的舞台，带动了广大基层文艺社团活动的开展，大大丰富了北京的城市文化内涵，成为北京公共文化服务体系建设的重要内容。

（一）精心组织、丰富多彩的奥运广场文化活动，成为向世界展示中国、传播北京奥运会理念、促进各国友谊的重要载体，活动得到了党和国家领导人的赞扬，得到了世界各国的高度评价

在两个奥运期间，每个奥运文化广场均安排了丰富多彩、形式多样的活动，内容囊括了大屏幕转播、文艺演出、文化展示、奥运纪念品交换、志愿者服务等 7 个元素。据统计，奥运会和残奥会期间参加奥运和残奥文化广场演出的艺术团队达 700 余支，共演出 538 场次，接待游客 286 万余人次。其中，全市 26 个奥运文化广场共 628 个艺术团队安排各类广场演出 444 场次，接纳游客约 251.1 万人次。天安门广场也开展了以"祝福奥运"、"欢庆奥运"、"和谐奥运"、"参与奥运"、"民俗奥运"、"激情奥运"、"舞动奥运"为主题的一系列形式多样的文化艺术活动。2008 年 8 月 8 日北京奥运开幕当天夜晚，数以万计的北京老百姓和中外游客自发聚集在奥运文化广场大屏幕下，一同观看奥运会开幕式盛况。在北京远郊区县的个别奥运文化广场，人们在大雨之下撑着伞坚持观看，久久不愿离去。

奥运广场文化活动引起了国内外巨大反响，吸引了世界的目光。中外媒体纷纷抓住机会采访跟拍奥运文化广场活动，仅 2008 年 8 月 3 日一天，在天安门广场就有近百家中外媒体采访跟拍。国内各大媒体纷纷拿出大幅版面报道奥运文化广场活动情况，各电视台也拿出黄金时段播放奥运文化广场活动的盛况。

各级领导都十分重视奥运文化活动，纷纷抽出自己宝贵的时间参与奥运文化活动、支持奥运文化建设工作。时任中共中央政治局常委、国家副主席习近平同志，时任中共中央政治局委员、北京市委书记、北京奥组委主席刘淇同志，时任中共中央政治局委员、国务委员、北京奥组委副主席刘延东同志，时任中央书记处书记、中央办公厅主任令计划同志，时任北京市市委副书记、北京奥组委执行主席、北京市市长郭金龙同志等领导都亲自视察了奥运文化广场。北京市市委常委、宣传部长、副市长、"北京2008"城市奥运文化活动协调小组组长蔡赴朝多次就奥运文化广场作出批示并现场指导工作。北京奥组委执行副主席蒋效愚为朝阳区世贸天阶奥运文化广场宣告启动。市委宣传部常务副部长、协调小组副组长陈启刚，北京市文化局局长、协调小组副组长降巩民，北京奥组委文化活动部部长赵东鸣、副部长沙澄深，以及有关省市文化厅（局）长等领导也分别出席了各区县奥运文化广场活动。

(二)奥运会期间广场活动的组织极大提升了北京广场文化活动的展示水平，从而大大提高了文化部门通过广场开展公共文化服务的能力，这主要表现在活动筹备、广场建设、安保、部门协作、艺术表现等方面

从筹备规划方面来看，牵头单位及早入手，组织起草了奥运文化广场活动的总体方案及相关文件，并认真细化各种执行规范。北京市文化局自2005年就开始制定相应活动规划，在全市统筹实施。北京市文化局从文化活动开展、文化设施建设、文化人才培养、文化市场监管这四方面入手，以举办奥运会为契机，加强宏观规划，不断扩大公共文化服务的覆盖面，提高公共文化服务设施的建设标准和投入效益，优化文化服务环境，整合现有文化资源。在履行奥组委关于奥运文化活动承诺的同时，也完善了北京市公共文化服务体系；从广场建设方面来看，各方专家反复论证，既注重不同地点的广场有侧重地体现不同地域的文化特色，又注重各文化广场景观的统筹布置，以在视觉形象上达到和谐统一，在具体建设过程中则充分利用现有资源，整合北京市已有公园、广场资源，建成了一批环境优美、特色突出的奥运文化广场，在奥运会之后奥运文化广场设施都将作为公共文化设施继续为市民服务。

从实际运作方面来看，完善的应急体制、周密的安保措施、良好的信息沟通渠道、各部门通力合作是奥运文化广场实际运作成功的关键。各地选派参加活动的艺术团都代表着本地区较高的文化艺术水准，艺术团成员均由优秀群众文化业余文艺骨干和地区专业院团的优秀演员共同组成。各艺术团体展示的内容均为该地区的高水平文艺节目、现代文化艺术成果、优秀非物质文化遗产项目以及该地区特色手工艺品等。而在非专业艺术团队方面，本着鼓励全民参与奥运、为奥运奉献的原则，本次奥运文化广场活动扶持了一批基层奥运品牌文化活动和特色文化活动，发展了一批基层文化志愿者队伍和群众业余文艺团队，为更多的普通百姓提供参与奥运的机会。

（三）奥运文化广场活动在机制、方式、思路等方面的创新，已经成为奥运会留给北京的重要财富，奥运文化广场活动带动北京市群众文化活动上了一个新的台阶，奥运会之后，从奥运文化广场到区县中心广场，到遍布城乡的社区、乡镇文化广场，都成为北京开展公共文化服务的重要场所

奥运会期间，北京文化广场活动的成功举办是北京城市文化工作者在各类文化广场活动上多年来积累经验、沉淀力量的集中释放。奥运文化广场活动的组织体系、运作流程、财务保障、管理模式、信息宣传等方面的经验都是无比宝贵的奥运精神财富。奥运文化广场活动充分整合了全社会的资源，调动了全社会的力量，真正达到了全民参与奥运的效果。在活动的举办过程当中，文化系统队伍也得到了锻炼和提高，为以后举办大型文化活动积累了丰富的实战经验。

奥运文化广场活动由政府管理，调动了群众文化队伍的积极性，并邀请社会企业参与运作，汇集了国际文化交流、非物质文化遗产项目等丰富内容，尽可能地用多元的文化服务形式去满足群众多样化的精神文化需求，公众可以在此自由享受免费而优质的文化服务。奥运文化广场创造了多媒体、多形式、多种资源集合的广场运行模式，特别是在开展阶段性主题活动、吸引企业参与运作、开展群众喜闻乐见的娱乐性、互动性广场活动、文化产品的展示售卖等各个方面都是未来城市文化广场值得借鉴汲取的重要元素。在奥运文化广场的后续利用上，不仅奥运文化广场本身将作为公共文化设施继续为市民服务，奥运文化广场的品牌节目也将作为奥运文化遗产永久保留下来，继续服务于奥运会后的市民文化生活。

奥运之后，所有的奥运文化广场都成为服务百姓的重要公共文化场所。例如燕山奥运文化广场系列活动每年从 6 月开始至 9 月底结束，周周有活动，周周有演出，参与率高、群众受益度广已经成为燕山奥运文化广场的一大特点。目前，燕山奥运文化广场已经具备了集表演、展示、娱乐、休闲"四位一体"功能的活动场所，成为燕山地区群众文化活动的重要场所。又如石景山区在奥运之后继续深入实施"人文奥运"文化工程，以群众广泛参与为特色，结合辖区特色，充分利用社区文化广场，深入开展丰富多彩、形式多样的文化活动。据不完全统计，2007—2009 年，石景山区各街道社区利用基层奥运文化广场组织的文艺演出、花会展示、电影放映、展览等各类形式的大中小型文化活动 423 场次，参与活动人数达 18.3 万人次。朝阳区区域较大，聚居人群较多，奥运会之后，奥运文化广场及各个社区广场为开展群众文化活动发挥了重要作用。例如世贸天阶奥运文化广场是奥运期间奥委会为各国奥组委、奥申委首推的示范广场，特别受年轻人青睐。世贸天阶奥运文化广场拥有世界第二大(250 米)巨型屏幕和先进的灯光音响设备，其优秀的运行管理模式、定期开展的品牌文化活动都继续服务着奥运会后的市民文化生活。在立春、仲夏、中秋、圣诞、元旦、春节等时间节点，这里会举办迎春风筝展赛、仲夏拉丁舞之夜、中秋赏月晚会、圣诞冰上嘉年华等活动。特别在2009年12月31日晚，该广场举办了"世贸天阶新年倒计时庆典活动"，2.4万余名群众聚集在广场上齐声倒数迎接2010年的到来，"世贸天阶新年倒计时"成为北京城市文化的一个重要品牌。

【专家点评】

北京奥运文化广场活动的开展，有许多启示供我们思考，其中最主要的是如何把握时机，充分利用自身的有利条件。时机信息和主体信息是每一个群众文化单位在举办大型文化活动时必须认真考虑的必要因素，但许多单位在策划过程中经常是就活动而论活动，将所有信息和策划精力都用在活动的内容、形式及有序的运作方面。而北京市文化主管单位却将这一活动作为一项工程来运作，充分利用奥运时机和首都的有利条件，利用广场文化活动对全市的群众文化事业进行宏观设计，从而产生了群众文化的后北京奥运效应。北京市文化局把握住了北京奥运会前后自身的三大优势，即奥运在北京举办，全国都看着北京；北京是首都，是全国文化政治中心，信息量大，奥运理念可对全国产生重大影响；北京是世界交流的窗口，大量的国内外的先进理念丰富了首都文化发展。北京市充分利用奥运时机，做了以下工作：大力宣传奥运理念和北京精神；加强了全市的文化设施建设；完善了大型文化活动管理和运作机制；锻炼了队伍，培养了人才，积累了经验，形成了广场文化服务体系等。对北京群众文化事业的长远发展起到了重要作用。

（点评人：贾乃鼎）

三、湖北省鄂州市"周周乐"广场文化活动

鄂州市"周周乐"广场文化活动，开展于 2001 年。十多年来，"周周乐"广场文化活动，社会反响强烈。湖北日报、湖北电视台、中国文化报等媒体分别作了专门报道。2004 年，鄂州市凤凰广场荣获"全国特色文化广场"称号。2008 年，"周周乐"广场文化活动成为全省十五个重要宣传文化品牌之一。2009 年，该活动还荣获第七届"屈原文艺奖"文化活动品牌。在中国第九届艺术节上，"周周乐"广场文化活动获得全国第十五届"群星奖"项目类大奖。这是"周周乐"广场文化活动开展十多年来，荣获的最高殊荣。

(一)建立工作机制

为了使"周周乐"做到经常化、制度化、规范化、规模化，从 2001 年 2 月第一次开展"周周乐"活动开始，有关方面就成立了广场活动协调小组，领导机构健全。市委常委、宣传部部长任组长，市委宣传部副部长、市文体局局长任副组长。市文体局、市群艺馆负责组织和辅导工作，切实做到"三个提前"。提前三周安排任务，提前两周组织排练，提前一周审查节目并在《鄂州日报》上发表公告，让市民踊跃参与。市群艺馆根据文件精神，结合"周周乐"计划表，统一安排，协调行动，服务上门，负责节目的组织与编导以及舞台、灯光、布景的配合。每年都召开"周周乐"总结表彰大会，表彰一批先进单位和先进个人，激发有关单位和个人参与活动的积极性。2003 年 6 月，市委办公室下发了《市委常委办公会纪要》(〔2003〕26 号)，要求各相关单位各负其责，相互配合，做好凤凰广场的管理工作，并由市财政列支 10 万元，用于解决广场文化活动中的具体问题。与此同时成立了凤凰广场管理处，增加 10 名管理人员，切实加强内部教育、培训和管理，制定了一系列的规章制度规范管理。

(二)建立联动机制

坚持群众文化群众办,社会文化社会办的原则,采取了部门联动、城乡联动的工作方式,树立大文化观念,整合社会文化资源。通过协调,将行政、社会、市场这三方面的力量都调动起来,为"周周乐"活动作贡献。比如鄂州近几年的"周周乐"活动,就是通过市委、市政府来协调,动员有关部门、单位和社会团体予以配合,将全年52周的活动分解落实到位,每期活动的承办单位具体负责组织,并解决活动所需的费用。"周周乐"不仅营造了城市温馨浓厚的文化氛围,更重要的是能使市民群众在得到精神愉悦的同时,潜移默化受到启示和教育。许多单位和部门抓住"周周乐"这个新平台,开展不同形式的行业咨询和法规宣传。集中展示了文化、体育、卫生、教育、科技等领域各自的风采,也开展了税法、土地法、工商法规的法制宣传和廉政教育。2007年,该活动围绕"繁荣先进文化,建设和谐文化"的主题,展示了各行各业的精神风貌,繁荣了群众文化生活。由于全市机关、企事业单位,各人民团体的广泛参与,该活动宣传的信息量大,参演的阵容强大,这些因素为其注入了持久的活力。十多年来,鄂州市开展"周周乐"活动500多场,演出节目10 000余个,观众达180万余人次。

(三)建立创新机制

鄂州的广场文化之所以坚持下来,主要得益于运作机制在不断创新。

一是与企业联姻,互惠互利。文化为经济服务,企业与文化结合,这是社会主义市场经济发展的必然趋势。许多商家和企业都喜爱"周周乐"广场文化这个活动平台,借此机会开展商品信息宣传,促销活力。比如,2010年,由湖北雅惠餐饮有限公司主办的"雅惠杯"少儿才艺大赛,使一批才艺少年脱颖而出。既充实了文化部门办活动的实力，又提高企业商品的知名度，为"周周乐"这个品牌打下了坚实基础。

二是与社团结合，建立稳定队伍。鄂州市有近百个民间艺术团队，各团体之间相互激励，争相参与，使全市民间艺术团队的组织更加稳固，活动内容更加丰富多彩。市老年体协、市老年艺术团有一支200人的队伍，长年活跃在凤凰广场。2010年与市老年体协联合主办的鄂州市中老年大众排舞展演活动，掀起大众排舞普及推广的热潮。湖北省京剧二团艺术中专班现有50名学生，是鄂州市"周周乐"广场文化活动的主力军，几乎每期较大的演出活动，都可以看到他们在舞台上活动的身影。"周周乐"因此成为推动鄂州市文化大发展、大繁荣的"助推器"。尤其是"一节一会"节庆活动和庆祝新中国成立60周年文化活动，掀起了鄂州市群众文化活动的高潮，提升了城市文化新品位，让人民群众分享了节会文化成果。

三是辐射社区，渗透城乡。鄂州市民开辟精神文化生活的道路，越走越宽阔。目前以凤凰广场为中心，开展以"周周乐"为主的城区广场文化活动，以街办为主的社区文化节活动，以乡镇为依托的农村文化巡礼等活动，正向城区、街办、乡镇延伸，并向农村新社区辐射。其中，梁子湖区"周周乐"文化活动，活跃在新农村、新社区，收到了很好的效果。各街办文化活动在观音阁公园、万联广场、武商量贩店广场、文化宫广场等地蓬勃开展，形成了一道灵动活泼的文化活动风景线。"周周乐"在市民心中，是建设和谐文化、提高公民文化素养的新平台。以提高市民城市意识、道德意识为着眼点，把创文明家庭、特色家庭、艺术家庭等活动吸纳到"周周乐"活动中来，让参与者全家登台展示才艺，赞美小康生活，把先进文化送进千家万户。从市区到乡村，处处都有鄂州市民自编自演、自我展示、自娱自乐的身影，一种家家重视文化活动、人人参与文化活动的良好氛围正在形成。

(四)建立优秀节目选拔机制

"周周乐"着力打造未来"群星"梦想的舞台，建立了优秀文艺节目的储备与选拔机制，不但提升了城市文化品位，而且也为鄂州市赢得了荣誉。十多年来，有音乐、舞蹈、腰鼓、小品爱好者排演的近百个节目，通过"周周乐"舞台表演，经市群艺馆组织辅导，选送参加了全省、全国汇报演出、比赛。在省农运会上，鄂州市参赛的秧歌获得了金奖。"八艺节"微笑大使选拔赛，京剧、楚剧表演，歌曲比赛和交谊舞、国标舞展示等，活动质量在普及的基础上有所提高。一批业余歌手、才艺少年在"周周乐"舞台上成长起来，脱颖而出。青年歌手刘乐、赵俊等演唱的歌曲《刨黄姜》、《新喇叭调》获楚天群星奖。一批批优秀的群众文化节目应运而生，通过"周周乐"舞台，享誉全省全国。小品《红菱搅宴》、玉连环《告状》先后荣获楚天群星奖、全国第十四届群星奖；《告状》一路过关斩将，走向全省乃至全国。

【专家点评】

"周周乐"广场文化活动是鄂州市坚持了十年的品牌活动，它给我们提供了宝贵的理念和经验。第一，加强文化活动的制度化、规范化建设，这是创意策划标准的重要条件之一。群众文化活动的机构设置一般都以临时机构为多，活动过后组委会随即解散。但"周周乐"活动却以制度的形式确定下来，不仅建立了常设的领导机构，而且政府给予了经费支持，建立了有效的工作机制和节目选拔机制，制定了一系列的规章制度及管理规范。这一由感性管理向理性管理的转变，大大增强了目的性，减少了盲目性和不确定性。第二，贯彻了群众文化社会办的方针，充分调动企业、社会团体及一切社会力量共同办文化，这是我国群众文化活动的发展方向。第三，将全市性的文化系列活动与基层文化活动相结合，把活动搬到了街道和社区，将文化送进千家万户，这是开展群众文化活动的根本目的，对构建和谐社会作出了贡献。

（点评人：贾乃鼎）

四、江苏省文化馆"美好江苏"大型公益文艺巡演

"美好江苏"大型公益文艺巡演活动是江苏"三送"工程内容之一，2004年起即纳入了江苏省文化厅的重要工作内容。该活动由江苏省文化馆具体实施，采取省、市、县（区）、乡（镇、街道）联动的方式，以流动演出车和广场为主要舞台，将歌舞、戏剧、曲艺等优秀文艺作品送到普通老百姓身边，让更多的群众分享文化发展成果，感受现实生活的美好和幸福。2004年至今在全省基层乡镇、社区开展各类文艺演出200余场，服务群众100余万人次，在社会上产生了积极的影响。

（一）活动宗旨和目的

随着社会经济的快速发展，广大人民群众在物质生活得到较大幅度改善以后，对精神文化生活的要求也越来越高。由于基础薄弱，现由政府提供的公共文化产品显得总量不足、品种单一、质量不高，很难满足群众多样化、多层次的文化需求。以往的基层巡演活动，由于受经费等因素的影响，主要以人数少、节目形式简单的小团队演出活动进行，如今即使在偏远的农村，这样的形式也很难满足当地群众的需求。为了顺应时代发展潮流，响应江苏省委省政府提出的建设文化强省的号召，以艺术的形式积极宣传"创业、创新、创优，争先、领先、率先"新江苏精神，保障人民群众的文化权益，提高全省百姓的幸福指数，组建一支有影响力、有竞争力、有创造力的优秀文艺团队，创作贴近生活、贴近基层、贴近百姓的优秀文艺作品，进行公益性文艺演出，为全省人民服务，显得尤为必要。

(二)组织机制保障有效

一是组织保障。2004年起,该活动即纳入了江苏省文化厅的重要工作内容。每年年初,省文化馆将当年活动方案报省文化厅,经厅党组讨论研究,批准该方案实施。活动由文化厅社文处具体指导,省文化馆执行。

开展丰富多彩的基层演出活动,是江苏省文化馆主动适应新形势的要求而开展的,馆领导班子对此项活动极为重视,成立专门的工作小组,由一名馆领导班子成员牵头负责,抽调本馆业务骨干,具体协调演出方面的工作;将责任分解落实到具体部门,并列入年度目标管理责任书,作为年终考核的重要依据;几年来,根据形势发展的要求,结合主题开展新节目创作,保证节目常演常新,例如2005年、2006年,为配合乡镇文化站标准化建设,省文化馆专门组织了8场演出,到建湖、东台、大丰、盐都、射阳等地演出,并创作了主题歌《和谐交响》,有力地宣传了乡镇文化站建设。同时,馆班子要求积极做好"基层演出"的宣传报道和资料的整理工作,对全省各地文化馆开展基层演出工作起到了一个很好的示范作用。通过几年的不懈努力,"基层演出行"活动已经成为江苏省文化馆服务基层的一个重要的品牌项目。

二是经费保障。2004—2010年,该项活动经费从省文化馆创作经费中列支;2011年,列入了文化馆免费开放经费预算由政府财政支出,全年演出50场,每场补贴3.6万元。费用支出包括团队的交通费、食宿费和参演人员的劳务费,不增加基层的负担。演出当地只负责提供舞台和演出用电用水,维护演出秩序,保障演出安全。

三是团队保障。该活动以江苏省文化馆艺术团为演出班底,并积极整合、调动全省文艺资源,同时吸纳当地的优秀节目。参演节目既有获得国家"文华奖"、"群星奖"和江苏"五星工程奖"的优秀节目,也有新创作的舞台新作;既有反映农村新风尚的小戏、小品，也有群众爱听爱看的影视歌曲。在队伍组成上，既有来自老年大学体态依旧矫健的老年学员，也有来自文化馆艺术团年轻漂亮的舞蹈演员，既有德艺双馨的老艺术家，也有近年来涌现出的艺术新秀……艺术团把丰富而优秀的精神食粮送到百姓身边，让人民群众在欢歌笑语中真正感受到文化民生的温馨和幸福，营造全省人民共建、共享幸福江苏的良好氛围。

(三)服务基层主题突出

从 2004 年的"和谐家园"基层行演出到后来的"欢乐家园"文化民生基层巡演，再到 2011 年的"美好江苏"文化民生基层文艺巡演，都突出了服务基层，服务群众的主题。演出主要集中在江苏财政转移支付地区和"黄、茅革命老区"，这里经济发展相对落后，文化生活相对贫乏，把精彩的文艺作品送到他们身边，满足了这些地区老百姓的精神文化需求。例如组织以"和谐家园"为主题的基层演出，赴宿迁、盐城、淮安、连云港、常州、泰州、扬州以及南京周边等地进行演出。组织了"迎奥运倒计时 100 天"等专场演出。

汶川地震发生后，江苏省文化馆在第一时间及时抽调业务骨干，根据当时所掌握的信息和资料，连夜创作赶排出了群口快板《重建美好新家园》、诗朗诵《生死不离》、相声《为了明天》、歌曲《爱的涟漪》等一批抗震救灾的文艺作品在南京进行专题募捐演出。当"众志成城、抗震救灾"的专场演出在南京秦淮河畔一亮相，即引起广大群众共鸣，纷纷慷慨解囊，主动捐款，被南京媒体称为省内第一家举行抗灾救灾演出的单位。在随后举行的各种义演和募捐活动中都出现了省文化馆艺术团的身影，他们的行动受到了社会各界的广泛好评。江苏省文化馆还组织艺术团到常州市武进区泰村实验学校、江阴澄西船厂为来自震区的 100 多位孩子和来自受灾地区的务工人员进行专场慰问演出，受到了热烈欢迎。艺术团还赴军营为刚刚从四川灾区救援归来的南京军区陆航团的英雄们进行慰问演出，诗朗诵《勇敢去飞翔》、小品《当兵的人》、舞蹈《凯旋》、《永远垮不了》等节目都是在短短的两天时间里赶排出来的，反映了抗震救灾第一线的感人事迹。

（四）社会影响积极深远

"美好江苏"大型公益文艺巡演活动通过新颖的创意、丰富优质的节目内容、富有现代感的呈现手段，为全省人民送上一台台集思想性、艺术性、观赏性于一体的文化艺术精品，实现受众面的最大化和社会效益的最大化。并使之成为连接党和人民群众情感的重要桥梁，成为体现江苏思想文化引领力和凝聚力的重要载体，成为展示江苏深厚文化底蕴和强大文艺创作实力的重要窗口，成为有效整合江苏优质公共文化资源的重要平台，成为代表江苏公共文化服务体系建设创新的重要成果和江苏公共文化服务的重要品牌。近年来，中央电视台、《新华日报》、《扬子晚报》、中国《曲艺》杂志、《南京日报》、《金陵晚报》、江苏卫视等多家媒体对江苏省文化馆送戏下乡的活动作了报道。

"美好江苏"大型公益文艺巡演的持续举办，将有力促进江苏公共文化产品的生产，促进江苏群众文化活动和公共文化服务质量的总体提升，使文化引导社会、教育人民、推动发展的作用得到充分发挥，使江苏的文化建设特别是公共文化服务体系建设在全国产生广泛影响，使江苏的形象变得更加美好。

【专家点评】

江苏省文化馆"美好江苏"大型公益文艺巡演活动为我们解答了一个十分重要的问题，即政府设立的群众文化事业单位如何满足广大人民群众的文化需求。第一，文化馆服务意识的建立是对文化馆功能的再认定。走出馆舍为基层服务是对坐在馆内等待服务的一种修正。他们为了"美好江苏"文艺巡演成立了专门的工作小组，抽调了本馆业务骨干，制定了项目责任书，调拨了专项经费，每一个步骤都做得扎扎实实，服务方向十分明确。第二，文艺巡演活动以满足群众文化需求为目的，深入基层调查研究，演出内容与基层群众的社会生活紧密相连，遵循满足需求必先了解需求的方针，将服务送进群众的心里。第三，充分运用群众文化的寓教于乐原则，将时代精神融入演出内容之中，使群众在欢乐中受到教育，体现了文化馆的社会责任和实际价值。

（点评人：贾乃鼎）

五、绚丽大舞台　舞出新天地

"绚丽大舞台——东莞市文化广场千场文艺演出"是东莞市2006年开始策划实施的近年来最有影响的全市性大型品牌文化活动。自2006年4月28日晚"绚丽大舞台——东莞市文化广场千场文艺演出"启动仪式暨首场演出以来，全市各镇（街）共开展交流演出达1550场，参演人员达9万多人次，观众达1500万人次。短短几年时间，"绚丽大舞台——东莞市文化广场千场文艺演出"经过整合全市资源，不断打磨，已经成为东莞市提升广场文化活动品位、关爱新莞人文化权益、创新社会办文化运作模式、实现文化零距离行动的一个亮丽品牌，并于2010年成功获得文化部第十五届"群星奖"项目奖。

（一）主要做法

1. 创新机制，引领广场文化活动新方向

近几年来，随着东莞市经济的快速增长，广场文化活动方兴未艾。为避免"跳来跳去那几个舞，唱来唱去那几首歌，看来看去那几个人"的单一文化演出模式，进一步发挥社会文化的作用，满足新时期人们的文化需求，东莞群众艺术馆从实际出发，以引领

广场文化活动新方向为己任，组织策划了"绚丽大舞台——东莞市文化广场千场文艺演出"，并从如下几个方面大力创新机制，起到了很好的示范作用。一是创新立项机制。本着创新发展的原则，东莞群众艺术馆组织有关人员进行了广泛、充分的调研；策划出总体演出方案后，召开馆内专家论证会和全市文广中心负责人听证会及文化部社文司、省文化厅社文处、中国文化报等领导参加的评审会，广泛征集意见，反复修改方案，最后才立项实施。二是创新运作机制。为节约成本，整合资源，群众艺术馆创新活动的运作机制，实行分片交流演出和跨片交流演出。即根据镇（街）分片和镇（街）准备情况，统筹安排各镇（街）在本片区内交流演出，条件成熟的镇街可提前进入跨片演出；在片内演出积累经验的基础上，每镇（街）轮流到其他片区镇（街）进行交流演出。每个镇（街）至少要在2/3以上的镇（街）开展交流演出。几个月下来，有的镇街就打造出了自己的品牌团队，例如道滘的粤曲表演团，清溪的歌舞团，大岭山的器乐表演团等，深受观众欢迎。三是创新统筹机制。作为全市开展群众文化活动的主要部门，东莞群众艺术馆在组织"绚丽大舞台——东莞市文化广场千场文艺演出"时充分发挥公益性文化服务职能，成立了专门的项目组，演出前统筹协调，联系承办方一起看场地，对细化方案进行指导；演出时派出专业人员，进行全程跟踪；演出后对节目质量及时评估，并对承办单位提出反馈意见，有效保证演出质量。

2. 整合资源，充实广场文化活动新内容

东莞有着丰富的本土资源，东莞群艺馆因地制宜，通过有效整合以下资源，确保广场文化活动常办常新。一是整合广场资源。东莞共有400多个广场，为开展群文活动提供了良好的硬件保证。群艺馆工作人员通过对每一个广场深入细致调研后，开始在全市全范围、广覆盖、高密度地开展有特色的广场文化活动，不断充实广场文化活动内容，提升广场文化活动档次。二是整合人才资源。依托协会和团队，整合社会上的文化人才队伍，规范各类民间文化艺术协会，培育和壮大企业、学校、社区业余文艺团队，充实广场文艺队伍。例如利用艺术专业单位离退休的教师、学校、幼儿园文艺教师等人才资源，聘请他们帮助策划活动、排练节目或者在广场领舞，既解决广场人才缺乏的问题，也扩大这些学校、幼儿园的影响。群艺馆及各镇街文广中心做好本市、本镇街各类文艺人才的登记存档工作，为人才资源整合提供了第一手资料。三是整合文化资源。东莞人文历史悠久，文化资源丰富，三十多年的改革开放，使南北文化和中西文化在这里融会碰撞，又产生了许多新的文化资源。精心整合这些资源，对于丰富广场文化活动的精神内涵，提升广场文化活动的审美品位具有积极作用。东莞群众艺术馆主要做了如下三个方面的整合工作：第一，挖掘、整理、创新粤曲、木鱼歌、咸水歌、旱木龙、醒狮舞、麒麟舞等非物质文化遗产，将这些富有地方特色的文化活动整合进广场文化活动，对于弘扬历史文化精神，增加绚丽大舞台特色都具有极大帮助；第二，将各镇街组织开展的文化艺术活动整合进绚丽大舞台，例如东坑的"卖身节"、桥头的"荷花艺术节"、横沥的"红荔风情节"等一系列广场文化活动，不仅可以丰富绚丽大舞台的内容，还可以促进当地经济的繁荣和发展；第三，将企业文化、校园文化、社区文化中的精品项目整合进绚丽大舞台，为企业、校园、社区的文化活动精品节目提供展示的平台，丰富广场文化活动内涵；第四，整合经费资源，完善"绚丽大舞台"子项目招商推介，把部分广场文化活动推向社会，让企业和社会团体通过冠名、联合举办、协办、合资等方式参与。例如东莞市中国移动、中国联通、中国电信、房地产公司、汽车营销公司等大型企事业单位，每年都有大笔固定的文化活动宣传经费，通过市文化部门沟通、协商把这些经费整合进绚丽大舞台活动中去，为东莞市大型广场文化活动提供长期的经费支撑。

3. 宣传造势，营造广场文化活动新氛围

为营造东莞广场文化活动新氛围，东莞群众艺术馆做了大量宣传工作。一是借助户外宣传。每一个活动，无论大小，东莞群艺馆都非常重视户外宣传工作，以此扩大"绚丽大舞台——东莞市文化广场千场文艺演出"的活动影响，运用宣传栏、广告牌、海报以及节目单等形式，广泛宣传演出内容，营造良好的演出氛围。二是借助媒体宣传。与东莞四大媒体和省驻莞媒体的文化记者们建立了良好的关系，每次活动都热心邀请他们提前预报演出节目，大量报道演出情况，围绕活动展开讨论，反馈群众意见，借助后发优势，形成宣传效应。三是借助演出团体宣传。以馆内艺术团为主、都市彩虹艺术团和金威艺术团为辅，通过绚丽大舞台，广泛开展"城市暖流"公益性活动，赢取市民良好口碑，提高活动品牌知名度。四是借助领导讲话宣传。活动结束后，东莞群众艺术馆认真总结，将活动情况及时形成文字资料，复印媒体相关报道，一并呈送上级领导，为领导讲话提供素材，客观宣传活动品牌。

4. 准确定位，展示广场文化活动新特色

东莞群众艺术馆坚持一切从实际出发，以展示广场文化活动新特色为主题，将活动定位在以下三个方面。一是小型化。在方案执行过程中，严格控制单场演出的规模和成本，坚决反对铺张浪费，杜绝一哄而上、盲目攀比的现象，每场活动的演员不得超过 30 人，时间不超过 90 分钟。二是轻便化。在"绚丽大舞台——东莞市文化广场千场文艺演出"动员大会上，活动组委会一再强调，各活动举办方一定要实事求是，量力而行，突出活动特色，注重方案的操作性和执行力，争取社会效益最大化。三是常态化。除了馆内艺术团、"都市彩虹"艺术团、金威艺术团等专业团体不定期地开展"城市暖流"活动之外，东莞群众艺术馆要求各镇街至少进行 64 场演出，构筑"绚丽大舞台"演出网络，达到广场文化活

动"资源共享、特色纷呈、常演常新、活力无限"的效果。

(二)主要成效

1. 广场文化活动品位有了新提升

"诗歌回归大众——东莞市十佳文化广场诗歌朗诵晚会"纳入"绚丽大舞台——东莞市文化广场千场文艺演出"后,"绚丽大舞台"以其高雅纯洁、激荡人心和恢宏大气的姿态,获得了社会各界的一致好评,引起市外主流媒体纷纷关注。这种将诗歌朗诵等高雅艺术搬到广场演出的形式,有效提升了广场文化活动的品位。

2. 广场文化活动操办有了新路子

2006年,群艺馆与金威啤酒公司共同策划了"金威啤酒,感谢东莞"大型文艺巡演活动,成功摸索出一条联合知名企业参与广场公益文化活动的新路子。作为绚丽大舞台的子项目,该活动由金威啤酒公司提供演出资源和舞台装置,东莞群众艺术馆负责统筹安排和业务把关。通过双方有效沟通和协调,实现了两种文化的成功对接,丰富了文化活动内容,创新了演出形式,开创了知名企业文艺团队参与广场公益文化巡演活动的先河。

3. 公益文化服务领域有了新拓展

2007年5月以来,为配合市委市政府"新莞人"的历史性命名,营造保障新莞人发展权利、文化权利的氛围,东莞群众艺术馆在"金威啤酒,感谢东莞"大型文艺巡演的基础上,再次联合金威啤酒公司,专门策划了面向新莞人、面向社区(企业)的"金威啤酒,感动东莞·百场文艺演出下基层"活动。该活动在南城、望牛墩、石碣、茶山、高埗、樟木头、谢岗、中堂、大岭山、石排等多个镇街和企业园区进行了慰问演出,受到广大新莞人的欢迎,成为东莞市构建和谐社会的重要行动,使30多万新莞人不出厂门、不出社区就可以欣赏到精彩的文艺演出。这种量身打造、专为新莞人策划的送戏下乡进厂活动,有效拓展了东莞市公益文化服务领域。

4. 基层文艺创作队伍迈出新步伐

"绚丽大舞台——东莞市文化广场千场文艺演出"活动,有力地把全市文艺创作人才凝聚在一起,客观上繁荣了基层文艺队伍的创作。据不完全统计,全市约有 10 多个镇街建立了自己的团队。有的镇街为了推出能反映本镇街特色的晚会,不断完善激励机制,鼓励文艺人才创作演出节目。例如虎门的虎泉艺术团,所有团员均用高薪聘请,均毕业于专业院校,成员编制也很固定,每场演出,都要创作一批原创节目,经反复演练,最后才搬上舞台;又如子项目"诗歌回归大众"通过设立"热土献诗"、"东莞原创"等栏目,鼓励一大批新莞人作家和基层文艺爱好者,创作出近百件语言类精品。

(三)主要经验

1. 实事求是是"绚丽大舞台"的生命力所在

"绚丽大舞台"是由专业人员经过反复调研,科学论证策划出来的项目;是在实施过程中,结合实际,不断修订、完善方案,通过全新运作方式逐渐走向成熟的一项公益文化活动;是以实事求是的工作态度锻造的一个亮丽的文化品牌。

2. 踏实苦干、不断创新是"绚丽大舞台"品牌延续的关键

"绚丽大舞台"是东莞市广场文化活动最主要的项目之一,工作人员踏实苦干、不断创新的工作作风对"绚丽大舞台"的培育、发展和品牌的延续具有深远的影响。东莞群众艺术馆、"都市彩虹"艺术团、金威艺术团以及各镇街参与"绚丽大舞台"活动的近千名工作人员,默默支持项目策划人,经常加班加点,甚至带病工作,却毫无怨言。正是他们这种敬业精神和艺术追求,确保了"绚丽大舞台"活动常办常新。

3. 文化新城建设是"绚丽大舞台"产生的动力

东莞市文化新城战略的实施，对文化发展提出了新的要求。"绚丽大舞台"就是围绕"广场文化之城"建设的目标，创新发展理念，进一步推进知识传播、精神锻造、艺术普及活动，不断延伸新的广场文化品牌，有力推动了"广场文化之城"建设。

【专家点评】

"绚丽大舞台"广场文艺演出活动是东莞市群众艺术馆多年打造的品牌活动。科学化、规范化的运作是该项活动的最大特征。第一，信息调研在先，决策在后，这是活动策划的必要步骤。活动的策划方案是对活动的宏观设计，是一切行动的依据，对策划方案的反复调研论证，召开各个级别的论证会，确保了活动的科学性，由此产生了一系列的创造性决策，其中资源的整合、活动的科学定位、各项新机制的建立等都来源于严谨的策划行为。第二，借助"绚丽大舞台"活动整合本地区的广场资源、人才资源和文化资源是一步绝妙的好棋，起到了一矢两的的作用，定会对东莞市群众文化战略性发展起到重大作用。第三，采用大活动小布局，调动广大基层群众的积极性，在统一指挥运作下进行基层交流性演出。这是个好办法，既丰富了基层文化活动种类，又节省了资金，普及了文化知识，为大型群众文化活动提供了一个全新的理念。

（点评人：贾乃鼎）

六、陕西百县千场农村文艺调演

为促进社会主义新农村建设，深刻反映广大农民群众昂扬向上的精神风貌，繁荣农村文艺创作，引导、推动农村文艺活动的健康开展，丰富农民群众的精神文化生活，2006 年成功举办的第一届"全省百县千场农村文艺调演"，成为陕西省社会文化的一个特色品牌项目。

（一）主要做法

1. 抓住机遇，精心策划

百县千场农村文艺调演由陕西省文化厅策划、承办，得到省政府的高度重视，成立了由中共陕西省委宣传部、陕西省精神文明建设指导委员会办公室、陕西省文化厅、陕西省农业厅、陕西省戏剧家协会为主办单位的领导机构。2006 年 5 月上述单位联合下发了《关于举办全省百县千场农村文艺调演活动的通知》，随后又下发了《关于印发〈百县千场农村文艺调演评奖办法的通知〉》，在全省范围内开始全面启动百县千场农村文艺调演。活动分三个层次举行，一是各县及各涉农的县级市、区组织创作一台节目，在当地演出 10 场以上；二是在各县、市(区)演出的基础上，以市为单位进行分会场的会演和评奖；三是在各市会演的获奖节目中选拔优秀节目参加省主会场的调演、评奖和颁奖。同时开展农村文艺题材的小戏、小品剧本征集和评奖活动。

2. 创新活动方式，让更多的群众参与到活动当中来

活动启动后，各级党委和政府高度重视和支持。各市、县(区)积极组织开展了文艺创作和送戏下乡巡回演出活动。参加活动的人员既有部分专业演员和文化馆、站干部，也有农民业余文艺骨干，有 10 岁的孩童，也有 80 多岁的老人，演出所到之处欢欢喜喜、备受欢迎，充分体现出"群众文化群众办、群众参与群众看"的特点。调演共收到小戏、小品剧本 238 件，全省各市、县(区)共演出小戏、小品、曲艺、歌舞、民间艺术等节目 1 939 个、演出 1 322 场，参演人员 8 816 人，观众达 222.02 万人次。

3. 创新理念，提高艺术水平

在百县千场农村文艺调演主会场活动中，特别强调了艺术的质量和示范作用。在这方面也有很大的收获。一是艺术创作观念更新。二是重视二度创作。三是艺术形式多样。四是艺术风格多彩。五是专业业余通力合作。总之，关中的秦腔眉户、陕北的唢呐腰鼓、陕南的山歌舞蹈，经过导演们的创意整合，呈现出珠联璧合、恢宏大气的舞台效果，将古城西安的观众"撩拨"得难以忘怀，逢人必讲"调演"，说看这样的晚会太过瘾了！

(二)主要特点

1. 节目内容丰富、形式多样，生动活泼

节目内容以农村题材为主，反映农民生活和他们的喜怒哀乐，反映农民新的精神风貌和农村的新变化。作品有生活基础，真实生动，大部分是作者深入农村生产、生活第一线亲身体验后精心创作的。也有相当一部分作品出自农民作者之手，真实地反映了农民朋友的精神追求。

2. 作品着力塑造新时期新农民形象

调演最有价值的亮点，就是拒绝文艺创作的概念化、媚俗化，在平凡、真诚、质朴的美学情境中凸现人物性格，追求有现代意识的真、善、美。一批集中展现具有时代精神、新农村文学新人形象的作品问世。

3. 规模大、时间长、参与人数多

百县千场农村文艺调演，顾名思义就是要在全省107个县进行1 000场以上的演出，每个县平均演出10场以上。从5月份启动，在半年的时间里，全省101个县几乎所有的区县都有演出，仅在区县，演出场次就远远超过了千场之多，参与演出的群众演员达5 379人，观众达191.65万人。无论是从规模、时间、参与

人数、节目内容和形式上来讲，都是近二十年来少有的一次群众文化活动。例如此大规模、长时间的全省统一调演以及如此多的群众积极参与演出，这在陕西群众文化中是史无前例的。

4. 节目内容丰富、形式多样、水平较高

艺术形式有民歌、民乐、民舞、小品、小戏、曲艺等，内容以农村题材为主，反映农民新的精神风貌和农村的新变化，讴歌农村致富和乐于奉献、服务于农民的先进典型，宣传党在农村的方针政策。具有浓郁的地方特色，符合农民群众的审美情趣。作品整体水平较高，有生活基础，真实生动，大部分是作者深入农村生产、生活第一线亲身体验后精心创作的。

5. 影响力大，艺术水平高，具有示范性

百县千场农村文艺调演，是在中央发出进一步加强农村文化建设的动员令和"十一五"的开局之年举办的，无疑具有极强的影响力，而且实践证明，这一活动的举办在全省引起了巨大的反响，成为我省广大农村家喻户晓的文化盛事，为正在进行的社会主义新农村建设起到了积极促进的作用。这次调演也成为全省农村文化活动中的一次具有示范作用的活动，成为我省社会文化的一个特色品牌文化项目。2010 年，以此项目形式为基础，举办陕西省第二届农民文化节暨第二届陕西百县千场农民文艺调演。

这次活动还编辑出版了全省百县千场农村文艺调演优秀小戏小品剧本选，主要收录了剧本征集评奖中获奖的剧本，同时收录了调演活动的文件、照片和部分资料，力求反映活动的全貌，将创作的累累果实汇集起来，并将主会场演出节目录制成的 DVD 光盘一并向全省农村进行了发放推广。同时，这一成果还通过陕西文化信息网暨共享工程向农村基层发布，一方面让更多的农民群众享用这些优秀的精神食粮；另一方面，也为群艺馆、文化馆、剧团做好农村题材文艺作品的普及工作、丰富农民群众文化生活

提供了服务。

【专家点评】

陕西百县千场农村文艺调演是一项特点突出的群众文化活动。其特点主要表现在三个方面。第一，在发展农村文化上下工夫。我国是农业大国，农村群众文化发展历来是我国文化建设的重中之重，满足农村人口的文化需求是衡量国家全民文化水平的重要标志。因此，百县千场演出是带有战略性的活动。第二，在创作上下工夫。作品是文艺演出之本，好的文艺作品一定来源于生活，加强农村文艺创作可促使广大群众文化工作者不断深入农村，增强相互之间的了解和认识，同时业余作者也可通过创作来思考当代农村的时代精神，有力地推动了农村文化水平质的飞跃。第三，在专群结合上下工夫。大量的专业艺术人才深入农村，在送去了艺术的同时，挖掘整理了民间文化艺术资源，不但活跃和丰富了农村的文化生活，还提高了广大农民群众的文化审美水平。专群之路为农村文化活动作出了贡献。

（点评人：贾乃鼎）

七、"和平杯"中国京剧票友邀请赛

(一)"和平杯"中国京剧票友邀请赛简介

"和平杯"中国京剧票友邀请赛是由和平区人民政府于1991年提出，由文化部社文司、中央电视台戏曲音乐部、中共天津市委宣传部、天津市文化局、天津市广电集团、天津市和平区人民政府联合主办并由和平区人民政府承办的一项全国性的公益性的文化活动。它是中国京剧近200年历史上首次，也是迄今为止唯一一项由各地政府文化主管部门层层选拔、经权威部门认定，并由文化部授予"中国京剧十大名票、十小名票"等荣誉称号的全国性的业余京剧文化活动。自 1991 年创办以来，已经连续成功举办十届成人票友赛和两届少儿票友赛，享誉全国，波及海外，盛况不衰，越办越红火。被公认为和平区、天津市一张文化品牌，同时也是我国构筑公共文化服务体系的一个著名品牌。特别是 2010 年 10 月举办的第十届"和平杯"中国京剧票友邀请赛，规模宏大，海内外京剧爱好者 400 多人来津，参赛和观摩人员覆盖了全国所有省、市、区（含香港、澳门特别行政区和台湾地区），实现了爱好国粹艺术的中华民族大团圆。

"和平杯"中国京剧票友邀请赛坚持不辍、规则完备、程序严谨、赛制正规、评选公正、认定权威、参与广泛、高手荟萃，广大京剧票友形容它是中国京剧票友的盛大的节日。《光明日报》曾这样评价"和平杯"："开创了由文化部为十大名票命名的先河。它不仅为全国的京剧票友搭建了高层次的竞技舞台，更如一个窗口，向人们展示着天津市群众文化工作如火如荼的景象。""其影响力已远远超出天津市，在全国甚至世界票友界都有很大的影响力。""和平杯不仅是业余京剧活动的一道亮丽的风景线，而且是群众文化工作成功的典范。"

"和平杯"从创办之日起，就得到文化部以及天津市委、市政府等领导部门的高度重视和大力支持。历届天津市委常委、宣传部长担任组委会主任，天津市委、市政府多次把它列入改善人民生活的 20 件实事子项内容之中。

"和平杯"历经二十年，它发动了全国 30 余个省、自治区、直辖市及台、港、澳地区京剧票友参加活动，同时还吸引了亚洲、欧洲、美洲、大洋洲众多外国京剧爱好者参赛。据举办者初步统计，在已经举办的"和平杯"中，参加基层预赛选拔的京剧票友近三万多人，通过录像带报送到天津组委会参加复赛的成人票友达 2 400 多人，直接到天津参加现场决赛的票友有 612 人。它推出的一百位"中国京剧十大名票",遍布全国 22 个省,就像点亮了一百盏明灯;它评出的 170 名"双十佳票友"和 342 名"优秀票友",就像撒下了几百颗火种。这一盏盏明灯和一颗颗火种有力地促进着全国业余京剧活动的开展。

为了深入贯彻中共中央、国务院《关于进一步加强和改进未成年人思想道德建设的若干意见》,从 2007 年开始,"和平杯"中国京剧票友邀请赛组委会在坚持原来每两年举办一届杯赛的基础上,将隔年举办一届全国京剧小票友邀请赛。这一活动的开展成为加强未成年人思想、道德、艺术素质教育的一个重要举措。这样,"和平杯"已经成为包括全国各个年龄层次业余京剧活动的中心舞台。

2007 年、2009 年举行的两届"和平杯"中国京剧小票友邀请赛,评选出的 20 名"中国京剧十小名票"代表了中国少儿京剧活动的最高水平,中央电视台播出的颁奖晚会反响很大,被多个教育机构选作京剧进入中小学音乐课程的示范教材。其中陶阳、刘小源、刘大庆、原佳怡、冯铭轩、李泽琳、姜淑源等人多次在中央电视台春节联欢晚会、春节戏曲晚会上镜并进入中南海、国家大剧院等向中央领导汇报演出。

(二)"和平杯"主要特点

1. 各级政府高度重视,突出公益性,是"和平杯"常办不衰的关键所在

原全国政协副主席万国权同志先后担任过七届名誉主席,五次来津观看决赛演出。

文化部领导高占祥、周巍峙等,天津市领导张立昌、吴振、刘晋峰等均亲临赛事并参加颁奖活动。

天津市委宣传部不仅作为主办单位之一,最近四届,肖怀远部长还亲自担任组委会主任,多次亲自听取汇报,对赛事的重要

环节给予指示，参加了每届的开幕式或颁奖晚会。

先后有40多名我国著名的京剧表演艺术家、京剧名家或担任评委，或参加开幕式的演出。张君秋、袁世海、梅葆玖、尚长荣先生先后担任顾问并亲临比赛现场。

文化部社文司在政府机关改革、一般不再参与地方主办活动的情况下，经部领导同意，仍然坚持作为"和平杯"的牵头主办单位，文化部社文司历任司长、副司长每届赛事都参与组委会研究并亲临比赛现场。

2006年，在第八届"和平杯"中国京剧票友邀请赛举办期间，时任中央政治局委员、天津市委书记的张立昌同志专门发来贺信："和平杯中国京剧票友邀请赛已连续成功举办八届，它不仅是我市群众文化活动的一大亮点，也为全国的京剧票友提供了一个交流提高、传播友谊的平台。特别是这届杯赛，坚持艺术面向群众，把舞台延伸到社区，把演出送到群众身边，让更多的群众参与到活动中来，既满足了群众的文化需求，丰富了群众的文化生活，更为杯赛的不断发展奠定了坚实的群众基础。希望'和平杯'中国京剧票友邀请赛越办越好，成为展现天津发展变化的一个窗口，为构建和谐天津多作贡献。"

特别应该提出的是，2008年的第九届和2010年的第十届"和平杯"中国京剧票友邀请赛，中宣部文艺局孟祥林副局长代表中宣部向新一届的十大名票赠送了"空中剧院"百戏光盘。中央电视台《空中剧院》录制了开幕式演出和颁奖晚会并在全国播放；2008年11月24日，原中宣部部长丁关根同志在天津迎宾馆安排一个上午专门召开座谈会，听取和平杯组委会的汇报，总结和平杯的经验。肖怀远、赵鸿友、李金亮等领导同志在座。

天津市和平区，作为全国精神文明建设和未成年人教育的先进城区，区委、区政府更是把承办和组织好每届的"和平杯"中国京剧票友邀请赛列入重点的党务和政务目标，设立了"和平杯"的常设办公室，给予经费保证。区主要领导多次提出，一定要举全区之力办好每届的杯赛。

2. 各个主办单位、协办单位通力合作，是办好"和平杯"的有力保证

天津市文化局把每年"和平杯"的举办列为全市重点的群众文化活动，在历届"和平杯"的组织过程中，都发挥了中坚作用。天津市中华民族文化促进会、振兴京剧基金会、市京剧票友戏迷协会都给予了大力支持。第八届和第九届"和平杯"开幕式上，都组织了票友方队联唱，台上台下呼应，成为亮点。

京剧的振兴，离不开专业演员和业余票友的两翼齐飞。票友水平的提高，票友赛事活动的组织，更是离不开专业的支持。

"和平杯"赛，不管是大票友，还是小票友，天津市各大专业院团给予了全力支持。例如，每届赛事，天津京剧院、天津青年京剧团、天津戏校都全力以赴，拿出了最好的服装、派出很强的助演阵容（如一些一级演员给票友助演）、道具、伴奏、舞美、灯光、化妆、字幕十分专业化，院团长一直在后台直接指挥，各地参赛票友众口称赞，十分感人。每届赛事的演出剧场一直坚持定在著名的京剧舞台——中国大戏院。

3. 公正公平评选，是"和平杯"常办不衰的灵魂

从已经举办的九届"和平杯"中国京剧票友邀请赛评选结果来看，100名"十大名票"，20名"十小名票"得到了业内人士较为一致的认可。从网上和报刊上的各种评论来看，比较一致的看法是，"和平杯"是相对公正的全国赛事。正因为如此，这项赛事在广大票友心目中有着较高的威信和很强的凝聚力和吸引力。

为使评选公正，评委会主要采取以下八条措施：

一是有一个较为科学合理的评选方法；

二评委规格高，连任三届的一般不再请，天津本地评委不超过 1/2，复赛和决赛的规则明确；

三是坚持不照顾东道主，在同等情况下，东道主要让外地选手；

四是不收钱物，收到钱财要退，当时退不回，要邮寄退回；

五是组委会人员不给评委打条子、不暗示、不引导，使评委独立评选，主持人报幕，只报规定内容，不附加任何说明；

六是明确规定并采取措施，避免评委和参赛人员接触；

七是公证处真正发挥作用；

八是设立幸运观众奖，间接促进评选的公正性。

4. 赛事规范，含金量高、票友参赛热情高，是"和平杯"常办不衰的基础

1991 年，首届"和平杯"举办时，动员工作还是很困难的。当时文化部群文司给全国各地下文，各地反响并不是很大。市文化局主管副局长挨个给全国各省市文化厅局打电话动员参加，最后有 19 个省市区参赛。第二届有 21 个省市参赛。随着这一赛事的发展，到现在基本上一呼百应，得到了各地文化厅局的认同和广大票友的认可，不用再做更多动员工作。

"和平杯"赛事一直本着"坚持连贯，不断完善"的原则，制定较为严谨的实施方案。

以往的十届赛事，基本的一些原则一直没变。这些原则大约有如下十项：

①坚持政府主办的原则不变，"和平杯"的名称不变，"振兴京剧艺术，促进和平友谊"的主题不变；

②坚持层层选拔、组队参赛，一般不接受个人报名；

③坚持彩唱，报名的"门槛"较高；

④坚持聘请规格较高的评委，体现国家级京剧赛事的标准；

⑤坚持评选现场不打分、亮分，而是评委会评议后再评分的评选办法；

⑥坚持复赛在质量为主的前提下，适当兼顾地区、行当、年龄、传统和现代戏、海内外；决赛尤其是一等奖的评选不予照顾，完全看质量、好中选优；

⑦坚持公证处全程监督；

⑧坚持每届只评一等奖十名，授予"十大名票"称号；

⑨评选中，不进行京剧知识测评；

⑩对获奖选手重在精神鼓励，不发奖金，只发和京剧有关的纪念品，等等。

组委会在听取各方面意见后不断改进规则，有所变化的，概括起来也有十项：

①原来规定助演人员必须是票友改为专业、业余均可；

②把原来的参赛票友决赛演唱两次改为一次；

③在演唱时间上，把原来的上限 16 分钟逐步缩短至 13 分钟，下限 10 分钟缩短至 8 分钟，报现代戏的可适当缩短，不扣分；

④二等奖由原来的 10 名扩充到 20 名，由"十佳"变成"双十佳"；

⑤为增强观众的参与性，间接促进评选的公正性，设立"幸运观众奖"；

⑥增加名家、名票下社区、下学校、下农村、慰问民政对象、慰问农民工等活动内容；

⑦组织京剧知识的普及活动，例如举办全国京剧知识竞赛和邀请赛；

⑧设立"和平杯"论坛，创办《和平杯》专刊、《和平杯》网站，赴各地开展业余京剧活动，交流经验；

⑨组织"和平杯"十大名票巡演团并组织票友的联谊和交流活动；

⑩对外籍参赛票友也要择优选拔，等等。

广大京剧票友反映，"和平杯"是我们票友的节日。它不仅仅是和平区的，也不仅仅是天津市的，而是全国乃至海内外京剧爱好者的，是我们大家的"和平杯"。我们都是东道主。

大家比较公认的是，"和平杯"是全国票友比较高的竞技平台，含金量较高，"十大名票"的名称响亮。已经有 5 名获得"十大名票"称号的票友（崔英、陈长庆、刘峥、白洪亮、明晓东）下海，有的（陈长庆）已经成为国家一级演员。有的获得"十大名票"称号的票友获得了当地政府各种奖励，例如公安干警郭盛被授予二等功；顾丽娜晋升一级职称；陈学欣、韩淑玲等被调往文化、工会部门负责戏剧活动；金玮被评为内蒙十大新闻人物之一；叶庆柱得到了单位住房奖励；兰仁东为电影《霸王别姬》配音；很多名票（杨晓云、屠传声、何旭军、仇文英、刘易红、陈学欣等）多次举办个人演唱专场；一些名票（杨永树、杨晓云、兰仁东、屠传声、孙元木等）还广泛收徒，成为弘扬国粹艺术的骨干力量。

到目前，天津（18 名）、北京（10 名）、上海（12 名）、河北（11名）、湖北（6 名）、河南（5 名）、山东（4 名）、广东（4 名）、吉林（3名）、安徽（3 名）、浙江（2 名）、贵州（2 名）、江西（2 名）、辽宁（2名）、甘肃（2 名）、黑龙江、内蒙、山西、江苏、云南、四川、新疆共 22 个省市区以及中华全国总工会（3 名）、海外都有"十大名票"的获得者。

正因为有了广大票友的信任，"和平杯"才能够常办不衰。

5. 组织工作严密，服务周到，受到广泛赞誉

作为承办单位的和平区政府高度重视组织工作，区委副书记任筹备工作小组组长，分管文化的副区长任组委会常务副主任，每届赛事，筹备工作就要召开十余次会议，讨论赛事的每一个细节。赛前，区领导召开全区各有关部门参加的协调会议，对区委、区政府两办、新闻中心、公安、消防、交通、电力、环卫、城管、卫生防疫、信访等各个部门提出明确分工和要求。

为确保安全，每届赛事组织时，都有公安和驻会人员；驻会医务人员每天两次到房间巡视；演职人员大轿车出动时，都有警车开道；每场演出，消防人员现场督察；组委会还出资为每个来津人员上了保险。

在决赛阶段，组委会下设了指挥组、会务组、生活组、宣传组、接待组、保卫组、财务组等10个职能组，任务明确，分工到人，实行岗位责任制。

正因为有严密的组织工作，二十年来，十届"和平杯"赛事一直没有发生大的事故。

各地来津参加活动人员对组委会周到细致的服务广泛赞誉。文化部社文司领导曾这样评价："全国群众文化的各种赛事很多，但像'和平杯'这样组织严密、服务周到热情的还属罕见。"

(三)"和平杯"的经费情况

每届"和平杯"赛事，根据辅助活动的多少、规模的大小，所需经费不等，总体是上升的趋势。大小十二届赛事，总共使用经费855万元。

经费的来源主要是和平区政府的拨款，文化部、市委宣传部、市文化局在经费上也给予了一定的支持，同时也寻求部分企业赞助。国药控股集团、和平建工集团、和平建设开发有限公司、滨江集团、万丽酒店等在最近几届赛事中均给予了支持。

因为"和平杯"是政府主办的带有显著公益性特征的全国知名文化品牌，因此，不能把"和平杯"进行市场运作而搞得商业味道很浓。例如，对赞助企业，不管出多少资金，一律不能冠名(例如，天士力集团愿意出上百万资金，条件是，把"和平杯"改成"天士力杯"，组委会没有答应)；在剧场布置上、舞美设计上不出现企业名称和广告；作为公益性的事业，欢迎企业赞助，但只能适度宣传(例如，在节目单、活动手册、请柬、票托上登有鸣谢企业的名称；剧场前厅摆放标有企业名称的花篮；发给赞助企业一定数量的观摩票；在"和平杯"的画册上，开辟一定版面宣传赞助企

业；在颁奖晚会上为赞助企业颁发"特殊贡献奖"；邀请赞助企业
领导出席招待宴会等）。

【专家点评】

　　"和平杯"中国京剧票友邀请赛是具有全国影响的大型群众文
化活动。自1991年以来，经历十余届比赛仍能够长久不衰，足以
说明活动的主办方和策划者的独到之处。总结起来可从以下两个
方面进行分析：第一，"和平杯"自第一届至今，一届比一届影响
大，乃至在全国大型群众文化活动领域中占有不可替代的位置。
但该项活动始终保持着三个不变，即性质不变、领导支持不变、
群众的家园感觉不变，这是活动保持青春的关键。二十余年来"和
平杯"一直保持群众文化本质，以满足群众文化需求为目的，带有
显著的公益性特征。多年来，天津市各级政府始终如一的支持是
活动成功的关键性保证。组委会在组织实施理念上充分发挥了群
众文化活动的特有属性，使全国参赛选手来到天津仿佛到了家，
各类参观、座谈、交流及和谐的竞赛氛围，使选手完全没有陌生
的感觉，倒像是全国票友大团聚，这也是全国戏曲爱好者踊跃参
加的重要原因。第二，严格、规范、周密的组织实施程序，公平
公正的竞赛规则，确保了活动的正常秩序。天津"和平杯"为大型
群众文化活动的举办作出了榜样。

（点评人：贾乃鼎）

八、云南省昆明市盘龙江文化艺术节

　　滇疆重镇昆明，母亲河盘龙江如蛟龙纵贯南北，注入滇池，
孕育着一代又一代春城儿女。例如诗般美丽的传说，为云南省城
主城区之一的盘龙区，注入了深厚的盘龙江文化元素，积淀了艺

术节源远流长的历史底蕴。盘龙区辖区面积345.83平方千米，辖10个街道办事处，共49个社区、16个村委会，2008年年末人口65.91万人；托管面积541.1平方千米、人口70 570人，是昆明市重要的水源保护区。

(一)盘龙江文化艺术节的源起和发展

江畔生生不息的盘龙人，在举办了五届"盘龙江咏歌节"的基础上，凭着丰厚的积淀，乘着十一届三中全会改革开放的东风，于1981年创办了第一届"盘龙江音乐节"。音乐节以合唱调演为主，辅以专业剧团表演的京戏、话剧、曲艺、花灯、歌舞、口技、音乐等展演形式开展。这就是盘龙江文化艺术节的早期雏形。

随着人们对群众文化参与积极性的提高，艺术节把馆、堂文艺会演拓展为广场文化，参与面扩大到了机关、学校、企业、社区和农村群众。1990年，艺术节扩大到12个分会场及主会场演出，同年，经盘龙区委、区政府研究，"盘龙江音乐节"正式更名为"盘龙江艺术节"。这是盘龙江文化艺术节的前身。

从2006年举办的第26届开始，"盘龙江艺术节"正式更名为"盘龙江文化艺术节"，形成了以中心会场与分会场相结合，专业剧团与业余文艺团体相结合，专业演员与业余演员相结合，精品节目与大众节目相结合，机关与学校、企业、社区和农村相结合，政府主办与企业赞助相结合，集广场文艺展演、精品文艺调演、社区(农村)歌会、踩街游演、论坛、会展、灯展、书展、摄影展、美术绘画展、盘龙江文化艺术书系编撰、龙舟赛、体育竞技、盘龙江文化产品集市等于一体的多形式、多门类文化盛会，成为春城人民每年必备的精神大餐。

(二)盘龙江文化艺术节的整体情况

盘龙江文化艺术节举办29年来，每年成功举办一次，至今已连续举办了29届，演出2 000多场次，参演人数近10万，观众累计超过 100 万。这个带动全区群众文化的龙头，以广大人民群众喜闻乐见、积极参与的文化活动形式，宣传党的方针政策，传播先进文化，构建和谐社会，讴歌时代旋律，唱响创新主题，全方位宣传盘龙经济社会发展和建设。29 年来，盘龙江文化艺术节一直在探索中前进，在创新中发展，规模从小到大，内容从简单到丰富，形式从单一到多样，组织运作形式逐渐成熟和完善，并向程式化、规范化发展。同时，演出从室内全面走向室外广场，实现了群众文化和专业文化相结合、艺术节活动和基层社区活动相结合、文化和体育相结合、都市文化和乡村文化相结合，并进一步探索政府主导与企业参与相结合的新路子，逐步实现多元化，鼓励和吸引企业参加，进一步推进艺术节的市场化运作，最终实现"政府引导、社会参与、市场运作"的文化节举办模式。

盘龙江文化艺术节一年比一年精彩。每年艺术节的演出活动中，声乐、器乐、舞蹈、曲艺、戏剧、小品、杂技等多种艺术形式欢聚一堂，争奇斗艳。从乡间的彝家小唱、千人合唱表演到阳春白雪的名曲音乐会，从"缤纷校园"演出到"舞动青春"专场，从抗战电影月、龙舟赛到升国旗仪式，这个昆明唯一称得上"广场文化"的主题艺术节，为市民呈上一道道精彩纷呈的文化盛宴。

作为盘龙江文化艺术节的主阵地，桃园广场被评为全国特色文化广场。

2009 年，盘龙区被文化部评为全国文化先进单位，盘龙江文化艺术节这一特色品牌功不可没。

(三)盘龙江文化艺术节对城市文化发展的作用

盘龙区委、区政府对盘龙江文化艺术节的举办给予高度重视和大力支持。特别是近几年来，盘龙区牢固树立"大文化"理念和社会文化社会办的观念，将艺术节和社区文化纳入全区"大文化"范畴，强化以人为本，让社区居民成为社会文化的创造主体和受益主体，积极调动社会各界参与文化活动和文化建设。盘龙江文化艺术节的这种锐意创新的城市文化特色，不但传承了昆明城市的历史文脉，凸显盘龙区50年来的岁月风骨，还丰富了城市文化内涵，更加展示了昆明城市的人文精神。

盘龙江文化艺术节的创新发展，正如滚滚而来的盘龙江潮，冲击、荡涤着陈旧的发展观念，这艘文化航船将插上"文化强区，文化兴区"的翅膀，为推动盘龙经济社会发展破浪前行。

【专家点评】

盘龙江文化艺术节是综合性文化活动，对本地区的文化建设发挥了重要作用。其主要特点是：第一，群众的参与面广，调动机关、学校、企业、社区和农村群众的积极性，广泛参与到活动中来，采用了主会场和分会场相结合的方式，具有群众文化活动的群众性特征。第二，内容丰富，组织形式多样。集中心会场与分会场相结合、专业剧团与业余文艺团体相结合、专业演员与业余演员相结合、精品节目与大众节目相结合、城区与农村相结合、政府主办与企业赞助相结合等一系列形式，使活动充满活力和生机。

建议：在现阶段，我国群众文化活动的社会性参与是必然趋势，政府支持企业赞助是正当途径。在运作过程中吸收市场经济的营养和某些元素是正常的，也是必须的。但若要进行市场化运作模式，请慎重考虑。群众文化活动是我国公共文化服务体系的重要组成部分，非营利性和公益性是其基本属性。市场运作的提法容易与群众文化活动的本质发生冲突。

（点评人：贾乃鼎）

九、秀洲·中国农民画艺术节
——现代民间绘画的艺术殿堂

秀洲·中国农民画艺术节是于 2000 年 2 月经文化部社文司〔2000〕006 号文件批准,每两年或每三年一次在中国现代民间绘画画乡——浙江省嘉兴市秀洲区举办。艺术节通过举办展览、论坛和其他大型广场文化活动,汇聚了全国乃至世界的现代民间绘画爱好者,并且挖掘了隐藏在民间的一大批现代民间绘画画家,秀洲·中国农民画艺术节已经成为全国现代民间绘画的艺术盛会。秀洲区从获得举办"秀洲·中国农民画艺术节"的资格后,分别于 2001 年 10 月、2004 年 9 月、2007 年 10 月成功举办了三届艺术节,2010 年将举办第四届艺术节。三届艺术节期间,有近 10 万人次的农民参与了节会的各项活动。第二届秀洲·中国农民画艺术节被列入第七届中国艺术节的重要活动项目,第三届秀洲·中国农民画艺术节更是吸引了四大洲的现代民间绘画爱好者参与。2009 年,该活动又被浙江省文化厅列为全省重点扶持的文化节庆活动之一。通过举办这一活动,秀洲区已创建了 32 个农民画创作基地和后备人才基地,形成了数千人规模的农民画创作队伍,有 3 000 多幅作品在海外展出。秀洲区农民画已成为该区推进文化强区建设的重要内容和对外文化交流的亮丽品牌。

(一)内容丰富,影响深远,打响文化建设新品牌

1. 丰富的节会内容吸引了全国广大民间绘画爱好者

每届艺术节都举办了盛大的开幕式,并策划组织了丰富的广场文化活动。例如"水乡童画"百名儿童广场大彩绘活动、千名画童绘江南活动、"大红大绿"乡村灶画、伞画表演活动,等等。各类民间绘画作品展览始终是艺术节的重中之重。从第一届艺术节

的全国现代民间绘画优秀作品展、中国现代民间绘画著名画乡作品展、秀洲区农民版画作品展和农民画家缪惠新作品展等，到第二届艺术节的全国画乡建设成果展、全国优秀农民画家提名展，再到第三届艺术节的"今日中国新农村"——中国百县农民画大展、2007 中国秀洲·国际民间绘画邀请展等，展览内容的丰富让人目不暇接。除此之外，各届艺术节还举办了论坛和文艺晚会，来自全国乃至国际的现代民间绘画爱好者汇聚一堂，共同研讨，共赏节目，共话和谐。

2. 深远的影响打响了中国农民画艺术节特色品牌

秀洲·中国农民画艺术节的成功举办赢得了各界广泛赞誉。一是各级领导高度评价。每届艺术节，从文化部领导到浙江省委宣传部、浙江省文化厅领导，均对艺术节的成功举办给予了高度评价。例如在第二届秀洲·中国农民画艺术节上，时任文化部副部长周和平在秀洲·中国农民画艺术中心参观了全国画乡建设成果展等展览后说："第一次来秀洲，想不到一个区在全国农民画方面撑起了大旗，做大了文章。"他叮嘱中国文化报社社长郭沫勤要在文化报上好好宣传秀洲，介绍这里的政府是怎样重视文化工作的。二是国际友人赞不绝口。在第三届艺术节上，来自南非的Rose Kamoto 表示，秀洲·中国农民画艺术节举办的"国际民间绘画邀请展"搭建了一个各国民间绘画的艺术交流平台，为中国现代民间绘画的乡土画家提供了学习和借鉴不同国家民间艺术的机会。这种跨区域、跨国界的文化交流，无疑会使各国的民族民间艺术得以更广泛传播，从而推动文化多元化的发展。三是画乡代表感受深切。在第二届艺术节上，来自贵州省麻江县的苗族女农民画家赵龙玉说："来秀洲参加农民画盛会，心里很激动，我们苗族的服饰受到了这里群众的欢喜，这里的农民画艺术节让我永生难忘。"四是新闻媒体争相报道。在各届艺术节上，新华社、"人民日报"、"中国文化报"、"解放日报"、上海电视台、浙江电视台、

"浙江日报"等新闻媒体都以大篇幅的文章、图片和影视争相报道，高度评价艺术节办出了特色、办出了成效。

(二)政府主导，特色鲜明，拓宽节会举办新思路

1. 政府的主导性

秀洲区委、区政府坚持把建好画乡、办好秀洲·中国农民画艺术节纳入全区各级党委、政府的重要议事日程，纳入经济和社会发展规划及年度计划，纳入财政预算，纳入各级党委和政府任期目标的重要考核内容。为办好艺术节，秀洲区投资300万元建造了3 000多平方米的全省第一座农民画陈列馆，投资2 800万元建造了7 600平方米的秀洲·中国农民画艺术中心。2009年年底启动建造总建筑面积为5 600平方米的集农民画艺术研究中心、农民画艺术陈列馆、农民画艺术长廊、秀洲农民画论坛会展中心于一体的全国农民画交流中心，预计总投资达3 400万元(不包括征地费用)。三届艺术节期间，秀洲区累计投入了办节经费数千万元。从2009年起，为推动全区文化大发展、大繁荣，秀洲区又专门设立了农民画专项资金100万元，用于农民画各项活动的开展和对繁荣发展农民画作出重大贡献的作者和基地的奖励。

2. 交流的广泛性

每届艺术节都吸引了大量画乡代表前来秀洲交流，并且规模一届比一届大。第三届艺术节不仅吸引了来自全国26个省、市、自治区103个画乡的现代民间绘画作品参与交流，还吸引了来自四大洲10个国家40多位艺术家创作的80多幅艺术作品参展。

3. 内容的乡土性

三届艺术节都体现了浓浓的乡土气息。首先是参加艺术节的画乡代表都是来自全国各个画乡最基层的老百姓，他们平时很少出来交流，秀洲·中国农民画艺术节给他们提供了广阔的交流平台。其次是参展的作品都很好地挖掘了各地的民俗风情和地域文

化，纯朴天真，散发着泥土的芳香。很多参展的作者甚至还穿了他们本地的服饰来参加艺术节，使整个节会充满了乡土风情。最后是作为主办方，秀洲区安排了乡村灶画、民屋壁画、伞画等民俗表演活动，并在此基础上，将一个具有一定规模的灶画村呈现在大家面前，博得了中外代表的好评。

4. 风格的多样性

每届艺术节都有上千幅现代民间绘画作品参与展出，这些作品风格迥异，题材广泛。有来自黄河流域陕西黄土高原的户县、安塞画乡；有来自盛产高粱大豆的辽宁新民、阜新画乡；有地处祖国西南部少数民族地区的云南瑞丽、贵州水城、大方等画乡；有地处"丝绸之路"的青海湟中画乡和新疆麦盖提画乡；有充满海洋风情的普陀、岱山、嵊泗画乡；还有福建的龙海画乡、上海金山画乡等，第三届艺术节上更有来自四大洲的异国风情。在这些不同风格作品的影响下，秀洲区也涌现了大量有独特个性的农民画创作者，区政府还为这些有独特创作风格的作者独立建立了个人画室，让他们能在自己的天地里自由发挥。

5. 研讨的引领性

各届艺术节都举办了论坛，每届论坛紧扣时代主题，围绕现代民间绘画的最新发展展开讨论，具有一定的深入性和引领性。例如第三届秀洲·中国农民画艺术节举办以"现代民间绘画与新农村建设"为主题的论坛，体现了文艺贴近现实生活、理论联系实际的要求，对确立新时期现代民间绘画和画乡建设的发展方向，起到了良好作用。

6. 活动的创新性

每个到秀洲参加艺术节的画乡代表都有一个深切的感受，就是秀洲举办的艺术节一届比一届有新意、有亮点。例如第三届艺术节较前两届相比，在广场绘画活动上，将传统的民族民间艺术灶画、伞画推陈出新，与现代民间绘画有机结合，并以宏大的场景渲染开幕式气氛。在艺术节上举办国际民间绘画邀请展，搭建了中外民间绘画艺术交流的平台，也是一个创新和突破。

(三)示范引领，成效显著，搭好画乡交流新平台

1. 推动了本土文化繁荣发展

首先，依托秀洲·中国农民画艺术节，打响了秀洲区的画乡建设品牌。其次，丰富了秀洲区群众文化活动。自举办艺术节以来，秀洲区举办了与农民画有关的创作、展览、评比等活动不计其数。这些活动极大地丰富了广大群众的生活。最后，还挖掘了秀洲区民俗文化内涵。以秀洲·中国农民画艺术节为突破，秀洲区推出了一批饱含乡土气息的农民画作品，从而挖掘出了大量本土民俗文化内涵。

2. 激发了全国画乡创作活力

秀洲·中国农民画艺术节的举办把原本处于隔绝状态的全国各画乡汇聚到了一起，通过交流，共同探讨现代民间绘画的发展，从而激发了全国各画乡的创作活力。例如在第三届艺术节"今日中国新农村——中国百县农民画大展"中共收到来自全国画乡的401幅作品，同时也推出了一批出色的农民画画家。

3. 加强了国际民间文化交流

在第三届秀洲·中国农民画艺术节上，"和谐世界·五彩生活"为主题的国际民间绘画邀请展，吸引了来自亚洲、欧洲、非洲、大洋洲四大洲10个国家40多名艺术家的80多幅艺术作品，使艺术节成为中外民间绘画的交流和展示的新平台。

三届艺术节的磨砺，三届艺术节的发展，三届艺术节的辉煌，秀洲积聚了浓郁的文化底蕴、成熟的节会举办经验。秀洲·中国农民画艺术节始终把握时代的脉搏，引领着全国各现代民间绘画画乡的发展，使现代民间绘画真正实现了从"民间"走向"殿堂"的

凤愿。秀洲区将坚持"创新引领未来"的理念,进一步把秀洲·中国农民画艺术节打造成为全国现代民间绘画的艺术殿堂和全世界现代民间艺术的交流平台。

【专家点评】

从秀洲·中国农民画艺术节的举办过程,我们可以看出这样一个轨迹:本地农民画的群众基础坚定了政府举办农民画艺术节的决心,艺术节的成功举办又刺激了广大群众的创作积极性,群众的积极性使政府和文化主管部门找到了发展本地区群众文化事业的最佳途径,投入大量资金为群众搭建展示和交流的平台,通过艺术节的示范引导作用,大大提高了广大群众的艺术审美水平,形成了数千人规模的农民画创作队伍,并将秀洲推向全国,推向了世界。这是一个良性发展过程,是市政府准确决策,科学运作的结果。大型群众文化活动的巨大社会影响力和示范引导作用,通过秀洲·中国农民画艺术节得到了充分体现。

(点评人:贾乃鼎)

十、中原民间艺术节

为满足广大人民群众的精神文化需求,活跃节日群众文化活动,全面提升邯郸"四省交界区域经济中心"地位、推进和谐邯郸建设,创造良好的文化环境,努力将邯郸打造成"四省交界区文化旅游中心",邯郸市在 2005 年"第一届民间文化艺术周"活动成功举办的基础上,2006 年 5 月,中共邯郸市委、邯郸市人民政府与中国群众文化学会主办,邯郸市文化局与中原经济区晋、冀、鲁、豫四省其他十二市文化局共同承办了"首届中原民间艺术节暨邯郸市第二届民间文化艺术周"活动,并于 2007 年举办了"第二届中原民间艺术节暨邯郸市第三届民间文化艺术周"、2008年举办了"第三届中原民间艺术节"、2009年举办了"第四届中原民间艺术节",主要内容有:开幕式大型文艺演出;民间艺术广场表演;京剧、豫剧、平调落子票友演唱会;读书节;民间艺术精品展与民间工艺现场表演;名家名段演唱会;国际标准舞大赛;读书节;书市展;民间文化论坛;广场电影文化节;农民青蛙漫画展;世界儿童画巡回展,等等,内容丰富多彩,场面宏大热烈、喜庆和谐、贴近民众,充分体现了民间艺术的亲和力,丰富了全市人民群众的节日文化生活。

(一)中原民间艺术节的内容

中原民间艺术节以"艺术的盛会,百姓的节日"为主题,民间艺术表演突出表现了根据我市非物质文化遗产保护项目——永年吹歌、峰峰磁州窑、魏县土纺土织、大名草编等题材创编的大型吹鼓乐《盛世吹歌》、大型舞蹈《窑火》、《织》等,河南鹤壁的《群猴闹山》,安阳的《硬气功》,焦作的《龙凤灯》,濮阳的《舞龙》,新乡的《中州大鼓》,济源的《牡丹争艳》;山西晋城的《泽州对鼓》,长治的《上党八音会》;山东聊城的《大武术》,菏泽的《歌伴武术》,临清的《欢庆秧歌》;河北邢台的《招子鼓》、《草编新韵》、《欢歌盛世》,正定的《常山战鼓》,昌黎的《地秧歌》等节目依次上台亮相,充分表现了中原地区丰厚的文化底蕴和邯郸民间艺术的特色。中国·邯郸"新世纪杯"国际标准舞全国公开赛,来自12个省30个城市,71支代表队的1 600多名国标舞职业、业余高手以及少年、少儿新秀群芳争艳,竞技争先,摩登舞、拉丁舞比赛和团体舞表演等美国轮美奂、精彩迭出。戏曲票友演唱会集中了优秀戏曲票友的彩唱、清唱和折子戏等艺术形式,高潮不断的表演引起观众叫好声不绝于耳;中原戏曲名家名段演唱会,来自晋、冀、鲁、豫四省包括菏泽、邢台、安阳、邯郸、晋城、长治6个城市的全国"梅花奖"获得者,为邯郸百姓献上了一台融豫剧、京剧、平调、上党梆子、上党落子、山东梆子、河北梆子 7 个剧种于一体，彩唱、清唱相结合的演唱会；民间歌舞演出中的时装展示、舞剑、传统鼓乐、舞蹈等艺术表演让观众尽情享受；中原经济区晋、冀、鲁、豫四省的摄影家关于"自然环境——鸟"的 200 多幅作品，集中展现了人与自然环境、人与鸟的和谐之美，强化了人们爱护环境、亲近自然、建设美好家园的生态保护意识，使游客大饱眼福；民间工艺精品展上有根雕、麦秆画、剪纸、泥咕咕、小神刀雕像、黎侯虎、牛皮画、鲁锦、烙画，陶埙、内邱木版画、磁州窑陶瓷、馆陶黑陶、皮影、草编、傩戏面具、烙绘葫芦、拉洋片、变花、布贴画等优秀的民间工艺作品和现场表演，让各个年龄层次的游客流连忘返。

(二)中原民间艺术节的特色

中原民间艺术节秉承传统与时尚辉映，继承和弘扬并行的理念，体现了公益性、开放性、群众性、互动性、观赏性、层次性、广泛性和互动性于一体，节目内容丰富，异彩纷呈，使人目不暇接。

政府主办，财政资助，企业参与，节目内容种类多，中外结合，雅俗共赏，动静搭配，观众选择空间大，有中老年人喜欢的传统、热闹的民间艺术广场表演和戏曲票友演唱会；有青少年喜爱的读书节、电影节和文物陈列；有老少咸宜、时尚高雅的国标舞；有小朋友们喜欢、通俗好看的农民漫画和儿童画，等等，适合不同的人群和人的不同需求层次，吸引了群众的目光。仅在市博物馆举办的第 36 届世界儿童画展，就有 7 万余名少儿和家长入馆免费参观。据不完全统计，每届中原民间艺术节，市民和游客都有 60 余万人次光顾艺术节各个表演现场，享受中原民间艺术节的"文化盛宴"。

(三)中原民间艺术节的社会反响

中原民间艺术节得到了国家、省文化部门的重视及邯郸周边城市的大力支持。文化部社图司司长张旭，中国群众文化学会会长、中国文化报社社长郭沫勤，河北省文化厅厅长许宁、副厅长彭卫国专程来邯出席艺术节开幕式，文化部副部长周和平同志专门发来贺信。国家文化部领导在贺信中对这项活动发展成为全国性的文化活动品牌寄予很大希望。新华社、中央电视台、《中国文化报》、中华文化信息网、《河北日报》、《河南日报》、人民网—河南视窗等新闻媒体对此活动做了报道，不仅推介了文化邯郸，活跃了市民节日文化生活，也对促进中原经济区文化交流，为把邯郸市打造成区域文化旅游中心起到了积极的推动作用。

事实证明，中原民间艺术节锻炼了文化队伍，积累了举办大型系列文化活动的经验，提高了邯郸文化工作的影响力，成为展示文化邯郸城市魅力的一张名片，以丰富多彩的文化活动为触角，使邯郸与中原经济区各市以及其他地方的关系更为密切，增强了互信，增进了交流，提升了邯郸的城市影响力。中原民间艺术节经过四年打磨，已经成为一个有较大影响、深受广大群众欢迎的品牌文化活动，进一步推动了邯郸市区域文化中心、区域经济中心建设，全面提升了邯郸实力、活力、竞争力。

【专家点评】

中原民间艺术节是邯郸市委市政府和中国群众文化学会共同主办的综合性大型群众文化活动。跨省市多地区的联合行动是我国经济和科技飞速发展在群众文化事业中的具体体现。通过该活动，可以给我们带来以下启示。第一，开放的社会要用开放的理念去建设群众文化事业。走出自身的小天地，开展地区合作，区域联合，资源互补，是促进群众文化现代化发展的优良途径。第二，大型群众文化活动是民族、民间文化传承发展，扩大影响，焕发青春，面向世界的最佳平台。数量众多的民间艺术汇集在邯郸，相互交流，尽情展示，得到了公众的认同便有了生存和发展的空间。第三，将国际文化元素加入到中原民间艺术节之中是十分出彩的一笔，30 个城市 71 支代表队的 1 600 多名国标舞选手的比赛和表演，为中原民族文化加进了开放改革的符号，是民族的也是世界的。

（点评人：贾乃鼎）

十一、青岛文化大拜年系列文化活动

由中共青岛市委宣传部、青岛市文化广电新闻出版局主办，青岛市群众艺术馆承办的青岛文化大拜年系列文化活动，历时 9 年，已真正成为岛城市民喜爱的公益文化品牌活动。

春节是我国最重要的传统节日，拜年又是春节最重要的内容与习俗。如何用文艺的形式向岛城市民拜年，并让广大市民在享有文化权益的同时又能融入到文化活动中来呢？2002 年春节，在市委市政府的指导下，在上级主管部门的支持和帮助下，青岛市文化大拜年活动正式拉开帷幕，以五四广场为阵地，从正月初一至初七，通过文艺演出的形式，向全市人民表达新春的祝福！九年来，"文化大拜年"活动已成为青岛宣传文化系统固定的春节文化盛宴，多姿多彩的群众文化活动，极大地丰富和活跃了广大市民的节日文化生活，已成为春节期间群众文化生活不可缺少的内容。"文化大拜年"活动的内容也从单一型、小规模的文艺表演，发展到全市综合性、整体性、城乡一体化、制度性文化工作，由原来的文艺表演的形式，扩展到文化展览、文化讲座、文化培训、文化服务等多种文化服务内容，形式不断更新，内容不断丰富，规模不断扩大，质量不断提高，极大地满足了广大群众的文化需求。据统计，自 2002 年以来，全市每年春节期间组织各类群众文化活动 200 余项，有近万演职人员参加演出，有近 300 万岛城市民和中外游客参与其中。文化大拜年活动不仅满足了人民群众精神文化生活的需要,陶冶了情操,提高了人民群众的文化素质,也提升了城市的文化品位和文明程度,开创了新形势下精神文明建设的新局面,对青岛市的发展起到了积极的推动作用。

(一)"文化大拜年"——广场文艺演出开启序幕

每年的正月初一开始,来自岛城十二区(市)的各类文艺演出团体,汇聚在青岛市中心广场——五四广场,在各区(市)文化局、文化馆(站)领导的带领下,将精心准备的各具地域特色的优秀节目汇聚在这里,形成万人现场大拜年的壮观场面,被广大市民誉为"没有围墙的春晚"。每年参与演出的演职人员达千余人次,观众累计十万余人次,历届市领导亲临现场与民同乐,已成为青岛市委、市政府与岛城市民、新市民以及中外游客进行文化交流的桥梁。

在文化大拜年演出的节目都成为新一年文化活动演出及参加各类比赛的亮点节目,例如百人阵营的威风锣鼓与腰鼓、充满童稚的群舞《虎娃闹春》、民族舞蹈《盛世中国》、舞蹈《铁弓神韵》(2002年文化部金奖)、歌曲《邻里情》(2006年四进社区金奖)等。演出的节目每天一个主题,例如舞动中国、回家过年、社区文化大家园、邻里情、戏迷乐等主题综艺专场演出。每年演出的内容和形式都有新突破,不再仅仅是敲锣打鼓扭秧歌,音乐、舞蹈、歌曲、曲艺应有尽有,时代气息浓厚。许多市民高兴地说:"用广场文艺演出进行大拜年太好了,我每年都来看"。

(二)"文化大拜年"——民俗文化活动凸现异彩

每年正月初一,以市中心广场为主会场辐射带动全市十二区(市)各广场的文艺演出达100余场,观众近百万人次,形成了"文化大拜年、全市同欢乐"的和谐景象。十二区(市)的广场演出活动可说是各具特色,异彩纷呈。有以传统民俗活动为主题的,例如青岛市北区萝卜会·元宵山会开幕式暨"文化引领特色市北"民间大秧歌展演、"欢天喜地过大年"广场鼓舞大赛；青岛四方区海云庵糖球会开幕式，"李沧之春"文化系列活动之民间艺术巡游展演，城阳区民间艺术节，开发区举办的中国·青岛凤凰岛国际民间艺术节开幕式、崂山非物质文化遗产节开幕式、民间广场舞蹈大赛、锣鼓大赛等活动，胶州秧歌会、焰火晚会，平度市"庆新春"广场文艺展演。丰富多彩城乡文化活动，形成了岛城无处不飞歌的壮美景象，为岛城增添了浓浓的节日气氛。

(三)"文化大拜年"——城乡到处呈现文化年气息

青岛文化大拜年在最初的阶段，仅限于中心广场及各区市的文化广场，随着大拜年活动的繁荣发展，目前已深入到街道、社区、村镇及居民大院，小型文艺展演、文艺比赛使节日充满了全民参与的喜庆氛围。例如市南区举办的"庆新春"京剧名家专场音乐会，在劈柴院及各社区文化活动中心举办的迎新春文艺联欢会、迎新春同乐会、元宵灯谜大竞猜、书画比赛、楹联、窗花优秀作品展览、"欢乐新春"灯谜竞猜暨文艺表演、"金虎迎春剪纸展"等活动。市北区举办的闹新春团拜会、健身舞表演、庆新春腰鼓秧歌表演、"好日子"红歌会、"婚礼秀"民俗展演等活动。春节民俗文化活动以及传统民俗节会依次亮相岛城，为青岛市民奉献了一席蔚为壮观的文化大餐。

(四)"文化大拜年"——公益免费开放添姿增彩

近年来，在大拜年广场文艺演出的基础上，青岛文化大拜年活动的内容和形式逐步扩展，由单纯的广场演出活动扩展到公益性免费服务方面，既让市民享受到了文化所带来的愉悦，又在公益免费开放服务方面起到了引领和导向作用，大拜年演出的互动节目，例如排舞、秧歌等都将成为新一年公益培训的主题项目。每年春节期间全市的文化馆社区文化中心等文化场所，发挥场馆和人才资源的优势，在春节期间推出了小剧场演出、展览、公益培训、讲座等服务项目，例如娱乐健身"跟我学"市民健身舞公益培训班、"戏曲票友大联欢"戏迷乐戏曲专场、"舞迎新春"交谊舞会、"爷爷奶奶过年的画"省级非物质文化遗产剪纸作品展等，每年参与人数近万人，已成为市民春节文化团聚的新去处。十二区市文化馆及各社区公共文化活动场所也组织了庆祝春节文化活动。例如崂山区、城阳区的文化馆继续面向全区群众免费开放，把这里变成节日"家庭乐园"，人们涌进培训室、展览厅、阅览室、舞蹈室、琴房……通过丰富多彩的文化活动，庆祝春节，享受美好生活。

每年正月初一开始，从城市到农村，从市区到街道，从社区到居民大院，全市12个市区的街道乡镇、社区大院处处都有文艺演出活动。中央电视台新闻节目、中国文化报、山东电视台、青岛日报等多家新闻媒体都争相进行了报道，青岛文化大拜年已成为岛城春节期间展示城市形象、活跃城乡文化氛围的一张亮丽的文化名片。

九年来，青岛文化大拜年经历了从起步到成熟繁荣的过程，从单一的广场文艺演出发展到活动层面广、参与范围大、寓教于乐的综合性文化活动，极大丰富了岛城市民的假日文化生活，提升了文化活动主题意义，丰富多彩的文化活动和社区文化活动遍及城乡有力地落实了人们的文化利益，使"贴近实际、贴近生活、贴近群众"的原则通过各种文化活动真正落到了实处，给"诚信、博大、和谐、卓越"的青岛城市精神以最有说服力的诠释。

"文化大拜年"活动还将进一步丰富品牌的内涵，不断创新内容和形式，将其作为保障城乡人民群众文化利益的落脚点，作为社会主义精神文明建设的重要内容，将文化大拜年活动当作传播先进文化的大课堂，当作提高城市综合竞争力的有效载体，建立发展的长效机制，推动各项群众文化工作又好又快地发展。

【专家点评】

群众文化品牌活动来源于群众，反过来又为基层群众服务，这一规律在青岛文化大拜年系列文化活动中得到了充分体现。千余人次的群众将自己带来的文艺节目在青岛市中心广场进行演出，这本身就是广泛发动群众的结果。大型活动的展示，将人们的热情带给了青岛大拜年活动，活动的主办方又将这热情以文艺演出的形式分散到了基层，除了十二区（市）的广场演出活动外，深入到街道、社区、村镇及居民大院开展小型文艺展演，使全市充满了节日的欢乐气氛。这一"提起来、放下去"的活动方式，打破了大型活动与小型活动的界限，一切从实际出发，以满足群众文化需求为目的，这是活动的基本特色。

该项活动的另一个特点是活动的主办方没有停留在组织活动的本身，而是将注意力放在广大群众的实际需求上，文化辅导和培训融到活动之中，延续了活动本身的后续效力，这是为民服务理念的集中体现。

（点评人：贾乃鼎）

十二、浙江省庆元县"月山春晚"

(一)"月山春晚"概述

"月山春晚"起源于 1981 年，比中央电视台春晚历史还早两年，是由一个偏远山村——浙江省庆元县举水乡月山村的农民们自编、自导、自演的春节联欢晚会。坚持举办了三十年的"月山春晚"，如今被誉为"中国最山寨的春晚"、"中国式过年之文化样本"，并入选浙江省高中语文教材。

"月山春晚"独特的文化现象，受到社会各界的广泛关注，中央电视台、《人民日报》、《南方周末》、《浙江日报》、《钱江晚报》、《华东旅游报》等全国主流媒体，都对此进行专题报道，先后累计200余次；2010年的"月山春晚"，更是吸引了新华网、人民网、新浪网、浙江在线等20余家知名网站的网上同步直播；如今在互联网谷歌中文搜索引擎上，输入"月山春晚"，可获得约1 520万条结果，"月山春晚"已成为闻名全国的群众文化活动品牌。

（二）"月山春晚"的特色

一是举办时间的持续性。"月山春晚"最大的特点是持续性，不受环境、经费、人员等因素制约和影响，从未间断、坚持举办了30届。"月山春晚"的演出平台从最初简陋的操场到如今灯光音响设施齐全的村大会堂；表演形式从最初简单的自演自唱、自娱自乐到如今汇集歌舞、器乐、小品、舞台剧等门类齐全的文艺节目。"月山春晚"从简单到精美，从简陋到完善，在月山全体村民的不懈坚持下，一步一个脚印，从改革开放之初一直演到21世纪，演了30年，这在全省乃至全国都极少见。

二是参与群体的广泛性。"月山春晚"最大的特色是当地农民的自发性和广泛的参与性，童叟同台演出，上至90多岁白发老人，下至4岁孩童，村民们男女老少齐上阵，一同体验一同快乐。一直以来，"月山春晚"的组织者、参与者和观看者都是月山村的村民群众，随着它的逐年发展壮大，组织群体从老少兼有的非专业人员到具有高效组织和执行水平的年轻志愿者专业团队；参与群体从几个孤单年轻的身影发展到全体村民，并吸引月山村以外的庞大群体参与，组织规模和表演水平逐年提升，"月山春晚"已成为一台集聚农民思路、不断创新发展、有着深刻内涵的高质量村级春晚。

三是节目内容的独特性和创新性。近年来，在月山村一批学生青年——"月山芽儿"的有序组织、精心策划及文艺工作者的指导协助下，"月山春晚"参与面更广、内容更丰富、形式更新颖、特色更鲜明。广受媒体报道和赞誉的"月山春晚"品牌和王牌节目——"农装秀"和"农活秀",展示了犁田、捉泥鳅、插秧苗、打稻谷、编草鞋、种香菇等原汁原味农业生产场景,其创意和包装显示出极强的创新意识,是浙江农民"种文化"活动最到位的诠释和展现。此外,"月山春晚"中农民十二乐坊、"天黑赶路、天亮卖鲜"情景剧以及根据该村国家级文化保护单位"如龙桥"(廊桥)爱情传说改编的舞台剧《如龙与来凤》等极富创意的特色节目,都充分体现了"月山春晚"扎根基层的草根属性。它所表现的内容和形式,所反映的主题都来自群众日常生产生活,为群众所喜闻乐见;其生活真实与艺术真实的有机融合,抒写的是人民群众生产生活、喜怒哀乐的场景,其淳厚质朴的农味,加以恰到好处的艺术设计,让群众能参与,看得懂,体验深,使"月山春晚"能持久坚持,历久弥新,也使"月山春晚"进一步走出大山,走入都市,走向全国。

(三)"月山春晚"的成效和影响力

"月山春晚"在丰富农村文化生活,弘扬传统文化的同时,促进了乡风文明,推动了和谐文化建设。月山村由此获得"省级文化示范村"、"浙江省文化建设示范点"、"浙江省基层宣传思想工作三贴近创新奖"等多项殊荣。

从2005年2月4日浙江《钱江晚报》刊登《中国式过年之文化样本——月山村春晚》,到2007年该文章被浙江省《高中语文读本》(必修一)的新闻单元收录,再到近两年报刊、电视、网络等媒体的全面报道,"月山春晚"的影响力和知名度持续攀升。

2007年,"月山春晚"在庆元县城市民广场举办专场文艺演出,让县城居民领略了"月山春晚"的魅力。

2008年,"月山春晚"进军省城杭州,名为"昨日重现"的"农活秀"节目在杭州横河公园进行了特色文艺展示,赢得现场观众和专家的一致好评,凭借"月山春晚"特色文化所散发出的原始韵味和历史文化气息,庆元县举水乡在浙江电视台"新农村冲击播"活动中获得浙江省"十大电视助推特色乡镇"提名奖。

2009 年，特色节目"农活农装秀"再度赴杭参加浙江电视台《本塘春晚》的节目录制，当年"月山春晚"的孪生活动"山谷农民闹元宵"，受到浙江卫视《更生更有戏》栏目的青睐，以该活动为主题的《更生更有戏》节目创下 2009 年元宵节期间浙江卫视全国收视率第一的佳绩。

2009 年 1 月 24 日，关于"月山春晚"的新闻报道上了中央电视台《新闻联播》。

2009 年 2 月 19 日，《人民日报》文艺评论《关于"山寨文化"的反思》中涉及"月山春晚"文化现象。

2007 年以来，"月山春晚"相继被《南方周末》、《浙江日报》、《钱江晚报》、《华东旅游报》等报刊媒体报道或转载 200 余次，其中头版头条 40 余篇。

2010 年春节，新华网、人民网、新浪网、浙江在线等知名网站对"月山春晚"进行网上直播后，更加全面地、更大幅度地提升了"月山春晚"这一群众文化活动品牌的知名度和美誉度。

(四)"月山春晚"的示范和辐射效应

随着近年来"月山春晚"的创新发展和各大媒体的发掘报道，"月山春晚"显现出多方面、全方位的示范和辐射效应。

一是充分激发乡土文化能量。近几年，庆元县其他乡村的农民也自发组织了多台形式各异的春节晚会及多个地方特色文化节，庆元县委、县政府连续组织开展了四届农村文艺会演活动，农民群众自编自唱、自演自赏，精神文化需求获得了多层次、多样性的满足，庆元农民"种文化"活动得以全面纵深发展。

二是有效拉动文化旅游产业。"月山春晚"与当地春节搓黄果、蒸年糕、打糍粑及闹元宵、迎神庙会等传统民间民俗风情有机结合，相映成趣，构成节日旅游亮点，迎合了都市人们返璞归真的心理，对城市游客产生了极大的吸引力，促进了当地旅游业的快速发展。

三是引发社会文化深层思考。随着近年来各大媒体对"月山春晚"多角度、高密度的聚焦和关注，"月山春晚"声名远播的同时，社会各界关于"山寨文化"、"草根文化"等新文化现象的思考和讨论也不断升温。处江湖之远的"月山春晚"等非主流文化，与庙堂之上的主流文化冲击碰撞，体现了社会文化的包容和进步。同样给人们带来快乐享受的"月山春晚"等非主流文化以其理念的超越性、形态的独创性、发展的广延性，显现出强大的生命力。

目前，"月山春晚"以其独特的文化样式，正以品牌化的引领作用，引起了广大农民朋友的广泛关注和青睐，走出"山寨"，走向农村的广阔天地！

【专家点评】

"月山春晚"是村一级的群众文化活动，三十年来其影响力远远超出了庆元县，乃至浙江省。各大新闻媒体如此关注的原因是其旺盛的生命力和浓郁的乡土气息。当地群众的广泛参与，青年团队和志愿者的精心策划，自编自演贴近生活的表现方式等，都体现了群众文化活动的自娱性、群众性特征，是寓教于乐的集中体现。基层群众最熟悉的是自己身边的物和事，将人们的情感融入其中会倍感亲切。这是群众文化需求心理的核心。从娱乐中学到知识，从娱乐中受到教育，从娱乐中体会到了和谐，这是我国精神文明建设所鼓励提倡的。因此，月山村获得了"省级文化示范村"等多项殊荣。

主流文化是一个社会、一个时代受到倡导的、起着主要影响作用的文化。"月山春晚"是典型的基层群众文化活动方式，不应纳入非主流文化范畴。

（点评人：贾乃鼎）

十三、北京市朝阳区"社区一家亲"文化活动

朝阳区"社区一家亲"文化活动由朝阳区文化馆 2001 年创建。最初只是举办一些简单的文艺演出。经过不断的探索，逐渐将自身发展融入公共文化服务体系建设，实现了从文化娱乐到民众教育的转变，从区属到区域的拓展，从爱好者舞台到文化民生的提升，受到政府关注和百姓的喜爱。2004 年，活动发展成为由朝阳区委宣传部、区精神文明办、区社工委、区农委和区文化委五家单位联合主办的政府折子工程项目，专门成立了活动办公室（办公室设在朝阳区文化馆）。2006 年活动正式被列入全区"十一五"规划。通过年均 700 余场的演出、展览、培训、比赛、作品征集、生活体验等活动，带动了朝阳区基层 1 400 多支文艺队伍和 200 余家文艺协会的蓬勃发展，年参与"社区一家亲"人数达 200 万人次。活动于 2008 年被评为朝阳区人文奥运"十"大品牌活动，于 2009 年由北京市文化局推荐，成为北京市唯一一家全国"群文品牌"，2011 年荣获由北京市文化局首次评选的"北京市优秀文化品牌活动"。朝阳区"社区一家亲"文化品牌活动具有如下特点。

（一）调研解放思想，实现观念创新

面临文化发展的新变化、高要求，加大文化建设调研，加强理论思考研究，理清政府、社会、百姓对文化的需求以及内在联系，是使"社区一家亲"不断创新观念，从简单的文化活动发展成为公共文化建设品牌的关键。先后开展了"公共文化设施规划"、"公共文化服务评估体系"、"民工现象"、"下岗现象"、"村官现象"、"老大妈论坛"等不同类别、不同人群的调研。活动实现了从文化娱乐到民众教育的转变，从区域到区属的拓展，从爱好者舞台到文化民生的提升。例如"朝阳区公共文化设施规划与战略"课题研究，针对朝阳区的多样性、融合性、方向性、创新性等特点，

打破现阶段公共文化设施完全按照行政区划布局的统一模式，根据各地区人口、环境、资源、需求的差异，按照公众跨越式发展的文化需求设计出多样化、多层次化的公共文化设施网络规划，对朝阳区合理的文化设施布局至关重要。又如"农民上楼"文化现象调研，针对在朝阳区农村城市化及城乡一体化新型区建设中，更多农民搬进"新居"的现象，提出"农民上楼"工程不仅是农民建房的革命，更是农民思想观念、生产生活方式、传统文化等一系列内在深刻变革等问题，研究新时期、新型农民的文化需求，对推进农村文化建设有着现实的借鉴和指导意义。

（二）从区属到区域，服务文化权益

改变以区属街乡为服务重点的方式，从服务空间、服务对象、服务载体等方面将活动扩展到百姓生活的各个领域。从空间上，盘活驻区社会文化资源，充分发挥区内高等院校、研究机构、国家文艺团体的资源优势，引导社会文化资源向公共文化服务领域合理流动。面向各层面受众建立文化体验馆、艺术培训学校、戏剧排演场、影院、展览中心等设施。建立区域文化中心联动模式，与八里庄街道、呼家楼街道、团结湖等街道共建文化活动中心，发挥文化馆的带动作用；从对象上，从满足文艺爱好者的小众娱乐到满足人民群众文化权益的大众乐园，服务生活工作学习在朝阳的每个人，尤其关注社会弱势群体的文化权益。从载体上，研究社会文化资源共享模式，鼓励采取互利互惠、文化共赢的方式和区域内企事业单位、学校、使馆等共办文化活动，并引导社会资金以多种方式投入公益活动。例如"我们都是活雷锋"农民工体验活动。按照习惯意义的街乡区属概念，这个特殊的群体没有明确的归属，但他们既是城市的建设者，更为朝阳区奥运主场馆的建设作出了突出的贡献，保护他们的文化权益，提高他们的文化生活水平是我们的责任。因此，在纪念毛主席"向雷锋同志学习"题词发表39周年之际，举办了"我们都是活雷锋——农民工英雄体验活动"。让农民工们用形体去诠释雷锋精神,通过这一新颖但并不复杂的行为艺术让他们作为一个文化符号出现在舞台上,拉近他们与英雄的距离,拉近他们与文化的距离。活动受到人民日报等媒体广泛关注。之后,先后创意了如农民工影院、皮村打工者文化中心、外来工歌手大赛、农民工题材歌曲创作、"农民工与莎士比亚"戏剧展演等与民工精神文化生活密切相关的活动载体。又如与中国传媒大学合作,举办"大学时光"艺术活动,让年轻的大学生们能够以文化的视角在社会与人生的舞台上,去观察创造表达,希望他们能用创新的思维和不懈的行动实现自己的理想。

(三)回归民众教育,提升社会文明

随着社会经济的发展,人的思想道德观念引领是文化工作的重要领域。将娱乐教育和民众教育有机结合,使活动从以文艺爱好者舞台式的文化传播方式,到改善不同人群的文化民生,关注社会问题,改善人的生活。举办活动或培训的目标不再是单纯的精神愉悦或文艺水平的提升,期望民众能在轻松中受到熏陶和启迪,以培养公民的态度、习惯和意志,增强民族意识、振奋民族精神。成立了高等教育机构校外课堂,青少年、老年活动基地,基层文化辅导基地,百姓生活体验基地,公益广告宣传阵地。例如建立"红半天"女子鼓乐团,为下岗女工发放补贴,补足她们的菜篮子和米袋子,以文化的视角搭建起关注社会问题的桥梁。又如基层文化配送(培训)内容融入社区教育,包括国学讲堂、礼仪培训、健康心理咨询、百姓烹饪、养花技巧、幼儿教育认识、垃圾分类知识等生活教育内容。再如,创建"老物件工作坊"、"我们身边正在消失的老物件"非物质文化遗产日品牌活动等载体,通过呼唤集体记忆的方式,拉近人与人之间的距离,拉近人与文化的距离。老物件工作坊的展品先后走进首都博物馆、首都体育馆、香港历史博物馆展览,成功举办了"城市记忆——百姓之家"展览、"梦回 1980 老物件展"、"五味纷陈——半世纪的中国生活记忆"展

览。如今的"老物件工作坊"已经名声在外，现在物件已 4 000 多件，除了社区居民外，来自内蒙古、河北、山东等地的群众也都来电咨询捐赠事宜。

(四)彰显区域特色，多元文化并存

朝阳区是世界城市建设试验区和国家公共文化服务体系示范区的申报区，区域经济快速发展，城市规模与人口结构急剧变化，呈现出人口总量多、增长快、结构复杂的态势。区域内有大量外籍人士、商务人士、文化人士，还有 15 万的农民。国际化水平高，云集了几乎 100% 的外国驻华使馆。在农村城市化的进程中，农民变市民，外来建设者成为新北京人。多元群体、多元文化、多元需求并存是朝阳区突出的特征。活动充分了解不同群体的特点，创作更加丰富的文化产品，以不同的传播方式贴近各类群体的文化需求。为外来工设立了农民工文化中心、打工艺术博物馆，打工子弟学校，为农民建立了农村文化大棚、农村文化大院、农民剧场，流动文化馆田野计划，为年轻人设立了大学生戏剧节，"大学时光"艺术活动。围绕春节、元宵、清明、端午、中秋、重阳等民俗节庆日，举办传统文化活动。此外，针对朝阳区突出的国际化特点，与驻华文化处及驻区文化机构合作建立多个文化品牌项目。与法国文化中心合作举办"中法戏剧荟萃"，与波兰大使馆合作举办"波中男孩女孩大联欢活动"，与以色列艺术剧院合作举办"对话以色卡迈尔艺术剧院"，与俄罗斯大使馆合作举办"体育招贴画展览"，与英国大使馆合作举办"莎士比亚戏剧巡演"，与日本帐篷剧社合作举办戏剧《变幻痂壳城》。

(五)注重品牌培育，带动自主发展

作为公共文化品牌，"社区一家亲"在坚持政府主导、社会热点、百姓利益、第一时间为基本要素的前提下，不断推出原创艺术节、郊野公园艺术节、百姓生活戏剧节、农村文化大院、打工

艺术博物馆等新创意，以保持自身的生命力和品牌效应。同时，"社区一家亲"的公共精神和创新理念带动全区各街乡自主品牌的创立和文艺团队的发展。作为全国群文品牌，"社区一家亲"全年计划已成为统筹全区文化活动的指导性文件，并引导、扶植三里屯、小关、朝外、亚运村、高碑店等地区建立了"朝阳三里屯国际街区灯笼灯会"、"小关国际交流文化广场"、"春分朝阳——日坛祭祀典仪"、"大碗茶广场故事会"、"孝道中秋"等自主品牌活动。此外，活动项目制管理的用人机制和考核制度带动文化馆体制改革和人才队伍建设的发展。十年来，上千万百姓直接参与活动，并从中受益。活动培育了快板刘文化大院、打工艺术团、大鼓队等社会团体，为其组织者和成员们直接提供了自我展示和价值体现的平台。活动项目负责人肖丹也以活动为平台得到了锻炼，荣获"北京市先进工作者"荣誉称号。

（六）全年无休，循环往复

活动在经历了五年"年初有开幕、年底有闭幕"的样式后，逐渐发现年初年末、春夏秋冬不同支点的年节活动、比赛培训等已形成内在联系，活动已很难找到开始与结束的时间节点，形成全年无休的自然循环状态。社区百姓也在其中找到了活动规律和家庭归属感。2006 年，活动开始忽略形式感，取消了开闭幕仪式，更加注重内容的规划和创新，活动组织手法和视觉装置的变化成为活动的重点突破点，让百姓在看似往复的活动中总能找到新奇的乐趣。每年适时发布全年规划和做好评比表彰。

在"十二五"期间，"社区一家亲"将结合社会发展，加强政府引导，从品牌方向、品牌内容、运作模式、评估管理等方面制定长期的品牌发展战略。从继续做好民众教育和娱乐教育的结合，积极调动社会力量参与公共文化建设，利用鸟巢、水立方等场馆优势，依托 798 等文化创意产业园区，加大文化资源开发和开放力度，以创新发展原创艺术节为载体繁荣文艺创作、加强文化创意人才队伍建设等方面提升公共文化服务水平，发挥品牌的带动作用。

【专家点评】

朝阳区"社区一家亲"文化活动中的许多亮点值得我们思考：第一，在政府、社会、百姓对文化的需求的内在联系上进行探索，将政府的声音，社会的和谐与群众的需求紧密联系在一起，而不是相互分离，这是群众文化建设的先决条件。第二，加强理论研究和调研工作，打破文化设施完全按照行政区划布局的统一模式，走出小环境，根据实际情况搞区域联合，最大限度发挥资源优势，让群众得到实惠。第三，建立文化权益人人平等的理念，将外来务工人员和国外友人逐步融入城市主流文化之中。这是城市走向现代化的重要标志。第四，以提高全民精神文明水平为目的，将娱乐教育和民众教育有机结合，保持多种群众文化活动形态共存的局面，让群众享受家园文化。总结起来可归纳为"更新观念、重视调研、权益平等、引领当先"。

（点评人：贾乃鼎）

十四、福建艺术扶贫工程

（一）福建艺术扶贫工程概况

2004 年 2 月，福建省艺术馆在多次深入农村调查的基础上，以"关注农村、关注贫困、关注教育"的社会视角，开始组织实施"福建艺术扶贫工程"，七年多来，全省文化馆定时、定点、定员为贫困地区儿童开展免费的艺术启蒙教育，截至 2011 年 8 月，福建省已与 213 所偏远山区学校挂钩，将其视为艺术扶贫活动教学基地，举办各类艺术兴趣班 300 多个，600 多名文化馆专业人员常年坚持定期、定点下乡为学校儿童免费开展艺术辅导和培训，受益学生达 26 多万人次，成为全省文化馆有史以来开展规模最大、范围最广、时间最长、影响深远的公益性文化活动，开创了农村公共文化服务的新途径。2009 年 9 月，福建艺术扶贫工程获得了第三届文化部创新奖。2010 年 6 月，福建艺术扶贫工程又荣获文化部颁发的全国第十五届群星奖。2010 年 7 月，福建艺术扶贫工程入选文化部十大"国家文化创新工程"。

(二)福建艺术扶贫工程的特点

1. 教育公平，让山区孩子享受艺术启蒙教育

在人类社会发展中，教育公平是最大的公平。艺术教育属于美育范畴，在完善人格、陶冶情操、发展智力、培养创造性思维上有着不可替代的作用。城市儿童艺术教育如火如荼，除了学校正常课程，双休日还要练琴学画。贫困地区小学由于师资短缺，没有开设艺术课程，因为闭塞和贫困，那里的孩子自小与艺术教育无缘，但他们和城里的孩子一样，对美育充满了渴望。

2004 年 9 月，福建省艺术馆在深入农村调查的基础上，酝酿出开展艺术扶贫活动的思路并开展试点工作。首批试点选定在离福州 50 公里外的闽侯县 5 所偏远的贫困山区学校，在这些学校的 4～6 年级开设美术、音乐、舞蹈、写作等兴趣小组，由专业人员每周定时到学校授课，免费开展艺术辅导和培训。试点工作开展后，学生、家长、教师都非常欢迎，所在学校和当地政府也非常满意。

2. 全省行动，公共文化服务彰显成效

在取得试点经验的基础上，2005 年 4 月，福建省艺术馆向全省文化馆发出倡议，号召全省文化馆一起行动，并把这项在全省范围铺开的活动定名为"福建艺术扶贫工程"。全省各级文化馆专业人员都把艺术扶贫当作一项崇高的责任和一种自觉的行动，

80％的专业人员参与了这项工程。

随着"艺术扶贫工程"的不断推进，帮扶范围也不断延伸拓展，既有地处偏远的山区小学、海岛小学和少数民族小学，也有外来工子弟学校、特教学校、三峡移民子弟学校和藏族班等。开设的艺术科目不断增加，除美术、音乐、舞蹈和写作之外，还设置了剪纸、版画、秧歌、腰鼓等民族民间艺术的启蒙项目和素质教育项目。

老师们还千方百计寻找机会，开展城市孩子和农村孩子结对帮扶活动，让他们的作品相互交流，让他们在同一个舞台演出，创造条件为农村的孩子搭建一个展示艺术才华的平台，几年来，有 100 多位孩子在各类艺术比赛中获奖，有 500 多位孩子参加了各级文艺会演，不少孩子具备了升入艺术学校深造的条件，2011年 9 月，12 名艺术扶贫基地学生被福建省艺术职业学院舞蹈系录取，公共文化服务的职能得到充分发挥。

2010 年 12 月 23 日至 25 日，由福建省艺术馆主办的福建艺术扶贫工程师资培训活动在福州举办。全省文化馆常年坚持下乡辅导授课专业干部 230 人参加了培训。培训内容主要按舞蹈、音乐、美术三大门类，开展了精彩深刻的讲座，并安排了现场交流、教学示范课，让各地文化馆专业干部与省馆专业干部共同探讨教学经验。

3. 坚持不懈，开创农村文化服务新模式

福建艺术扶贫工程开展七年多来，覆盖到全省 9 个地市 88 个县、乡 213 个偏远农村小学，艺术扶贫工程通过自身服务行为的纯洁和规范，创新优良的服务样板，形成无形的感召力量，这种感召力量吸引了更多的社会资源，成倍放大农村公共文化服务能力。也引起社会舆论广泛关注。新华社、《人民日报》、《中国文化报》、《福建日报》、《海峡通讯》等新闻媒体对福建艺术扶贫工程都做了深入报道。2007 年 11 月 14 日，中央电视台新闻联播栏目对该活动进行两分半钟的专题报道。

艺术扶贫工程的开展，在提供公共文化服务方面，开创了一个先例，把城市文化资源无偿输入偏远农村；形成一种机制，把文化下乡转化为乡下文化；创设一个典范，把各方力量感召到扶贫帮困的队伍中来；树立一种精神，把专业人员的思想境界提升到新高度，对农村公共文化服务这个最薄弱环节进行探索和实践，充分体现了公益型文化事业单位公共文化服务职责和义务。

（三）福建艺术扶贫工程的社会效果

长期以来，艺术馆、文化馆等文化事业机构普遍存在基础设施薄弱，业务经费紧缺等困难。据不完全统计，全省93个文化馆中，目前无馆舍，或租用、无产权合署办公的文化馆有17个，占总数18%；至今尚未配备电脑的文化馆有30个，75个馆没有工作用车，70个馆没有复印机，48个馆没有传真机，62个馆没有用上互联网。这组数字可以说令人触目惊心。

一位记者在采访福建艺术扶贫工程后说了这么一句话："一个本身需要被扶贫的群体，凭借爱心和责任感，不求任何回报，默默完成了对他人的扶贫。"有人评价说艺术扶贫工程是件积德的事，对于不拿一分报酬长期坚持的付出，文化馆专业人员正是本着这一朴素的目标，投入这项工作之中。

2010年暑假，将乐县十几位回乡大学生得知县里正开展艺术扶贫活动。萌发了举办一场演唱会，用演唱收入购买乐器捐赠给这几所学校的想法。这一举动得到了县文化馆和团县委的鼓励和支持，一场"听见了爱"——将乐县艺术扶贫公益演唱会隆重举行。他们用门票收入为将乐县3个艺术扶贫基地小学各捐赠一台电子琴，购置30余部口风琴，分别捐赠给3所学校的孩子们。

金门县李炷烽先生听说刚被艺校录取的3个孩子家庭困难时，委托金门高粱酒厂厦门办事处，通过福建红十字会，对3个孩子6年的学费和生活费予以全程资助。五年来，省内外多家单位、企业分别为艺术扶贫挂钩小学捐建操场、图书馆，捐送篮球架、床架、书包、文具等实物，折合人民币达近300万元。

福建省艺术馆开创的艺术扶贫工程，已经引起社会的广泛关注，得到福建省委、省政府、省文化厅领导的肯定和支持，福建省关工委、省扶贫基金会给予了充分关注和肯定。中共福建省委常委、宣传部长唐国忠等领导在艺术馆调研期间，认真听取开展艺术扶贫工作的汇报后说，艺术扶贫是社会主义新农村建设的民心工程，要求把这项工作做广、做深、做透。

福建艺术扶贫工程被福建省文化厅列为福建30个文化品牌项目进行推广。全省宣传、文化、教育、农业、民政等部门予以积极扶持配合，许多县区宣传部长和文化局长对艺术扶贫工作作出专门部署。有些县区教育局长和文化局长还亲自带着文化馆长选点。

艺术扶贫工程从试点工作到全面实施，是一个不断探索和求实创新的过程，也是全省文化馆专业人员积极参与和贡献智慧的过程，这项工程将会持续开展，为进一步提升农村公共文化服务水平作出贡献。

【专家点评】

福建艺术扶贫工程体现了文化馆事业的真正价值，每个人都会为福建广大群众文化工作者的行为所感动，其社会意义远远超过了扶贫工程本身。第一，群众文化事业的根本目的是满足广大人民群众的文化需求，我国公民具有同等享有文化的权益，少年儿童是祖国的未来，扶贫工程的选点十分准确。第二，服务于民是政府设立的群众文化事业单位的工作准则，文化馆内的工作机制和管理模式都应建立在服务群众的基础之上。全市一盘棋，培养师资，聘请专家，共同为基层、为贫困地区服务，这是文化馆系统固有的办馆方向，福建群文系统在这方面作出了贡献。第三，群众艺术馆、文化馆深入基层，不但可以送去文化，送去艺术，更可以增进与基层群众的鱼水情感，从基层获取足够的营养和素材，提高了馆内成员的综合素质，对文化馆建设具有深远的意义。

（点评人：贾乃鼎）

十五、"齐风鲁韵"传习大课堂

"齐风鲁韵"传习大课堂是以弘扬齐鲁优秀传统文化和民族精神为宗旨，以山东省非物质文化遗产项目为内容，以校内外教学示范点和群众文化服务网络为平台，以教学、演示、互动为形式的大型综合性非物质文化遗产传承系列活动。它通过以点带面、以面带体、横向贯通、纵向发展、整体提升的发展模式，逐步建立健全公共文化服务体系与非物质文化遗产传承与保护的对接，使之真正成为群众需要的、完善的、方便的、乐于接受的"文化品牌"。自 2006 年举办以来，经过精心打造和不断创新发展，这一活动已经成为在社会上有着广泛影响的公益性文化活动品牌。在全国第十五届"群星奖"评选中，荣获项目类"群星奖"。

（一）以山东非遗项目资源为传习内容，彰显齐风鲁韵地域特色

山东是孔孟之乡、齐鲁之邦，拥有大量具有鲜明特色的民间文化。自开展非物质文化遗产保护工作以来，已建立健全四级名录保护体系。目前全省有联合国教科文组织认定的"人类非物质文化遗产代表作名录"5 项，国家级名录项目 153 项，省级名录项目 419 项，市级名录项目 1 415 项，县级名录项目 5 104 项。这些项目价值高、影响大，是山东省传统文化的杰出代表。为了弘扬齐鲁优秀文化，进一步做好非物质文化遗产的保护与传承，"齐风鲁韵"传习大课堂活动以山东传统音乐、舞蹈、戏剧、美术、手工技

艺类等非物质文化遗产项目为内容，举办各类专业培训讲座 500 余次，全省 18 000 余人次从中受益。通过培训，逐步形成了具有鲜明地域特色的辅导培训活动，提高了民众的文化保护自觉意识。

(二)以传承基地和传习所为依托，建立扎实有效的传习体系

为使传习活动有依托，全省已命名 9 个"山东省非物质文化遗产教育传承基地"，7 个"山东省非物质文化遗产研究基地"，20 个"山东省非物质文化遗产保护示范基地"，充分发挥院校、科研机构、演出团体在传习活动中的优势和作用。同时鼓励公益文化单位、民间团体开展形式多样的非物质文化遗产传习活动，目前已建成非物质文化遗产专题博物馆、民俗博物馆和传习所 49 个。以此为依托，积极推进非物质文化遗产进校园、进社区，注重引发青少年对民间文化的兴趣，带领孩子走出小课堂，走进非物质文化遗产项目传承基地、展厅、文化生态保护区这个大课堂，近距离接触、亲身体验传统文化的无穷魅力。在"齐风鲁韵"传习大课堂的影响下，全省拥有济南市馆驿街小学曲艺教学示范点、回民中学古琴教学示范点、经十路小学京剧教学示范点等一大批各具特色的传统民族艺术教学示范学校，此外共有 417 所中小学将民间艺术纳入教学内容，成为名副其实的传习"大课堂"。

(三)以丰富多彩的形式为途径，加强文化遗产传习的活力

为使民众更好地了解民间文化，山东省因地制宜，根据社会各界的需要，挑选名师，采取特色培训班、专家讲习班、交流座谈、考察学习、艺人现场教学互动、现场展演展示、出版各种书籍等多种方式，达到很好的宣传效果。据不完全统计，2006 年开班以来，全省已成功举办各类高层论坛和传习班 200 余期，受众达上万人次；举办非物质文化遗产展览展演 1 000 余场次，直接观众近 1 000 万人；全省共编辑出版非物质文化遗产保护方面的书籍 400 余册(套)，提高了民众对非物质文化遗产的认知度和自

觉参与意识。同时发挥"齐风鲁韵"传习大课堂的示范作用，利用群众文化网络的资源优势，开展面向全省十七地市群众文化干部的辅导培训 100 余期，培训人员万余人，带动了全省各地传习活动的全面开展。各市艺术馆、文化馆也经常性地举办非物质文化遗产项目传习班，在农村文化大院、社区文化中心开设非物质文化遗产培训班或活动小组等，有效地拓展了非物质文化遗产的传承途径，增强了传习的活力。

（四）以整体性和生产性方式保护为先导，探索文化遗产传习新理念

通过"齐风鲁韵"传习大课堂，积极引导非物质文化遗产项目整体性和生产性方式保护，探索文化遗产保护的新方式。山东省特别注重生产性方式保护。2010 年 10 月，以"保护传承、合理利用"为主题的中国首届非物质文化遗产博览在济南举办，共有 65 万多人次的观众通过参观展览、观看演出等各种形式参与到本届非物质遗产博览会中来，各参展摊位销售总额高达 1 196 万多元，来自全国各地的 505 个项目进行了现场签约，签约额达 432 亿元。本届博览会扩大了社会对非物质文化遗产的认知度，使传承人与人民大众从非物质文化遗产保护中获得了经济收益和精神享受，推动非物质文化遗产更好地融入社会、融入民众、融入生活，并在丰富、滋养当代人的精神生活，推动经济社会协调发展方面发挥重要作用。

（五）以各种对外文化交流活动为契机，提升山东省文化遗产的影响力

自开班以来，积极组织各种文化交流活动提升山东省民间文化的社会影响力。特别注重在香港、澳门和台湾举办非物质文化遗产的演出、展览，在进一步提升"齐风鲁韵"大课堂品牌社会影响力的同时，也进一步发挥非物质文化遗产沟通情感、凝聚人心的作用，促进了民族文化的认同，增强了中华民族的凝聚力和向心力。2010年11月至今，齐风鲁韵大课堂走进澳门，山东省非遗项目及其代表性传承人在澳门世界遗产卢家大屋进行现场展览展示活动。500余件珍贵实物的展览，40余位非物质文化遗产代表性传承人和工艺美术大师的积极参与，共同为澳门民众提供了一个了解山东民族民间文化的窗口和平台。这次文化交流活动时间长、人数多、种类全，反响热烈，积极宣传展示了山东省传统美术和手工技艺的保护成果，提高了山东省非物质文化遗产项目知名度。此外，还组织泰山皮影戏、诸城派古琴等代表性传承人前往法国、比利时、奥地利等国演出经典剧（曲目）目，均受到当地政府和民众的欢迎。自开班以来，山东省对外文化交流活动达110多场次，有效地扩大了山东省民族、民间文化在国内外的影响力。

(六)以数据库建设为平台，推进非物质文化遗产资源信息化共享

在实行"齐风鲁韵"传习大课堂的过程中，注意对民间文化资源进行数字化加工和整合利用，利用现代信息网络技术，建立网站和数据库，使传习活动更便捷，提高了受众人群的规模和效果。山东省使用国家非物质文化遗产中心开发的中国非物质文化遗产数据库管理系统，完善非物质文化遗产数字化保护工程建设方案，统筹规划非物质文化遗产数据库建设，从省中心到各个市、县（区）实现信息化联网，全省各市、县（区）按照统一的标准、规范录入山东省非物质文化遗产资源数据库，初步建立起适应社会发展、满足工作需要、兼顾各地实际、提供公共服务的数据库群和工作平台。目前省非物质文化遗产保护中心已将省级以上的非物质文化遗产名录和传承人的数字资料全部录入数据库中。内存文字记录4 999.7万字，照片6.9909万张，录音记录87 796.72个小时，摄影记录64 344.29小时，音像资料34 711盒、电子资料

35 342G，推进了非物质文化遗产资源信息化共享。

"齐风鲁韵"传习大课堂开班以来，增强了民众对民间文化的了解，促进了传统民间文化的保护和传承，提升了百姓文化艺术素养，活跃了百姓文化生活，受到了广泛赞誉。国家及省级媒体给予了高度关注，中国文化报、中新网等媒体曾对"齐风鲁韵"传习大课堂专版介绍，已经成为山东省颇具影响力的群众文化活动品牌之一。"十二五"期间，该课堂将进一步完善传习体系，提高师资力量，扩大传习范围，增强传习活力，使其成为具有典型性、示范性、导向性和创新性，并具有推广意义和借鉴价值的文化品牌活动。

【专家点评】

山东省是全国范围内的文化大省，拥有丰富的民族文化遗产和资源。保护和传承民族民间文化是群众文化机构的主要职责之一。"齐风鲁韵"传习大课堂给我们提供了两点与群众文化有密切关系的经验：第一，发动全省力量对民族文化遗产进行普及和传承。他们因地制宜，挑选名师，采取特色培训、专家讲习班、交流座谈、考察学习、现场展示、出版各种书籍等多种方式丰富活动内容，并将文化传承带进了学校课堂，取得了很好的效果。第二，加强交流和展示是对民族文化最有效的继承。通过省内各类展览展示活动和港、澳、台文化交流活动，将省内的民族、民间文化艺术带到全国，并走向世界，既有效地扩大了省内民族、民间文化在国内外的影响力，又达到了有效保护的目的。

（点评人：贾乃鼎）

【思考题】

1. 如何发挥群众文化活动的最大社会效应？

2. 试述文化信息对开展群众文化活动的重要性。

3. 综述寓教于乐在开展群众文化活动中的特殊作用。

4. 为什么说基层群众文化活动是大型群众文化活动的基础？

5. 阐述品牌群众文化活动产生的条件和方法。

第二章 群众文化机制创新

一、以"四在农家"活动为载体推进农村公共文化服务
——贵州省遵义市创新农村文化活动运行机制

进入 21 世纪以来，按照中央、贵州省关于加强农村文化工作，推动城乡文化一体化发展，实现基本公共文化服务均等化的指示精神，遵义市坚持开展以"富在农家、学在农家、乐在农家、美在农家"为内容的"四在农家"活动，因地制宜面向基层农村创新公共文化服务方式，扎扎实实改善农村文化民生，想方设法帮助农民群众享受文化发展成果，着力吸引农民群众参与农村文化建设，行之有效地改善了基层农村的文化民生，提高了公共文化服务的均等化，创造性地探索出一条与社会主义和谐社会建设、社会主义新农村建设相适应的农村公共文化服务新路子。

(一)"四在农家"的起源和发展

"四在农家"活动源自农村文化建设中实践经验的总结和提升。2001 年，遵义市余庆县在农村"三个代表"重要思想学习教育活动中，派出千名干部深入农村，与农民同吃、同住、同劳动，针对实践中农民群众求富、求学、求乐、求美的强烈要求和愿望，创造性地提出了"四在农家"活动，并进行示范推广。活动从已解决温饱并全面向小康生活迈进的遵义农村实际出发，以"富"推动发展，以"学"提升素质，以"乐"倡导民风，以"美"展示文明，引导农村走创造文明、发展文明、享受文明的小康之路，很快得到了农民群众的积极响应，迅速在全县开展起来，使农村面貌焕然一新。2002 年，遵义市在全市推广余庆县"四在农家"经验，有力地

推动了全市新农村建设，一个个具有遵义地方文化特色的新农村呈现在黔北大地。

"四在农家"活动得到了国家、省领导的充分肯定和高度重视，在全国各地引起了广泛关注。时任中共中央政治局常委李长春同志视察贵州时指出："贵州结合自己的实际，把'四在农家'作为建设社会主义新农村的一个抓手，这项工作做得很好。"时任中共中央政治局委员、中央书记处书记、中央宣传部部长刘云山同志，在新华社上报的《遵义市"四在农家"创建活动调查报告》上做出批示："四在农家"活动是建设新农村很好的载体。2009年9月，全国农村精神文明建设工作经验交流会在遵义召开，刘云山同志作书面讲话总结了"四在农家"的成功实践。2012年，国务院下发《关于进一步促进贵州经济社会又好又快发展的若干意见》(国发〔2012〕2号)，要求全面推广"富在农家、学在农家、美在农家、乐在农家"活动。人民日报、新华社、中央电视台等11家中央主要新闻单位，将"四在农家"活动作为建设社会主义新农村宣传的重大典型，进行了集中宣传报道。中央电视台第8频道播出了以"四在农家"为题材的20集大型电视连续剧《青山绿水·红日子》。十年来，全国各地有5 600多个团队，30多万人次到遵义考察学习"四在农家"活动。

(二)"四在农家"成为农村文化建设的有效载体

"四在农家"是新农村文化建设的一个有机整体，富、学、乐、美相互联系、相互促进，富是基础，学是条件，乐是动力，美是目标，符合农村文化建设的客观规律，也反映了广大农民群众的心愿。

1. 富在农家增收入

针对广大农民群众追求富裕生活的美好愿望，积极引导和帮助农民群众依靠科技致富，调整产业结构，按照特色产业发展与生态建设相互促进的思路，大力发展现代农业，以科技和创意提高农业产品和附加值，以美好生态和特色文化带动乡村休闲旅游，帮助农民走上富裕道路，引导农民群众先富带后富、致富不忘集体、不忘国家，富而思进，为促进农村文化建设打下了坚实的物质基础。

2. 学在农家长智慧

针对广大农民群众强烈的求知欲，积极引导农民学政策、学科技、学文化、学法律，深入开展"学习型党组织"、"学习型村寨"、"学习型家庭"创建活动，在农村大兴读书之风，努力提高农民群众的科学文化素质。活动开展以来，全市 226 个乡镇，1 744 个行政村中，已建成乡镇综合文化站 226 个，文化信息资源共享工程乡镇中心 226 个，村级点 1 603 个，农家书屋 1 744 个，数字农家书屋 130 个，千乡万村书库 200 个。依托这些文化阵地，采取多种形式，组织开展了政策法规、农业技术、市场经济、文化艺术等知识技能的学习培训，各类培训累计达 2 100 余万人次，培养了一大批有眼光、会创业、懂经营的现代新型农民。

3. 乐在农家爽精神

针对农民群众不断增长的精神文化需求，以群众性文明健康活动为主要形式，开展群众喜闻乐见的文体活动，做到娱乐有场所、团队有指导、活动有设备、成果能展演。活动开展以来，全市共建成农民文化家园 219 个，农村精神文明活动中心 52 个，农村文化活动室 541 个，农民体育健身工程 294 个，乡村舞台 160 个，农村文体小广场 2 528 个。各地充分利用春节、清明、端午、中秋等传统节日开展了各具特色、丰富多彩的文化体育活动。"乡村大舞台·农村文艺演出"、"农民科技体育文化活动周"、"农民运动会"、"农民工节"、"舞动金秋乡村文化节"等文化体育活动，深受广大农民群众欢迎和喜爱。在文化体育活动中，深入挖掘农村特色文化，鼓励农民群众自编自演、自弹自唱，涌现出大量的优秀乡土文艺作品和文艺人才。湄潭县新隆镇龙凤村田家沟组农民自编自演的花灯戏《十谢共产党》走进了中央电视台，余庆县白泥镇农民编写的音乐快板《富学乐美四朵花》在全市广为传唱。

4. 美在农家展新貌

针对群众对美好生活的追求，积极引导广大农民开展以美化环境、净化心灵为主要内容的新农村建设，做到文化特色凸显、居住环境优美、民风质朴淳厚、社会文明和谐。活动开展以来，富裕起来的农民积极改善住房条件，修建具有地域文化特色的黔北民居；挖掘地域文化内涵，打造村落文化景观；开展"整脏治乱"行动，整治农村乱堆乱放现象，9 212 个新型村寨成为黔北农村亮丽的明珠。深入开展把忠心献给祖国、把爱心献给社会、把孝心献给父母、把诚心献给他人、把信心留给自己的"五心教育"活动，实施关爱留守儿童、关怀空巢老人、关心务工农民的"三关工程"，举办"文明村镇"、"平安村寨"、"和谐家庭"等评比活动，良好文明新风在农村逐步形成，农民群众幸福指数不断攀升。

(三)品牌和平台不断深化"四在农家"

1."百姓剧场"惠农家

遵义市"百姓剧场·舞台精品剧目免费展演"在原先高水平艺术精品与农民群众之间的鸿沟架起了宽阔的桥梁。中国歌剧舞剧院是登上遵义"百姓剧场"的第一个国家艺术院团，精品舞剧《四季情韵》在红花岗剧场连演 3 场，场场爆满，随后又分别到桐梓、绥阳和遵义县露天广场演出，每场都聚集了上万名来自基层农村的观众，成为"四在农家"活动一大显著亮点。自 2010 年以来，先后有 8 个国家和省级优秀院团走进遵义百姓剧场，免费展演 48 场。"不用花钱看好戏，政府想得真周到!"这是城乡基层百姓、特别是农民群众对"百姓剧场"由衷的称赞。

2."乡村舞台"展才华

遵义市"乡村大舞台·农村文艺演出"活动由市文体局主办，各县、区(市)轮流承办，每年举行一次，包括歌唱、演讲、秧歌、舞蹈、器乐等专项比赛，是遵义农民歌颂美好新生活、展现艺术才华、欣赏文艺演出、共享文化成果的重要平台。首届活动为乡村歌手大赛，于2010年10月在凤冈县永安镇田坝村举行，以各县、区(市)为单位组织选拔选手参赛，从选拔赛开始到决赛，全市共有2 000余人参赛，观众达10万余人。"四在农家"活动中涌现出的农村文艺人才、农民文艺团队在"乡村舞台"展示了风采。

3."科技文体周"亮点多

遵义市"农民科技文化体育活动周"是最具草根性的群众文化活动品牌，是与"四在农家"活动紧密关联的重要内容。活动周的内容丰富多彩，有农业技能竞赛、家庭才艺比赛、农民书画展、农民诗歌会、篮球比赛等，主要赛事活动都安排在乡村田野和农家小院，乡村就是赛场，田园就是舞台，许多农户全家男女老少齐上阵，赛谁在田里摸鱼多，评谁家种的瓜果最大最优。活动从2005年开始，每年举办一届，每届直接参与的农民超过3 000人，观众则达数万人，直接带动了农村经济文化建设。

(四)三项机制提供有力保障

1. 坚持政府主导

一是组织推动。各级党委政府始终把以"四在农家"为载体的农村文化建设纳入重要工作日程，与农村经济建设同安排、同部署、同考核。每年年初市委都要召开"四在农家"活动工作会议，将农村文化建设作为重要内容进行安排，切实加强对以"四在农家"为载体的农村文化建设的组织领导，市、县、乡三级都成立了以党委书记为组长的领导小组，市、县两级四大班子成员坚持挂帮"四在农家"活动示范点。二是规划推动。活动开展以来，市委、市政府不断加强调查研究，相继下发了《在全市推广"四在农家"创建活动的实施意见》（遵市发〔2002〕11 号）、《关于在全市农村广泛深入开展"四在农家"创建意见》（市发〔2005〕3 号）、《进一步在全市农村深化"四在农家"创建活动的意见》（遵党发〔2010〕6 号）等文件，从"富、学、乐、美"四个方面对加强农村文化建设作出具体规划，每年都要下发文件提出具体工作要求。三是投入推动。市、县、乡三级都将"四在农家"活动经费纳入年度财政预算，并做到逐年增长。2011 年，市级财政共安排"四在农家"活动专项经费 3 000万元，县级财政共安排专项经费 2 亿元，乡级财政共安排专项经费 6 780 万元。十年来，市、县、乡财政共投入经费 24.7 亿元。

2. 坚持部门帮扶

市、县两级党委政府每年都要下发部门帮扶"四在农家"活动工作的文件，将部门帮扶工作情况纳入年度目标考核，实施严格奖惩。各部门结合自身实际，出思路、投资金、送物资、建项目、搞培训，成为城市援助农村文化建设的主力军。市住建局深入挖掘黔北文化，免费提供了 10 套黔北民居建设图纸供农民选用，并组织技术人员深入村寨指导新村建设。市文化体育局在帮扶点实施了建设一个乡村舞台、一个农家书屋、一个篮球场、一个乒乓球室、一个农民体育健身工程、一个文化活动协会的帮扶工作。市教育局在帮扶点开展音乐、舞蹈培训，帮助建立农民乐队、秧歌队。市、县图书馆积极开展延伸服务，将农村需求的各类书籍送到农家书屋和乡镇文化站不断更新和互换，并且深入农村举办各种读书讲座活动。市、县文化馆积极组织送戏下乡，开展各类农村文艺人才培训。十年来，市、县两级各部门共投入帮扶经费 30 多亿元，送书下乡 600 多万册，送戏下乡 3 800 多场，送电影下乡 142 500 场，举办各种文化讲座 800 多场。

3. 坚持群众自办

各级政府从"办"变为"引"、从"送"变为"种"、从"管"变"扶"，积极创造条件、搭建平台，充分调动了农民群众在农村文化建设中的主动性和创造性，努力扩大各种社会力量参与文化建设的领域和渠道。一是各地农村相继组建了 1 966 个各类文体协会和 3 932 支演出队伍，成为农村文化建设的组织者和实施者。如余庆县龙溪镇的文体协会成立了龙灯队、花灯队、钱杆队、山歌队、秧歌队、门球队及书画、诗词协会，经常利用农闲和节庆时间组织开展丰富多彩的文化体育活动，被农民群众誉为"欢乐之家"。二是活跃在农村的万余名文化骨干成为农村文化建设燎原的火种，他们带队伍、搞创作、登舞台，深受广大农民群众的欢迎和喜爱，自编自演的一批具有浓郁地方特色的节目走出大山，走进现代大舞台。如务川自治县编排的舞蹈《仡佬神砂》、凤冈县编排的花灯戏《蜂岩丝弦灯》分别登上中央电视台；务川自治县仡佬族农民唢呐演员杨雄、杨柳被选拔赴法国参加国际音乐艺术节等。三是广大农民群众积极投工投劳、筹款筹物，修建黔北民居、乡村舞台、文化广场，购置文体器材，举办文体活动。如余庆县根据老百姓的意愿，采取政府出资与农民投工投劳的形式修建了百里乡村文化长廊；遵义县尚稽镇农民自发筹资 20 万元恢复和保护文物，打造村落文化景观；红花岗区坪丰村群众自筹资金连续五年举办歌咏比赛；正安县自强村农民连续六年自筹资金举办春节联欢晚会；诗乡绥阳县各地农村农民群众每年都要自筹资金举办各种形式的赛诗会。十年来，全市农民群众累计投资文化建设达 100 多亿元。

【专家点评】

遵义市"四在农家"（"富在农家、学在农家、乐在农家、美在农家"），紧密结合农村基层经济社会发展的特点和规律，把农村公共文化服务与帮助农民致富、帮助农民提高科技文化素质和生产生活能力、帮助农民开展生动丰富和谐快乐的文化活动以及帮助农民优化社会氛围美化生活环境等有机结合起来，既有效保障了农民群众的基本文化权益，又有效发挥了公共文化服务在带动农民经济发展、生活改善、社会和谐方面的突出作用。"四在农家"的示范意义突出表现在：一是贴近农村特点和农民需求，创新文化与经济、社会协调发展机制，让农民在群众文化活动中得到真正实惠。二是精心安排各项工作内容，注重培育有影响力的活动品牌，把"富"、"学"、"乐"、"美"落实在各项具体的帮扶、活动、培训之中，基层农民易知晓、有动力、想参与，工作成效看得见、有影响、能评估。三是建立健全制度保障，推动形成党委政府高度重视、各级各部门全力协同、公共财力提供根本保障、公益性文化事业单位发挥骨干作用、农民群众和各种社会力量积极参与的良好格局。"四在农家"对于不断加强我国广大农村的公共文化服务，提高城乡公共文化服务均等化具有重要的示范作用。

（点评人：巫志南）

二、引导和鼓励民间艺术团体参与公共文化服务
——湖南省常德市鼎城区创新社会力量参与公共文化服务运行机制

常德市鼎城区民间艺术历史久远、植根乡土，有深厚的文化底蕴和群众基础，是两个国家级非物质文化遗产——常德丝弦、常德花鼓戏的传承地。民间艺人，自编自演、自娱自乐、自我教育、自我提升、自我发展；百姓演员，演百姓事、用百姓话、给百姓看，形成了独具特色的民间文化现象。

（一）基本情况

1. 起步早、基础实、发展快

从 20 世纪 80 年代开始，一批文艺爱好者开始组建松散型民间剧团，并逐渐形成特色，形成一定的规模。目前，全区共发展各种文艺团体 200 多个，形成了周家店镇民间铜管乐、尧天坪镇舞龙舞狮、斗姆湖镇腰鼓、草坪镇歌舞等特色品牌，三棒鼓、渔鼓、地花鼓、围鼓、九子鞭、龙灯等民间文化艺术百花齐放，从事民间文艺演出的农民超过万人。其中周家店镇、尧天坪镇、草坪镇在 2011 年被文化部分别命名为 2011—2013 年全国吹打乐之乡、龙狮之乡和民间歌舞之乡。

2. 水平高、覆盖广、受众多

随着群众生活品位和欣赏水平的不断提升，依靠庸俗、低俗、恶俗取悦观众的节目越来越没有生存土壤。他们不断寻求文化规律和农民文化需求的结合点，创新节目内容、提高演出水平，赢得了群众的欢迎和市场的认可。尧天坪镇 30 多个龙狮表演队，龙狮制作和表演人员达到 1 000 多人，演出辐射湘西北 10 多个县市。2010 年 6 月 16 日，该镇 6 龙 6 狮共 100 多人到首都北京，代表湖南省参加首届中国农民艺术节，依靠精湛的技艺和冲天的气势喜获"精粹奖"。从蔡家岗镇走出来的海燕歌舞团，建团近 20 年来，演出足迹遍及全国 20 多个省、市、自治区，巡回演出 6 000 多场，观众达 1 000 多万人，被誉为民间版的"心连心艺术团"、洞庭湖畔的"综艺大观"。

3. 风格土、门类多、内容雅

剧团从业人员都是出身农村，了解新时代农民对文化的需求，知道农民喜欢看什么节目。在此基础上，他们从民间传统文化中汲取精华，从外界流行艺术中吸收养分，小品、歌舞、乐器演奏一应俱全。节目内容根据本地的新人、新事、新风尚自编、自导、自演、格调高雅、内容健康、雅俗共赏，涵盖了农村邻里和睦、赡养老人、倡导科学、破除迷信、打击地下六合彩、宣传惠民新政等方方面面。这些节目来自农村，服务农村，为广大群众喜闻乐见。

（二）基本做法

1. 组织推动，加强引导

2011年7月，围绕进一步引导和鼓励民间艺术团体参与公共文化服务，鼎城区成立了以区政府主管文化工作的副区长为组长，区文广新局局长为副组长，区委宣传部、区政府办、区文广新局的相关负责同志为成员的领导小组。领导小组下设办公室，区文化馆、剧团等单位负责人为办公室成员。制定并下发了《鼎城区民间艺术团体惠民演出工作实施方案》、《鼎城区民间艺术团体惠民演出工作建设规划》、《惠民演出项目经费管理办法》。领导小组定期召开专题会议，就项目的方案、规划、宣传、经费、活动开展等事项作了专题研究。在项目领导小组的统一安排下，实行项目建设分工责任制，项目考核激励机制，确保项目建设的顺利进行。

2. 专业指导，提升质量

农村民间演艺团体毕竟没有受过专业训练，演职人员参差不齐，编导、创作等专业艺术人才缺乏，往往是"拿来主义"。随着社会主义经济市场的逐渐成熟和群众欣赏水平的逐步提高，已越来越不适应时代的发展，严重地制约了自身队伍的发展壮大。针对这种现状，鼎城区提高专业艺术的"帮"、"辅"、"带"，加强了对民间职业艺术团体的指导与辅导。鼎城区丝弦艺术团、花鼓戏剧团、文化馆等一批专业艺术人员，以及一批专业素养好、热心农村文化事业的乡镇文化专干，通过送戏下乡、文化进社区以及每两年一届的全区民间职业剧团大赛等活动，带动了民间剧团的创作和表演。去年来，实施专业艺术人员包片辅导制度，深入全区 30 多个乡镇，将示范性演出和面向基层的文艺辅导紧密结合，组织了文艺轻骑小分队，深入农村举办音乐戏曲辅导、理论讲座等 100 余次。举办了"善德鼎城、善卷故里"民间职业剧团大赛，100 多支队伍近 300 个节目参加比赛，观众如云，盛况空前。民间艺人现场观摩和学习，聘请专家进行现场品评和指导，民间演艺团体的整体水平得到了很大的提高。

3. 完善中介，拓展空间

随着民间演艺队伍的壮大，领域开拓成了当务之急。为了进一步拓展演艺空间，让民间团体"墙内开花墙外香"，鼎城区组建了一支演艺经纪人队伍，依靠专职经纪人"跑"、专业协会"联"，在演出服务上细致周到，在演出场次上互通有无、相互调剂，在演出质量上重评价、讲信誉，"海燕歌舞"、"草坪歌舞"、"尧天坪龙狮"等民间文化品牌逐渐成形。活跃在本土的演艺团体，演出市场不但辐射到周边县市，还演到了湘西、湖北荆门等地。走出去的歌舞团，演出足迹遍及全国 20 多个省、市、自治区。

4. 成立联盟，凝聚力量

按照"资源共享、品牌共创"的指导思想，2011 年 7 月，组建了以区文化馆为主体，以区专业剧团为龙头，以全区优质的民间职业剧团为骨干的全区演艺联盟。演艺联盟的成立，成为我区凝聚贤能，沟通政府与群众需求的桥梁，成为组织业务比武、开展广泛交流的平台，成为培训、培养演艺专业人才的基地，也是团结会员单位、联络社会各界的纽带。现在已发展了团体会员 98 个，个人会员共 3 700 多人。这些会员，来自区内不同所有制形式的演艺团体，具有一定的代表性。2012 年上半年已经开展 2 次免费的会员艺术培训，包括音乐、舞蹈、戏曲、小品等形式。编辑发放了《鼎城演艺》，作为收集传播优秀剧本、交流演出心得等的平台。

5. 政府补贴，引导参与

采取"政府买单，农民看戏"形式，引导和鼓励民间艺术团体参与基层公共文化服务。2011 年完成了 50 场演出，2012 年安排了 100 场，每场补贴 1 500 元，选择演出质量高、节目内容丰富健康、有演出许可证的民间艺术团体参与演出，简约、经济、丰富、灵活地送节目到农家，受到当地群众的热烈欢迎。

6. 培训骨干，建设队伍

举办了"小戏小品曲艺创作培训班"、"农村文艺骨干培训班"等培训，分期分批、分门别类培训了 500 多名农村文艺骨干，并组织区内专业艺术人员组成文艺辅导轻骑小分队，根据各乡镇民间艺术团体的特点，有针对性地下到乡镇进行辅导和免费培训。这样通过多种形式培养了一批有地方特色、能将地方传统文化与现代文化元素有机结合的编剧、导演、音乐创作等专业文艺人才，并建档立册，建立"鼎城民间演出人才库"，逐步形成民间文艺人才培训的长效机制。

7. 典型引领，示范带动

草坪镇是鼎城区民间艺术团体最活跃的地方，2011 年被文化部命名为中国民间文化艺术之乡——民间歌舞之乡。该镇目前有 31 支民间职业剧团，600 多名演职人员。2012 年 2 月，常德市政府召开专题会议，把草坪镇作为全省特色小镇的样板、文化舞蹈小镇的样板、与国内外民间艺术交流的平台来打造。成立了以鼎城区委书记为组长的建设领导班子，省、市、区三级财政投入 9 000 多万元对草坪镇进行基础设施建设。为提升民间歌舞文化品牌，实施民间艺术"十百千工程"，即推出十个经典节目，编写百个优秀剧本，培训千名演职人员，并与专业艺术院校湖南文理学院艺术学院建立教育合作，签订互联互促协议，在培训交流中提升民间歌舞水平，让群众欣赏到更精彩的文艺演出。

8. 注重宣传，扩大影响

开展项目创建以来，鼎城区非常注重宣传工作，利用广播电视、网络等新闻媒体广泛宣传，取得了突出的成效。2011年10月22日，时任中央政治局委员、中央政治局书记处书记、中宣部部长刘云山同志来到鼎城区，鼓励当地民间艺术剧团演职人员扎根群众、服务群众，创作出更多群众喜闻乐见的好节目。《人民日报》头版以《田间剧团分外"火"》为题，《新华社每日电讯》、《光明日报》以《源自"草根"方能枝繁叶茂》为题，《人民网》以《"草根"剧团大联欢两地农民庆丰年》、《农民白天种地，晚上当演员》为题，中央电视台新闻联播以《农家乐团贺新年》为题，《经济日报》以《农村演艺业叫响文化品牌》为题，《中国文化报》以《湖南常德鼎城农民剧团活跃在基层》为题，《湖南日报》头版头条以《草坪歌舞竞风流》为题，《湖南文化》以《常德鼎城草坪镇打造文化旅游名镇》为题，争先报道鼎城区民间艺术团体活跃农村基层的盛况。

(三)基本经验

1. 加强领导、落实经费，创新推进社会力量参与的保障机制

鼎城区非常重视这项工作，把它列入区委、区政府工作重要议事日程，为确保工作顺利开展，区委常委会、区长办公会多次研究，在资金上、政策上予以倾斜和扶持。2007年以来，鼎城区财政每年拿出100万元作为支持农村文化品牌建设的导向资金，用于奖励、扶持优秀民间艺术团体等。2012年，经区委常委会议、区长办公会议研究，政府拿出200万元的扶持资金，用于全区文化品牌建设，其中30万元用于惠民演出。2011年投入1 500多万元由原武陵镇电影院改建而成的区文化中心已经全面竣工投入使用，在用于年中组织安排民间百团艺术大赛。三年间，鼎城区农村文化建设的综合投入达3 000多万元，28个乡镇综合文化站建设全部达标。近几年举办的民间职业剧团艺术大赛，评选表

彰了 30 多名民间艺人和 50 多个民间职业剧团，去年下半年表彰了 12 名优秀民间艺人和 10 个优秀民间团体。

2. 培养人才、增强后劲，创新社会力量参与的人才机制

鼎城区特别注重对基层群众文艺人才的培养，举办了"小戏小品曲艺创作培训班"、"农村文艺骨干培训班"等培训，分期分批、分门别类培训了农村文艺骨干。并组织区内专业艺术人员组成文艺辅导轻骑小分队，根据各乡镇民间艺术团体的特点，有针对性地下到乡镇进行辅导和免费培训。这样通过多种形式培养了一批有地方特色，能将地方传统文化与现代文化元素有机结合的编剧、导演、音乐创作等专业文艺人才，并建档立册，建立"鼎城民间演出人才库"，逐步形成民间文艺人才培训的长效机制。例如 2008 年 9 月，经区委、区政府研究，投入了 20 万元，招收了 15 名常德花鼓戏小演员，开办了常德花鼓戏小演员训练班。训练班主要以区内老艺术家手把手地带，经过一年的培训和近三年的实践，学员已经成为鼎城区乡土文化演出的中坚力量。2012 年继续举办 2～3 次全区性的免费培训班，不断提高民间艺术的演艺水平。

3. 开展活动、提升水平，创新社会力量参与的平台机制

很多地方农村基层群众文化活动和组织存在着小、散、乱等弱点，层次不高，影响有限，鼎城区工作人员在这方面进行了一些有益的探索。鼎城区成立了"鼎城区演艺联盟"，按照"资源共享、品牌共创"的指导思想，组建了以区文化馆为主体，以区专业剧团为龙头，以全区优质的民间职业剧团为骨干的全区演艺联盟。演艺联盟的成立，成为鼎城区凝聚贤能，沟通政府与群众需求的桥梁，成为组织业务比武、开展广泛交流的平台。鼎城区 1～2 年举办一次规模性的民间演艺大赛，2009 年举办了"金秋鼎城"民间艺术团体大赛；2011 年举办的"善德鼎城、善卷故里"民间职业剧团大赛，100 多支队伍近 300 个节目参加比赛，观众如云，盛况空前。大赛时民间艺人现场观摩和学习，聘请专家进行现场品评和指导，民间演艺团体的整体水平得到了很大的提高。2012年，鼎城区将举办百团民间艺术大赛，经过乡镇选拔，有61个团参加全区比赛，做到了让村村都活起来，人人都舞起来。

【专家点评】

引导和鼓励社会力量参与公共文化服务，是公共服务性政府的重要责任，这不仅是作为公益性文化是单位的重要补充，更重要的意义在于反映了人民群众的意愿和要求，是"以人民为主体"正确理念的重要体现。常德市鼎城区围绕保障人民群众文化权益、满足人民群众文化需求，大力发展民间艺术团体，极大地丰富了基层公共文化资源供给，也有效扩大了基层群众参与公共文化服务的积极性和主动性。示范意义突出表现在以下几方面。一是建立政府主导和资金保障机制。扩大社会力量参与公共文化服务关键在于政府的引导和鼓励，鼎城区运用综合手段，持续提高组织保障、资金保障和制度保障水平，建立长效机制。二是建立专业力量指导和支持机制。民间艺术团体最迫切需要得到创作、策划、排练、演出等方面的专业指导，这样才能不断提升艺术水准，适应基层群众不断提升的文化艺术欣赏需求。三是建立队伍建设和平台支撑机制。民间文艺团队繁荣发展，需要一大批来自民间、扎根基层、服务群众的文化艺术骨干，鼎城区高度重视这批骨干的培养培训；同时，以设立联盟、举办大赛、创建品牌等平台和机制给予强有力的支撑，这些举措已为实践证明是卓有成效的，值得各地学习借鉴。

（点评人：巫志南）

三、以公益性文化培训服务带动社区全员就业
——江苏省苏州市胜浦镇浪花苑
创新社区文化服务新机制

苏州工业园区是中国和新加坡两国政府间合作的旗舰项目，也是中国发展速度最快、最具国际竞争力的开发区之一。胜浦镇，位于苏州工业园区东部，是苏州工业园区的东大门。2009年，胜浦镇全面完成农村一次动迁和撤村建居，大量的农用土地转为非农用地，为此，农民失去了原有赖以生存的土地，并且有了一个新的称谓——失地农民。新的发展环境中，帮助失地农民适应形势、提升能力，成为现阶段浪花苑社区文化建设的工作重点。

（一）浪花苑社区面临的突出问题

浪花苑社区于2005年11月组建，地处胜浦镇区东南，南依吴淞江，东靠胜浦路，西临胜浦实验小学，环境优美，交通便利。社区总占地面积20.6万平方米，建筑面积30.6万平方米，绿化面积11.5万平方米。共有居民楼88幢（其中：多层80幢，高层及小高层8幢），2 560套房屋。共有常住人口3 702人，常住户991户，已登记外来人员9 600多人。

浪花苑社区主要由原苏州市胜浦镇原南港、大港、邓巷、胜巷、北里等多个自然村居民动迁组成，是一个典型的大型动迁小区。社区成立后，大规模动迁所带来的人心不定、情绪不稳的问题比较严重，为了加强社区管理和协调，工作人员通过上门走访，近距离接触社区居民，倾听群众心声，了解群众需求。经过走访，了解到社区面临的主要问题如下。一是大龄就业困难。社区居民普遍为农民出身，年龄偏大，学历低，家里有年迈的老人、正在上学的孩子等，无法立刻转移就业。二是没有一技之长。居民就业意识淡薄、从业能力弱，难以找到合适的工作，靠临时打工支

撑不起全家的经济负担，造成"坐吃山空"的尴尬局面。三是科技进步、产业升级、市场竞争日趋激烈，企业用工对年龄、知识、技能等要求不断较高，而失地农民整体文化水平偏低，无产业技能，综合素质也不高，在就业方面明显处于弱势地位。

(二)浪花苑社区结合文化培训服务破解实际难题

实现充分就业，是坚持以人为本、落实科学发展观的基本要求，也是确保社区居民生活更加幸福、社会更加稳定和谐的系统工程。面对社区居民就业方面的困境，在社区领导与镇人力资源部门的深入调研、精心策划下，决定在社区设立劳动保障服务窗口，由社区会同人力资源部门与社区文化中心，安排专职协理员，在社区全面开展提高文化素质的服务，重点为居民提供就业方面的培训服务。2007年以来，社区始终坚持把实现充分就业作为社区工作的重中之重，加大文化培训力度，通过培训大力度挖掘就业岗位，并全方位提供政策援助，不断提高失地农民的就业能力与创业能力，最终实现社区居民稳定就业、体面就业。文化培训与劳动保障紧密结合，使充分就业社区创建形成一种长效机制，切实惠及社区每一位居民。

2010年，社区自加压力、积极探索，进一步提出"'培训＋就业'服务功能全延伸，服务对象全拓宽"的新思路，为居民提供文化培训、劳动就业与社会保障"一条龙"服务。如今，"文化培训全覆盖，劳动保障全延伸，就业服务全拓宽"已经成为远近闻名的示范社区文化服务新品牌。

(三)浪花苑社区文化培训带动就业的基本做法

1. 强化平台建设，完善基础管理

在市、区劳动保障主管部门和公共文化部门的精心指导和镇党委、政府的大力支持下，共投入财政资金50余万元，新开辟近200平方米场地用于文化培训、人力资源和社会保障服务站建设。

一是硬件设施齐全。服务站设立"两区一室",即一站式服务区、文化培训服务区、个体指导室。其中,文化培训服务区用于各类培训、讲座活动等,可容纳 25 人,内设培训用计算机 25 台,投影仪设备、桌椅等齐全。二是人员配备齐整。社区建立以书记为组长,副书记为副组长,社区协理员、社区文化中心负责人为成员的创建充分就业社区领导小组。以下配备服务小组,分工明确,职责清晰。服务小组长沈梅云就是一名失地农民,也是一名中共党员,从事协理员工作 6 年多,曾获"苏州市创建充分就业社区先进个人"、"苏州市文明市民标兵"、"可爱的苏州人"等多项荣誉称号,多次被《苏州日报》、《城市商报》、《中国劳动保障报》等媒体宣传报道。三是制度考核完善。为保证文化培训工作顺利开展,社区推行岗位责任制、首问负责制、"AB 岗工作制"等各项服务制度;同时,镇对社区和协理员建有严格的管理考核制度,定期评议考核,考核成绩与年终奖金挂钩,有效促进各项工作的推进。工作经费由区、镇两级财政共同承担,社区适当补贴。

为把文化培训工作做实,社区紧紧围绕"全员就业"目标任务及具体布置,进一步建立工作台账,加强细化注解说明及要求,除日常走访、咨询登记、证卡签收等采用书面形式外,全面实施电子台账,使用省、市认可的培训与就业管理信息系统软件,提高台账的可操作性和规范性。另外,在做好本地居民工作的基础上,针对社区外来人员相对多的特点,对辖区内非本地户籍劳动力资源进行调查,登记造册,每季度对变动情况进行及时更新,实现动态跟踪管理。

2. 创优培训服务,提升就业水平

浪花苑社区文化培训的实际效果与就业直接相关,能顺利就业就能够增强文化培训的吸引力。为此浪花苑社区积极推进培训服务机制的创新。一是创新"开门培训"机制,主动走出社区,与苏州工业园区人力资源部门建立定向培训关系,请工业园区人力资源部门联合有用工需求的众多企业人力资源部门，直接进入社区，与社区文化中心、人力资源服务站一起，共同开展供需对接式文化培训服务。社区居民参加电工、CAD、叉车保安、家政等技能培训的达 335 人；开设外来人员就业指导培训 35 期，培训606 人；开设外来人员免费办公自动化初、中级技能培训 6 期，结业人数 177 人。二是制定定向帮扶方案，对失业登记人员、就业困难认定人员、高校毕业生建立"一对一"帮扶机制，以"月"为单位一对一跟踪，针对性推荐，直至其实现就业。三是统一设置公益性岗位，优先安置各社区就业困难人员、失业人员等群体。通过多措并举的文化培训和帮扶方式，有效提升了培训和就业成效。

近几年，社区累计走访各类人员 7 579 人次，提供培训和咨询服务 10 000 人次，挖掘各类岗位 745 个（其中公益性岗位 92 个），推荐就业 1 905 人次，实现上岗 952 人次，就业成功率达60％以上。

其中，针对性开展高校毕业生的援助服务尤其成效显著。针对日趋严峻的毕业生就业压力，结合毕业生社会阅历少、工作没经验的特点，每年 4—5 月，对家住社区内并即将离校的高校毕业生进行前期调查摸底，准确及时地掌握毕业生的联系方式、专业学历、求职意向等第一手资料，为下一步有效服务打下基础。到六七月毕业生离校的高峰期，适时引导和推荐他们参加定向就业指导培训班。一系列跟踪帮扶措施和文化培训，有效提高了社区高校毕业生群体的就业率，每年新应届毕业生，到 7 月底全部实现就业，就业率达 100％。

3. 深化创业培训，健全创业服务

为营造社区创业氛围，以创业促就业，实现最大限度的充分就业。社区在园区文化部门、创业服务中心、镇人力所的指导下，根据"八位一体"创业帮扶机制，对有创业能力和创业意向的社区

群众开展创业培训。同时，对参加创业培训并合格的人员，提供全方位的创业指导与服务。从创业动员、创业培训、创业考核、创业者申领营业证照等，到全程陪同式协助办理小额贷款、创业补贴，实行"一条龙"服务。社区群众普遍感觉在这里创业不是孤军奋斗，而是时刻会感受到精心呵护和扶持。

(四)把外来务工人员全面纳入公益文化培训服务

浪花苑社区结合社区外来人员较多的实际情况，将外来人员全面纳入文化培训服务范围，实现了文化服务功能全延伸、就业服务对象全拓宽的社区公共文化服务新局面。

1. 加强制度建设，促进规范融入

浪花苑社区建立《社区外来人员就业管理规定及流程》，通过与房屋租赁免费服务"金点子"工程相结合，让外来人员填写《外来人员基本情况登记表》，对其租住信息、就失业情况、技能与特长、培训意向等基本信息进行登记。以此为基础，将在本社区租住期一年以上的外来人员纳入社区文化服务范围，建立服务台账，开展跟踪走访工作。重点开展外来登记失业人员的文化培训和就业服务工作，使他们在社区享受与本地失业人员同等的就业援助服务。

2. 开展联谊活动，促进文化融入

对外来人员开展文化培训和就业跟踪管理服务的同时，建立外来人员互动平台，以"相约十八"为主题，开展丰富多彩的联谊活动，促进管理服务工作的开展，真正将社区外来人员融入浪花苑这个大家庭。目前，社区将 2 725 名外来人员纳入社区文化服务范围，开展上门走访 2 684 人次，办理失业登记和培训 185 人，经推荐成功录用 176 人。纳入文化服务的外来人员中，就业人数达 2 540 人，就业率达 93%。

（五）突出与企业结对开展文化培训的服务亮点

在前几年与企业结对开展培训的基础上，社区进一步理清思路、把握重点，加大工作力度，积极多层次、多渠道拓展结对企业。在园区、镇的支持下，社区分管书记带队，同社区文化中心干部、协理员一起走访企业。走访中社区领导详细介绍了社区的文化培训服务功能、就业服务对象等，仔细解释"社区企业结对"新模式。仅 2011 年下半年，社区就与 13 家企业新签订了《结对共建协议书》，近年来社区累计成功结对企业 52 家，提供就业岗位达 472 个。在结对开展文化培训的前提下，社区现已形成一整套成熟的结对机制。

1. 企业招聘进社区

为有效利用结对企业资源，社区积极协调联合开展文化和技能培训，并在联合培训的基础上，每年 9 月、10 月、11 月举办企业进社区现场招聘会。2011 年三场招聘会提供就业岗位 153 个，需求 288 人次，约有 370 名本地及外来人员参加社区招聘活动，达成就业意向者有 82 人，当场录用 11 人。充足的结对企业资源、优越的联合培训机制，保证了社区招聘活动顺利开展，让居民不出社区就能获得与企业面对面的岗位选择机会，得到企业和居民的一致好评，社区也是在民生方面做了一件实事，实现企业、居民、社区的"三赢"。

2. 帮助残疾人就业

残疾人员在就业过程中，面临比正常人更多的困难，找工作更会遭遇"不公平待遇"，因此如何使他们实现稳定的就业显得尤为棘手。社区通过积极走访、多方协调，2011 年下半年，成功与一个招收残疾人的企业结对，定向在进行就业培训教育，并在社区定向招收"特殊人才"，为弱势群体赢得了一个稳定的就业环境。社区文化中心和协理员积极行动，一方面多次登门走访该企业，协商培训工作以及交通、待遇等问题，努力为他们创造一个稳定舒心的就业环境；另一方面，联系汇总其他各社区有求职意向的残疾人员信息，引领全镇残疾人员经由联合培训走上就业岗位。至目前，该企业已成功录用社区残疾人员 8 名，社区及协理员的努力工作使残疾人员就业"老大难"问题得到了突破。

目前浪花苑社区的结对企业涵盖后勤服务、产业外包、生产制造等各种类型。社区将继续积极与各类企业沟通合作，在为社区居民谋取更多岗位的同时，也争取为居民举办更多利民、惠民的活动。

(六)基层群众在公益性文化培训服务中得到实惠

1. 一位社区失地农民的心声

我原是一名普通的农民，下地干活是我每天的生活。2003 年我住的村子征地动迁了，于是我搬进了浪花苑社区。土地没有了，但生活还要继续，于是就靠修自行车来维持家庭生活。可生活远没有那么简单，用水用电要钱，吃饭吃菜要钱，到处都需要用钱，哪像以前自留田里种菜吃，自己庄稼有粮收。每月赚的钱不够用，怎么办？这时社区文化中心和管劳动保障的协理员来到了我的家中，推荐我在社区参加免费的文化素质教育和技能培训，而后给我介绍了一份外资企业的工作，单位还为我缴纳了社保，现在一个月实到手 1800 元，再加上妻子的收入，一家子老小的生活不用愁了。

2. 一位社区外来务工人员的切身经历

2010 年初，我怀着美好的憧憬跟随朋友从老家江苏连云港来到了苏州胜浦，朋友们四处打听开始找工作，有的去了中介，可回来说先要交五百块钱，我的心咯噔一下子：出来带的钱只够过渡生活的，交了五百的话以后的生活怎么办？

一天，无意间经过社区文化中心和就业工作站时看到里面电子屏显示有"外来人员求职登记"，于是就抱着试试看的心态走了进去，里面的工作人员很热情，我说明了来意并谨慎地问："找工作要付钱吗?""我们免费为您提供岗位介绍"，工作人员果断地对我说。于是我填写了《求职登记表》，没过几天社区安排我参加定向企业的联合培训，之后推荐我到金红叶纸业做品保。

我有了工作，有了稳定的收入，而且找工作没有花一分钱，姐妹们都很羡慕我。后来，社区还多次邀请我参加了各种活动，让我认识了很多朋友，我深深地感到社区对我们外来人员一视同仁的关怀，使我觉得生活在浪花苑就像生活在自己的家乡一样，倍感亲切。我会告诉亲朋好友，将来可能的话，我要在社区买套房子，在这里快乐地生活和工作。

【专家点评】

苏州工业园区胜浦镇浪花苑社区，针对社区农民转市民、失地求就业的居住群体特点和面临的人心不定、情绪不稳的突出矛盾和问题，以文化教育与就业培训为切入点，将惠及基层的公共文化服务，特别是公益性文化素质教育和技能培训，与增进居民就业意识、提高居民就业能力、扩大居民就业水平结合起来，创造性地建立了"文化服务＋就业培训"运行新机制、"社区教育＋企业培训"结对新模式，实现了社区全员就业，并将文化培训服务平台和功能延伸至社区外来务工人员，有力促进了外来务工人员的文化融入。以社区文化培训为特点的社区公共文化服务，如今已成为引领浪花苑社区扩大就业、改善生活、促进和谐的重要元素，这一成功经验在我国城市化快速推进的现阶段，具有十分鲜明的示范意义。

（点评人：巫志南）

四、"百姓文化系列"优化基层群众文化资源供给——上海市嘉定区推进基层群众文化产品和服务供给机制创新

上海市嘉定区位于上海市西北郊，总面积463.55平方公里，区域内常住人口约140万人，共有12个街镇260个村（居委），是上海推进城市化进程任务最重、发展最快的区域之一。上海市嘉定区自2006年起，从保障文化民生的战略高度出发，以保基本、广覆盖、强调公益、突出均衡为原则，不断创新惠及百姓、全民参与的公共文化资源供给机制，形成了具有特色的、可资借鉴的经验。

（一）创建富有特色的"百姓文化系列"供给机制

随着嘉定城市化进程的不断加快，农村产业结构、农民居住环境以及生活生产方式都发生了很大改变，区域内经济社会发展存在的不平衡和生存居住条件的变化，导致居民的文化需求千差万别，也使得公共文化服务资源难以向基层延伸。嘉定区以全民参与为抓手，把群众视为公共文化资源的重要来源，充分尊重基层群众的创造才能，强调全民参与，突出自我管理和自我发展，建立了以政府引导、百姓自主供给为特征的"百姓文化系列"公共文化资源供给模式，使公共文化资源来自于百姓、服务百姓，并为提升百姓的素质和能力服务。

1. 创建基层群众身边的"百姓说唱团"

"百姓说唱团"由嘉定区委宣传部牵头，区文联与区文广局联合组建，分为区说唱团、镇说唱团两级，成员都是有一定表演经验的演员和文艺爱好者，由区文化馆对区、镇两级的各类文艺团队和文艺创作作品进行梳理、整合，以及文艺曲目资源库和创作、

演出队伍资源库。区文化馆作为配送枢纽，整合形成文化下乡节目推荐单，由各街镇根据区域百姓的口味和喜好，自由选择本镇或其他街镇的节目与团队下乡演出。"百姓说唱团"自成立以来，每年下乡演出 600 余场，观众超过 74 万余人次。

2. 创建基层群众家里的"百姓书社"

该工程由政府财政支持，区文广局组织指导，区图书馆负责实施，广大百姓参与管理。"百姓书社"大多数建在一些喜爱读书、愿意提供场地并能进行日常开放管理的农户家里，居民让出自家的客厅、书房或车库，在闲暇之余无偿地为周围的邻居提供借阅的服务。"百姓书社"的图书和报刊每三个月更新一次，全部由区图书馆进行统一配送。区图书馆定期提供推荐点书单，由各书社管理员根据居民的阅读喜好来进行点书，区图书馆根据各书社的点书单将百姓需要的书籍交由物流公司配送至各书社。至今共建成 35 个"百姓书社"和 18 个馆外图书流通点。

3. 创建基层群众喜看的"百姓影院"

以嘉定区农村数字电影放映为平台，在各村、居委活动室建立放映室，由嘉定区电影公司负责片源和放映指导，每周放映一次或两次数字电影。为了使片源更好地满足村民口味，嘉定区电影公司还将以往统一订片下发至各村放映点的形式，改为村民自己点单的形式。目前共建成 144 家农村数字电影放映点，有效解决了农村群众和外来务工人员看电影难的问题，一定程度上满足了基层群众的精神文化需求。

4. 创建基层群众爱听的"百姓讲坛"

一是 2005 年年底嘉定区图书馆将原来的"嘉图讲座"更名为"嘉图百姓讲座"，讲座风格定位在"面向广大老百姓的公益性知识讲座，为广大老百姓提供获取知识、提高文化素养、丰富文化生活、品味高雅文化的社会课堂"，受到广大嘉定百姓的欢迎，逐渐成为嘉定区知名文化品牌。二是 2007 年嘉定人民广播电台推出一档嘉定乡土的百姓专题节目"嘉定故事"，至今共播出 570 多期，节目主要介绍本地历史和现实生活中的人与事、风与物，讲述风格生动、自然、平实，已成为嘉定百姓讲坛的重要品牌。三是 2010 年成立了"百姓宣讲团"，由区委宣传部聘任 25 名热心社会工作的退休干部、教师、医生、律师等为百姓宣讲团成员，为基层村、居委的市民百姓、企事业单位的员工介绍社会形势，宣传党和政府的主张，传播先进思想文化，为基层百姓解疑释惑，成为连接党和政府与群众，沟通信息和传递社情民意的"桥梁"，也成为嘉定区宣传思想文化建设的重要抓手。

5. 创建融洽基层社区的"百姓文化睦邻点"

针对嘉定区新建小区的日益普及，邻里关系越发淡漠，而潜藏在居民间的交往需求和邻里情愫依旧保持着生命力的情况，2007 年 6 月，嘉定镇街道推出建设"百姓睦邻点"的创意，并得到居民的响应。睦邻点的主题、内容均由居民自主确定，按照兴趣爱好、居住远近分门别类，愿意做发起人和想参加的居民都踊跃报名，到 2010 年年底，已建成 167 个。如今，街道里平均每 200 多户人家就有一个"睦邻点"，每天都有 2 000 多居民参加"睦邻点"组织的各种活动。既有以文体爱好者为主的"快乐睦邻点"、"曲艺之家"，热心社区事务的"帮帮乐"、"手拉手救助"，也有关注日常生活的"亲亲宝贝"、"宠物沙龙"和"爱心编织社"，还有让同类型人群互相慰藉的"新上海人"、"归侨连心点"等，它使居民们逐渐找回了传统邻里之乐，也成为新型社区文化的滋生地。

6. 创建温暖外来务工人员心灵的"文化家园"

嘉定是上海重要的汽车产业基地，产业结构的特性吸引了大量的外来人员。目前，嘉定区的外来人员大军超过了当地总人口的 65%。嘉定区政府把外来人员的公共文化资源供给纳入文化工作的重要议题，通过建立免费文化场所、组织公益文化活动、开展多种免费培训，精心构筑面向外来务工人员的"文化家园"。2005年，嘉定区专门建造了7个总建筑面积约35万平方米，可同时容纳7万余人的"新嘉定人家园"，廉租给外来务工人员居住，并且配套建设"文化家园"，专门设置图书馆、阅览室、舞蹈房、棋牌室、电视房、多功能活动室和青年活动中心等文化场所，常年免费向外来人员开放。2006年以来，嘉定区图书馆先后在"新嘉定人家园"成立了3个读者俱乐部，配备了6 000余册图书和电脑等硬件设施，并安排专职人员负责组织开展读书俱乐部的各项活动。同时，区文广局定期举办外来务工人员卡拉OK比赛、演讲征文比赛、才艺表演、读书月、露天电影周等专项活动，还定期送戏、送演出进工地进社区。"文化家园"成为外来务工人员的精神家园，保障了更广泛群众的基本文化权益。

(二)"百姓文化系列"基层公共文化资源供给特点

嘉定区在多年公共文化资源供给的实践中，注重实现公共文化资源供给的普惠性、实效性、自主性和引导性，形成了自己的特色。

1. 拓展供给阵地，实现公共文化资源供给的普惠性

嘉定区依托包括政府、公益性文化单位、拥有文化资源的相关单位、社会团体、社会公众在内的多元化的公共文化资源供给主体，不断拓展供给阵地，构建了便于基层群众广泛参与的平台。例如，打破了传统公共文化资源供给方式拘泥于专门设施、统一时间、特定对象的僵化思路，充分利用"房前屋后"、"田间地头"等百姓居家环境、居家时间，以及邻里关系的社会资源，通过合理规划、统一配送，把百姓的客厅、书房、车库变成了"百姓书社"等公共文化场所，让百姓可就近享用公共文化资源；又如，组织"百姓说唱团"走乡串镇演出，在社区开设"百姓影院"等，把公

共资源的阵地延伸到广大基层，有效确保了老百姓能就近享受文艺演出、读书看报、展览培训、电影放映等多样化的文化资源，实现了公共文化资源供给的普惠性。

2. 理顺供给渠道，实现公共文化资源供给的实效性

嘉定区在实践中不断调整，以"百姓文化系列"为切入点，整合公共文化资源供给平台，建成连接市级、贯通基层的具有实效性的公共文化资源供给渠道。一是在全市率先建立了上海东方文体资源配送嘉定分中心和上海东方社区文化艺术指导中心嘉定分中心，与市级公共文化资源配送体系有效对接；二是依托区、镇两级文化资源配送机构，例如区图书馆、文化馆、街镇社区文化中心等，对市、区两级文化资源进行统一调配；三是充分利用延伸到基层的公共文化资源供给阵地，如"百姓书社"、"百姓影院"、"睦邻文化点"等，把各类优秀的文化资源、群众需要的文化辅导员、喜欢的文化产品，直接送到群众身边，提升了公共文化服务的质量，真正实现公共文化资源供给的实效性。

3. 改变供给格局，实现公共文化资源供给的自主性

顺应改革开放新形势下基层人民群众文化需求多样性、自主性、选择性的要求，有效促进公共文化资源供给格局的转变。一是改变公共文化资源供给形式，变公共文化资源自上而下的"填鸭式"单向供给模式为"群众点单"、"合作联动"的自下而上、上下结合的双向供给和交互供给模式，盘活了市、区两级的文化资源，解决了文化供给不对路、不合百姓口味的实际问题。目前，嘉定区已经建立起群众需求回访制，对供应的文化产品进行跟踪了解，及时掌握群众对文化产品的欢迎程度，尽量根据群众要求及时修改配送菜单，让百姓在文化资源的供应上握有主动性和选择权。二是打造特色文化活动品牌，将零散的文化资源集约化、均衡化，提升公共文化资源供给的水平。目前嘉定区有市、区、镇三级文化团队，每个艺术团队通常都有全年活动计划，吸引了众多的参与者。通过积极主动与市级文艺院团、高校等联合共建，鼓励和扶植专业文艺团队以及群众文化团队建设，打造特色品牌团队，使优质文化资源横向交流，改变公共文化资源供给各自为政的格局。例如，嘉定镇街道整合多方力量，打造了民乐队这一精品团队，在嘉定区乃至附近的普陀区都小有名气，经常受邀到其他区、镇演出，形成了示范效应。

4. 坚持供给导向，实现公共文化资源供给的引导性

嘉定区在公共文化资源的供给中，注重发挥文化的引导与教化功能，通过培养骨干人才，运用文化资源供给的各种形式和渠道，宣传社会主义价值观，加强道德建设，弘扬时代精神，传播人文历史知识等。如徐行镇"百姓说唱团"创作反映外来务工人员生活、市容变化和世博文明礼仪等的锡剧表演唱《世博会上友谊花》、《爱我徐行好家乡》、《安新村里安心人》和《小庙新风》等，用文艺形式宣传党的方针政策，配合政府的大事热点，针砭时弊、寓教于乐，让群众在娱乐中受到教育，以前说东家长、道西家短、打架、酗酒、玩牌赌博等歪风邪气悄然消失。又如，江桥镇太平村外来人员聚居较为集中，通过免费为外来人员举办学说上海话、嘉定历史、文明礼仪、社会公德、计算机知识、专业技能、音乐、戏曲培训等一系列活动，逐步改变了原来社会治安和管理较为混乱的局面，不仅连续 13 年没有发生过一起上访事件，也连续 10 年没有发生过一起涉及外来流动人员的刑事案件，先后获得了"全国民主法治示范村"、"上海市综合治理安全小区"等光荣称号，成为名副其实的"太平之村"。

5. 注重制度建设，实现公共文化资源供给的保障性

嘉定区立足于制度建设，将贴近基层百姓基本文化需求，加强公共文化资源供给，提高基层文化设施利用率，扩大基层群众参与性，作为满足人民基本权益、提高百姓幸福指数的一项民生工程来实施。区文广局先后出台《嘉定区农村群众文化活动设施配置的实施意见》、《嘉定区农村文化指导员队伍实施意见》、《嘉定区社区文化活动中心管理暂行办法》和《嘉定区文化发展资金管理试行办法》等文件，还起草了《嘉定区社区文化活动中心考评方案》和《嘉定区社区文化活动中心管理绩效评估标准》，这一系列文件的出台有效规范和提升了公共文化资源供给的整体水平。健全的公共文化资源供给保障机制是促进基层公共文化服务体系建设规范化和长效化的关键因素。2005 年，嘉定区委出台文件，明确规定："用于公益性文化事业的经费不低于上年度财政支出的 1‰"。2008—2010 年，区财政投入逐年增加，共计投入 1.5 亿余元用于文化建设，2010 年人均投入 50 元，财政资金的投入为嘉定健全基层公共文化资源供给提供了坚实的保障。通过制度建设，有效整合公共文化资源，切实增强了面向农村的公共文化产品和服务的供给，推动城乡公共文化资源的均衡化、便利化，解决区域内发展不平衡的问题。

(三)嘉定区创新基层公共文化资源供给机制的基本经验

多年来，嘉定区立足于满足人民群众基本的文化权益和基本文化需求，依托"百姓文化系列"，不断提高城乡不同区域、层级的公共文化资源供给水平。在此过程中，政府既发挥主导作用，又不陷入各种具体事务，各类文化资源载体基本都由百姓自己管理，各类活动基本都由百姓自主开展，政府看似"无为"，但却在推动、扶持和保障方面处处着力，在"有所不为"中突出政府"有所为"，形成了有特色的公共文化资源供给机制创新的"嘉定经验"。

1. 产品生产的教化性与参与性相结合

公共文化资源供给的重要环节是产品生产，嘉定区充分发挥公共文化资源"以文聚人，寓教于乐"的功能，实现产品生产教化性和参与性相结合。一方面，通过主题把关、重点扶持，确保"百姓文化系列"文化资源的教化性，以科学的文化引导人，以先进的文化教育人，以和谐的文化凝聚人，不断提高公众文化素养；另一方面，赋予公众公共文化资源的生产权和选择权，采用"群众点单"、"合作联动"的自下而上、上下结合的双向供给和交互供给模式，释放了百姓潜在的文化需求，发挥公众参与"百姓文化系列"活动的作用，既提升公共文化资源供给的绩效，也有助于提高城市文化建设水平。

2. 队伍建设的自主培养与多方引进相结合

队伍建设是公共文化资源供给的关键环节。"十一五"期间，嘉定区提出"构建文化事业强、文化产业强、文化人才队伍强的人才建设转型升级战略"，不断加强文化人才建设。一方面，自主培养"百姓文化系列"所需文化人才，逐步形成了"梯次培训"的人才培养模式，即建立区、镇、社区(村)多层次的人才队伍，请优秀专业人才培训区级人才，再由区级人才培训镇级人才，镇级人才培训社区(村)级人才，形成梯次培训的良好循环；另一方面，多方引进优秀文化人才，例如通过合作共建的方式，建立上海音乐学院培训基地等，引入优秀文化人才进驻嘉定，参与"百姓文化系列"活动，实现文化艺术辅导人才资源共享。通过几年的实践和探索，嘉定区已逐步建成了一支以当地群众为主体的结构合理、层次明晰、职能健全的文化人才队伍，构建了文化人才资源库。

3. 资源整合的配送体系建设与平台打造相结合

嘉定在"百姓文化系列"公共文化资源的整合中，注重配送体系建设与平台打造相结合。一方面，建设多元、系统的文化资源配送体系。一是充分发挥市级公共文化资源配送主渠道作用，把市级文化资源引入"百姓文化系列"；二是通过政府购买文化产品直接配送到基层，提升"百姓文化系列"资源水平，丰富了当地文化资源的内容，受到群众欢迎。另一方面，构建文化资源共享平台，使其成为"百姓文化系列"所需资源的集聚地和配送载体。一是组织了具有嘉定特色的公共文化服务新载体，例如"百姓说唱团"、"百姓书社"、"百姓睦邻点"等，加大了对基层的文化辐射力，实现城乡互动的新突破，保障农村和中低收入群体的文化消费和权益，实现了文化惠民；二是精心搭建群众文化活动平台，即文艺展演、民俗展示、群文比赛等，以基层为舞台，以群众为主角，按照自下而上，先基层活动，后区里集中展演，热在基层，乐在群众，上下联动，创建出"社区文化展演月"、"全民读书月"和"长三角地区文化交流"等系列文化活动品牌；三是办好、用好节庆活动平台，即利用中国传统佳节和上海汽车文化节、孔子文化周、南翔小笼文化展、马陆葡萄文化节等重大节庆文化活动的契机，不断挖掘特色文化资源，形成了承载着区域特色的文化形象和文化活动。通过"百姓文化系列"公共文化资源整合的配送体系建设与平台打造相结合，建成了多元化的文化资源配送体系和跨区域、跨领域的文化资源共享平台，确保公共文化资源全面覆盖、保障到位、运行有效。

4. 服务提供的全面性与均衡性相结合

嘉定区在公共文化资源的服务提供上注重全面性与均衡性相结合。一方面，以实现公共文化资源的全年龄、全区域覆盖为目标，兼顾不同区域的人口结构、经济形态，以"百姓文化系列"为载体，为城乡居民提供基础性的公共文化资源，保证所有阶层（特别是基层群众）能共享文化发展与改革建设的成果。例如，全面推进基层公共文化设施网络建设，积极发挥社区文化活动中心、文化站/文化活动室、"睦邻文化点"与"邻里文化网"的功能，打造科普教育、娱乐、健身于一体的精神家园；积极推动机关、学校等机构的内部文化体育资源对外开放，尽量满足人民群众基本文化权益和基本文化需求，妥善协调社会各阶层的利益关系，推动利益整合与社会认同。

另一方面，尽量兼顾空间均衡和丰富性平衡，根据人口布局和文化需求调整配送数量与配送内容，提供多样性的文化资源。例如，通过做宽、做深类似"异乡风采"的文艺活动弥补"外来建设者"公共文化供给不足的现状；通过新媒体平台为"百姓文化系列"提供公共文化资源，便于使用新媒体的数量庞大的青年人获取文化资源；通过利用企业、院校、文艺团体的文化资源，举办诸如沪剧专场、数字电影专场、专题艺术讲座等，加强不同公共文化形态、不同个性文化的互动和合作，供给多样性的文化资源，实现公共文化服务的均衡性。通过注重全面性与均衡性相结合，建立起一个基础性公共文化服务与多元化公共文化服务相结合的高效供给体系，更好地根据公众文化需求日益增长的趋势和多区域、多元化的文化偏好，科学优化文化资源配置，实现不同区域公共文化资源的合理、协调、高效使用。

5. 品牌打造的重点性与特色性相结合

打造公共文化资源供给品牌有助于提升"百姓文化系列"公共文化资源服务的水平，增强吸引力。嘉定区在品牌打造上强调重点性与特色性相结合。一方面，高效整合嘉定资源，重点打造若干具有广泛影响力的文化资源品牌，起引领、示范作用。例如，办好"上海汽车文化节"等区级文化节庆活动，吸引大量的优质文化资源汇集嘉定，形成区域辐射力，促进"百姓文化系列"资源供给水平的提高。

另一方面，从基层着手，打造丰富而有特色的文化资源品牌。例如，以"一居一品"为原则，积极开发社区公共文化品牌，结合不同社区（村）的特点，打造诸如街道舞蹈队、快板小分队、戏曲沙龙团队等特色团队，丰富"百姓文化系列"，形成以百姓为主体的、丰富而有地方特色的公共文化品牌。

6. 宣传推广的接受性与体验性相结合

就公共文化资源特质而言，越是与群众的生产生活需求相适应，与群众的接受能力相适应，就越受群众欢迎，其引导、教化、娱乐、协调等功能就越易于发挥。嘉定区在宣传推广"百姓文化系列"公共文化资源供给时，定位于群众的接受性与体验性相结合，吸引了大量群众积极参与公共文化资源供给活动，取得良好效果。一方面，建设普惠型的公共文化资源体系，提供群众易于接受的文化资源，采用群众乐于接受的方式宣传推广。另一方面，宣传推广公共文化活动的参与性，积极引导群众体验文化活动。例如，引导居民组建文化社团，举办丰富、多彩、有特色的社区文化活动，居民在体验的同时也成为公共文化资源供给的主力军。

（四）嘉定区"百姓文化系列"的机制创新的示范性

基于嘉定区公共文化资源供给的实践，公共文化资源供给体系的创新须将重心面向基层，加强引导，增进互动，不断增加供给主体，创新供给方式，优化供给流程，从而提高供给绩效。

1. 创新多层级的文化资源供给机制

完善市、区、街道、社区、家庭五级"百姓文化系列"公共文化资源共享模式，实现文化资源的全区域覆盖，打造具有嘉定特色的"无缝隙衔接"式的公共文化资源供给体系。一是发挥五级公共文化资源供给体系的联动作用。积极打造以上海市、嘉定区、各街道社区文化活动中心、居委会文化站、"睦邻文化点"构成的五级文化资源供给体系。充分发挥"百姓文化系列"活跃公共文化资源供给的作用和功能。二是实现"五个东方"与"百姓文化系列"的互补。推动"东方社区文化艺术指导中心"与"百姓说唱团"的结合；充分利用"东方社区文化艺术指导中心"的专业资源优势加强对"百姓说唱团"的业务指导；实现"东方讲坛"与"百姓讲坛"的融合；实现"东方永乐农村数字电影院线"与"百姓影院"的结合；发挥"东方社区信息苑"的功能，向嘉定区农村、向百姓家庭延伸，积极打造强大信息内容服务平台，做宽、做深"百姓文化系列"，加大对"百姓文化系列"的扶持力度，提高百姓志愿者参与积极性和服务水平，弥补市级资源无法达到的区域和时间空缺，打造具有嘉定特色的"无缝隙衔接"式的公共文化资源供给模式。

2. 面向基层、面向外来务工人员加强文化资源供给

以"百姓文化系列"配送为基础，积极实现多元化的文化产品和服务进社区、下基层。针对嘉定区外来务工群体的庞大规模，以外来务工人员文化需求为导向，积极推动公共文化资源配送向外来务工人员倾斜，弥补目前对外来务工人员文化供给不足的现状，实现"百姓文化系列"、"文化家园"为主的配送体系和外来务工人员自建、自娱文化创建体系的结合，扩展"异乡风采"文艺活动的区域、丰富"异乡风采"主题、提高外来务工人员参与的主动性与积极性，打造出一个以外来务工人员为主体，以"他给＋自给"为供给方式的特色文化资源供给体系。

3. 利用新技术创新"百姓文化系列"供给方式

积极利用新技术创新公共文化资源供给手段，丰富供给内容。在目前"百姓文化系列"活动基础上，搭建"百姓文化系列"网络供给平台，将文化资源内容的文化特征分别以名称、功能、内容、适宜人群等进行标注，并按五大分类编制数字化产品代码纳入数据库，建立起"百姓文化系列"资源数据库。积极开发"线上百姓文化系列"供给方式。一方面，将"百姓文化系列"活动资源集聚在公共网络平台上，根据需求状况进行联网调配，各个街道（镇）、社区、居民都可以对"百姓说唱团"、"百姓书社"、"百姓影院"、"百姓讲坛"、"百姓睦邻点"等公共文化资源进行"按需提取"；另一方面，对"百姓文化系列"活动进行线上分类展示，开通互动平台，让居民对"百姓说唱团"、"百姓书社"、"百姓影院"、"百姓讲坛"、

"百姓睦邻点"等提供的文化产品和服务随时可以发表意见进行互动，并据此不断改善。此外，每年度对"百姓说唱团"、"百姓书社"、"百姓影院"、"百姓讲坛"、"百姓睦邻点"等"百姓文化系列"进行分类评比活动，对于每年在评比中获奖的百姓志愿者个人或团体给予物质与精神奖励，发挥示范效应，引导、鼓励更多的居民积极参与到"百姓文化系列"公共文化资源供给体系中。网络平台的使用将能够吸引更多的年轻居民加入到百姓文化活动中来，有助于实现公共文化资源供给的全面性。

4. 优化"百姓文化系列"资源供给流程

"百姓文化系列"已形成一个良性循环的公共文化资源供给链，而且持续改善供给环节，持续优化供给流程，不断提高公共文化资源供给水平。一是开展百姓文化需求调查。科学开展公共文化资源需求调查，是确保"百姓文化系列"资源供给的前提。在政府主导的框架内，突出"按需供给"的理念，改变现行公共文化资源供给"自上而下"的单向决策机制，建成政府主导与民众需求相结合的公共文化资源供给机制。二是构建"百姓文化系列"资源库。做大、做强公共文化资源库，是确保嘉定区公共文化资源供给的核心。根据百姓文化需求调查和上海市、嘉定文化资源现状，积极进行公共文化资源的梳理、分类与整合，建成基础公共文化资源库，读书资源库、节庆文化资源库，群文演出活动资源库、文艺曲目资源库、美术摄影展览资源库，等等。三是优化公共文化资源传输。优化公共文化资源的流通与传输配送过程，是确保"百姓文化系列"资源供给到位的关键。建立多元化的文化资源配送体系，优化配送流程，确保公共文化资源运行有效、配送到位。不断完善公共文化资源传输的网络平台建设，根据人口密度与布局建立"文化资源配送服务点"，对接市级、区级公共文化资源，实现网点的点对点直接配送，确保高质量的文化资源及时、快速传输到各个街道、社区，送进千家万户。注重对嘉定区不同群体开展特定配送，例如，针对年轻一族的文化资源配送，针对外来建设者的文化资源配送以及针对农村居民的文化资源配送等。四是完善"百姓文化系列"公共文化资源供给评估。建立科学有效的公共文化资源供给过程评估体系，是确保"百姓文化系列"资源供给的保障。完善过程评估，进行标准化建设，建立配送运行考核制度明细，明确公共文化资源配送管理人员职责，科学合理使用资源。以公众满意度为导向，依据公共文化资源传输的结果，对公共文化资源供给过程进行持续性监测、记录、考核与反馈，将其作为增强供给绩效的基本依据。积极引入第三方评估机制，邀请第三方专业评估机构、专家、媒体对嘉定区公共文化资源供给过程进行全过程评估与监督，将居民满意度作为重要的衡量标准：对于专业评估机构而言，需建立公共文化资源供给统计报表制度，强化公共文化资源的配套协同，并对公共文化资源进行科学配比，发挥公共文化资源投入经费的综合效率；专家学者发挥其专业性、公正性，客观评价供给绩效；公众参与满意度的测评，避免出现实际文化需求与有效配送脱节的低绩效状态，弥补单纯内部评估的不足，确保评估透明化与可信度，以保障公共文化资源的均衡发展和公共文化资源利用效益的提高。

5. 完善"百姓文化系列"资源供给的长效机制

嘉定区"百姓文化系列"资源供给的长效化是一个系统工程，需建立在基础保障、资源集成、要素支持、平台建设与品牌提升的基础上。一是基础保障。完善公共文化资源供给体系的制度配套，优化分类管理，积极推动公共文化资源供给组织创新、管理创新、运行创新。改进人才队伍建设机制，积极培育大量专业的社区文化人才，注重发挥社区文化骨干、文化能人、文化名人提供艺术指导与培训的作用，聘请文艺教师、懂文艺的离退休人员、民间文艺骨干等为志愿人员，加强对业余演出队、业余电影放映队、农村义务文化管理员等业余队伍的培训。扩大资金投入保障，安排"百姓文化系列"资源供给专项资金，专门支持公共文化产品、服务和文化项目的建设，并将投入比例写入政府规划和相关文化政策里，实现投入的制度化、规范化。二是资源集成。嘉定区"百姓文化系列"资源主要由以下部分组成：由东方宣教中心、东方讲坛、东方社区信息苑、东方社区文化艺术指导中心与东方永乐农村数字电影院线提供的市级层面的公共文化内容配送资源；区图书馆、区博物馆等嘉定区级文化资源；各街道（镇）社区文化活动中心资源、居委会文化站资源等；"百姓说唱团"、"百姓书社"、"百姓影院"、"百姓讲坛"、"百姓睦邻点"等自建资源；以上海汽车文化节、孔子文化周、南翔小笼文化展、马陆葡萄文化节、华亭人家丰收欢乐之旅等为代表的节庆文化资源；街道舞蹈队、快板小分队、戏曲沙龙团队等特色群文资源；以及社区、学校、企事业单位、社会团体提供的文化资源。这些资源以"百姓文化系列"为载体实现集成利用，有效推进了公共文化资源的全民共享。三是要素支持。嘉定区"百姓文化系列"资源供给的长效性需建立在各种要素支持保障基础之上，其中，文化艺术指导要素支持是重点。积极利用东方社区文化艺术指导中心、市群艺馆等资源优势，加强对各街道社区文化活动中心、区文化馆、群文活动、百姓文化系列的艺术指导，包括音乐、戏剧、戏曲、美术、摄影、书法、舞蹈、曲艺、时装等门类，实现社区团队表演与专业艺术指导员的同台互动，满足不同群体多元化、多样化的文化需求，并引导群众进行艺术创作，让居民在享受文化、参与文化的过程中不断提高。在"百姓文化系列"活动实践中，嘉定区体会到：政策要素是方向，人才要素是基础，资金要素是动力，制度要素是保障。四是平台建设。推进平台建设，是提高嘉定区"百姓文化系列"资源供给能力的重要保障。搭建文化资源引入与资源共享平台，特别是网络文化资源平台，作为公共文化资源新内容载体与供给新平台，有助于突破时空限制，提升、扩大和延伸公共文化服务，吸引年轻一族加入，增加公共文化资源供给的受众群体。

【专家点评】

上海市嘉定区"百姓文化系列"，立足加强基层公共文化资源供给，以品牌引领、层级互动、资源整合、需求导向、系列运行的方式，不断推进基层公共文化资源供给机制创新，初步形成比较完整的"嘉定模式"。机制创新的示范意义突出表现在：一是重心下移、立足基层。推动内容集成、渠道聚焦、载体合流，重在提高面向城乡基层普通群众的公共文化服务水平；二是多元开发、系列拓展。实现内容拓展多元化、服务对象多层次、产品供给多品种、资源供给多渠道，有效丰富了基层公共文化资源供给，提高了公共文化服务的均等化；三是平台支撑、制度保障。"百姓文化系列"不再是过去那种运动式供给方式，而是立足现实、着眼长远、持续运行，着力搭建支撑系列活动顺利开展的基础平台，着力建立为系列活动提供稳定保障的政策制度。嘉定区基层公共文化服务日臻完善的事实表明，"百姓文化系列"是一种具有广泛推广价值的基层公共文化资源供给模式。

（点评人：巫志南）

五、"新昆山人文化俱乐部"让外来务工人员得实惠——江苏省昆山市创新外来务工人员公共文化服务新机制

昆山地处长江三角洲的东部、江苏省东南部，东距上海市中心 57 公里，西邻苏州市区 43 公里。昆山是"百戏之祖"昆曲的发源地，是中国经济实力最强的县级市，连续多年被国家统计局评为全国百强县之首。

改革开放以来，全球 65 个国家和地区的投资者在这里创办了约 5 000 个项目，投资总额超过 300 亿美元，昆山已经成为国际资本投入的高密度地区、经济发展的高增长地区。在各类投资企业中，台资企业占有较大比重，目前台商在昆山投资的公司已经超过 2 000 家。与各类投资企业并存共生的是数以百万计的外来务工人员，这一"新昆山人"群体在昆山 200 多万人口中约占半数。因此，如何更好更快地把外来务工人员纳入城市公共文化服务体系，事实上成为昆山公共文化服务体系建设面临的新问题、新挑战。

近年来，昆山市委、市政府积极参与苏州市国家公共文化服务体系示范区创建，高度重视完善对大量外来务工人员的公共服务，把切实保障"新昆山人"的基本文化权益作为转变发展方式、"决胜现代化"的重要内容，作为公共文化服务体系建设的战略重点。昆山市文化行政管理部门一方面全面推进现有文化馆（站）、公共图书馆、博物馆、美术馆、演艺中心、影院、体育场、体育馆、市民活动中心等文体设施面向"新昆山人"免费开放；另一方面，深入调研外来务工人员工作、生活的实际情况，改变过去按照行政化布局公共文化设施的思路，结合外来务工人员集中工作、生活的企业、产业区、开发区的特点，以建设"新昆山人文化俱乐部"的方式，集中解决外来务工人员集聚区公共文化设施缺乏、服务不足的突出矛盾和问题。

(一)"新昆山人文化俱乐部"建设目标

立足昆山移民城市特点和保障"新昆山人"文化权益的实际，"新昆山人俱乐部"建设致力于将市、区镇（街道）、村（社区）三级公共文化设施体系，深化、拓展、延伸至外来务工人员集中工作、生活的集聚区。在"十二五"期间，全市建设 44 个新昆山人文化俱乐部，全面覆盖城乡各区镇外来务工人员集聚区，确保全市十五分钟文化圈更加健全，使"新昆山人"能够就近便利地享受到优质均等的基本公共文化服务。

(二)"新昆山人文化俱乐部"建设原则

以科学发展观为指导，紧紧围绕国家公共文化服务体系示范区创建目标和文化强市建设战略定位，坚持公共文化设施建设公益性、均等性、基本性、便利性原则，以政府为主导，引导和鼓励社会力量参与，重点解决面向外来务工人员实现基本公共文化服务全覆盖问题，促进城乡公共文化服务网络更健全、服务供给更高效、组织支撑更持久、保障措施更有力，真正实现公共文化普惠于民，有效保障"新昆山人"基本文化权益，实现全市公共文化服务均等化。

(三)"新昆山人文化俱乐部"建设标准

从实际出发，选择"新昆山人"相对集中、离区镇文体中心较远区域设点建设"新昆山人文化俱乐部"，遵循以下标准。

1. 设施建筑面积标准

万人以下建 500 平方米以上，万人以上建 1 000 平方米以上，室外场地面积在 500 平方米以上。"新昆山人文化俱乐部"设施可以新建，也可以由其他建筑改建或调拨使用。

2. 场馆服务功能标准

所建"新昆山人文化俱乐部"应具备文艺排练、图书报刊、电子阅览、影视放映、健身娱乐、教育培训等功能；并建有篮球场等户外场地。基础好的区镇，根据具体情况设置更多个性化功能设施。

3. 场馆地点设定标准

所建"新昆山人文化俱乐部"选择在"新昆山人"居住、工作相对集中的群租楼、打工楼、居住中心等便于外来务工人员参与文化活动的场所。现有的区镇、村社区公共文化设施不在此次命名范畴。

（四）公共财力提供"新昆山人文化俱乐部"建设补助

"新昆山人文化俱乐部"建成投入使用后，由市文广新局、市总工会和市财政局进行统一验收，符合建设标准且产权属于区镇（街道）、村（社区）集体所有的，由市财政局参照《区镇文化设施市级财政补助意见》给予一次性财政补助。具体标准为：新建"新昆山人文化俱乐部"设施按每平方米 1 000 元的标准进行补助；改建"新昆山人文化俱乐部"设施按每平方米 500 元的标准进行补助。上述补贴资金上限不得超过 100 万元。

（五）完善"新昆山人文化俱乐部"管理使用机制

对"新昆山人文化俱乐部"管理使用采取以下三种机制。

1. 属地管理机制

建立健全"新昆山人文化俱乐部"内部管理制度，充分发挥设施应有作用，满足广大"新昆山人"精神文化生活需求。各区镇、村（社区）投资建设的"新昆山人文化俱乐部"由所在区镇或村（社区）统一管理，配备专兼职管理人员负责俱乐部日常管理，明确相应的服务职责。

2. 自我管理机制

制定完善"新昆山人文化俱乐部"对外开放制度，确保俱乐部设施公益性质，保障"新昆山人"文化权益。探索"新昆山人文化俱乐部"公益服务运营机制，确保场馆资源利用效益最大化。采用由长驻企业的新昆山人轮流值班、分室管理等措施，实行新昆山人自我管理、自我服务。

3. 协同服务机制

市文化馆和区镇文体站加强对"新昆山人文化俱乐部"业务辅导，协助俱乐部建立文艺团队和开展文化娱乐活动。在此基础上，探索建立由所辖区域内文化志愿者参与的管理员队伍。各区镇每年采取送电影、演出、展览、讲座等活动形式，加强对辖区内"新昆山人文化俱乐部"文化服务的支持力度，要求每年不少于12次。

4. 社会参与机制

长期以来，外企和外来务工人员是国家级昆山经济技术开发区建设和发展的重要力量，是昆山"稳增长、保外贸、决胜现代化"的重要因素。优化外企文化环境、丰富外来务工人员文化生活，是改善开发区投资环境的重要方面。昆山开发区结合"新昆山人文化俱乐部"建设，利用社会力量举办的"开发区职工艺术团"每年举办"'青春大舞台'进外企文艺演出"，以优秀的文艺节目为载体，把开发区党和政府的温暖直接送到外企和外来务工人员的心中，让开发区外企和广大外来务工人员真切享受到优质的文化艺术服务，激发外企和外来务工人员热爱昆山、建设昆山的热情。这项活动直接惠及了数十万外来务工人员，也丰富了面向"新昆山人"的服务方式。

(六)健全"新昆山人文化俱乐部"运行的长效机制

1. 加强组织领导

全市各级各部门提高认识，把建设"新昆山人文化俱乐部"作为文化惠民重要工程和文化强市重要内容来抓。建立市、区镇两级推进"新昆山人文化俱乐部"建设工作的联动机制，指导、协调和督促各部门各单位开展工作。完善政府主导、社会参与工作机制，形成"新昆山人文化俱乐部"建设工作合力。市文广新局加强对"新昆山人文化俱乐部"建设工作的分类指导，提高设施建设的针对性和实效性。各区镇建立分工负责的责任机制，抓好各项工作措施的落实。明确责任，落实措施，确保"新昆山人文化俱乐部"建设好、管理好、使用好。

2. 强化工作措施

将"新昆山人文化俱乐部"建设和管理使用情况纳入市、区两级及相关部门年度工作考核范围。市政府采取财政补贴和以奖代补方式,制定考核实施细则,对"新昆山人文化俱乐部"建设项目按标准和要求进行奖励,发放建设补贴。市文广新局、市总工会和市财政局等有关部门要组成验收组,在每年年底前对"新昆山人文化俱乐部"建设项目进行验收,验收合格统一挂牌。鼓励企业自行建设"新昆山人文化俱乐部",市文广新局、市总工会每年联合有关部门对企业自行投资建设的、具有品牌特色的"新昆山人文化俱乐部"进行表彰奖励。

3. 加强督促检查

定期上报实施进度,重点加强对"新昆山人文化俱乐部"建设情况的跟踪督查。完善检查机制,建立由相关部门参与的定期督查检查制度。严格执行审计制度,加强对项目奖励资金使用情况的有效监管,确保"新昆山人文化俱乐部"建设有序推进。

【专家点评】

外来务工人员是城市经济社会发展的重要力量,把外来务工人员纳入城市公共文化服务体系,既是公共服务型政府的基本责任,也体现了城市文明进步的坚实脚步。昆山市真心实意地把外来务工人员作为当地经济社会发展和城市建设的参与者、奉献者来对待,真抓实干地将外来务工人员纳入了当地公共文化服务体系,以"新昆山人文化俱乐部"为抓手,履行好政府保障外来务工人员基本文化权益的重要责任。示范意义突出表现在:一是在城市规划、设施布局、项目安排、资源配置、运行保障和服务提供等方面,紧密结合外来务工人员工作、生活特点和基本文化需求,切实提高城市面向外来务工人员的文化服务能力，使外来务工人员能够均等地享受城市基本公共文化服务；二是加强保障、落实经费，切实把满足外来务工人员文化需求纳入公共财政经常性支出预算，有针对性地测算和安排好以外来务工人员为主要服务对象的文化服务点；三是积极引导和鼓励各种社会力量参与面向外来务工人员的公益文化服务，既注重引导大型企业将外来务工人员文化生活纳入企业文化建设范畴，又注重利用社会力量或民间文艺团体将文化产品和服务送到企业工厂；四是着力在外来务工人员大量集中就业和生活的新兴工业区域，定向增加相应的公共文化设施配套，配套提供常规服务和流动服务，就近便利地满足外来务工人员基本文化需求。

（点评人：巫志南）

六、"区域文化联动"实现文化活动跨区域合作
——江苏省苏州市吴江区创新文化资源跨区域协同供给

从 2003 年起，江苏省苏州市吴江区委宣传部和吴江区文化广播电视管理局根据本地实际，提出并实施了"区域文化联动"项目。该项目从"三镇联动"起步，发展为"十镇联动"、"长三角"区域联动，一直到 2010 年的京杭大运河（江苏）区域联动，活动以广场文艺联演为主要载体，同时开展电影联映、书画联展、优秀社团联评、文艺创作联动和理论研究联动，建立了联动区域内文化交流、互动、共建、共享、共荣的机制和格局，充分发挥了区域文化资源优势，提升了区域公共文化服务的水平和能力，产生了良好的品牌效应和社会效益。

（一）"区域文化联动"的组织运作

"区域文化联动"是有效整合、利用区域内的文化资源，实现

跨区域协同供给，使参与合作的各方共享区域内文化成果。吴江区利用处于江、浙、沪交界区域这一特殊的地理优势，加强区域内同质和异质文化之间的交流和互动，促进跨市、跨省文化的共享、共建与共荣，活跃和丰富城乡文化生活，满足人民群众的精神文化生活需要。

例如：在吴江区"十镇联动大型文艺巡回演出"举办期间，吴江区 10 个镇会各自创作、排演一台 90 分钟的节目，先在本镇的文化广场演出，然后再抽调部分优秀节目组成一台综合节目，到各个镇巡回表演。每年的演出活动从 5 月开始，历时 2～3 个月，每周在乡镇文化广场演出 2 场。各镇均可共享十镇所提供的优秀节目，大大丰富了基层文化资源供给。

吴江区采取了一系列措施，持续推动"区域文化联动"项目的顺利实施：2003 年开始的"三镇联动"，建立了由吴江区文化馆牵头，盛泽、平望、震泽 3 个镇的文化服务中心参加的文化联动组织机制；2004 年建立了由吴江区委宣传部、市文广局牵头，全市 10 个镇党委、政府共同参加的"吴江区十镇联动"组织机制；2009 年建立了由吴江区牵头，上海市青浦区、浙江省湖州市、浙江省嘉善县及嘉兴南湖区共同参加的"长三角区域文化联动"组织机制；2010 年拓展了江苏、浙江境内的京杭大运河沿线的 10 余个城市区域，形成了更大规模的文化联动。

此外，通过创设"吴江区三镇联动大型文艺巡回演出"、"吴江区十镇联动大型文艺巡回演出"、"江浙沪文化联动大型文艺巡回演出"等文化载体和平台，还举办了一系列的农村文化广场演出活动。为了使区域文化联动常办常新，吴江区还不断丰富区域文化联动的内容和形式，做到年年有新意，使区域文化联动始终保持强大的吸引力和生命力。

(二)助推城乡和区域文化同步发展

吴江虽然地处苏南经济发达地区，但农村公共文化经费的投入依然不足。2002 年，吴江 70％的乡镇文化站除了人头费外，基本没有文化活动经费，文化站开展活动难，也无法为群众提供丰富多样的公共文化产品和服务。2003 年"区域文化联动"项目的实施，争取了政府财政的投入，同时吸引了企业和社会的资金投入，缓解了农村公共文化服务经费严重不足的问题，突破了制约各地群众文化活动开展的瓶颈，同时也激发了文化站开展公益性文化活动的活力。

"区域文化联动"举办 8 年来，吴江区各镇自编、自导、自演各类文艺节目 2 000 多个，举办大型文艺巡演 130 多场，参演人员 2.1 万人次，观众达 100 多万人次。特别值得一提的是，每年都有来自 10 多个省市的外来务工人员参加"区域文化联动"，为外来务工人员展示自身艺术才华、融进吴江成为新市民提供了平台和通道。2009 年，"区域文化联动"荣获第三届"文化部创新奖"，同时也被文化部列入"2009 年国家文化创新工程项目"。

吴江区实施的"区域文化联动"项目，不仅实现了全市范围内各乡镇演艺等文化资源的整合、共享，而且把联动的范围扩大至周边县市以及江、浙、沪三地，实现了更大范围内的演艺等文化资源的整合、共享，在一定程度上丰富了乡镇文化资源，提高了乡镇文化活动的水平和档次。不仅如此，由于区域经济、社会发展的差异，城乡和区域文化发展一直存在着不平衡现象。而"区域文化联动"项目的实施，在一定程度上促进了城乡和区域文化的同步、协调发展。

乡镇范围内因为文化人才有限，要真正实现乡镇文化大发展大繁荣，常常显得动力不足。吴江区实施的"区域文化联动"项目，一下子把市区和周边地区的文化力量全部调动了起来，通过借助各方力量推动和促进吴江乡镇文化建设，成功地解决了乡镇自身文化发展动力不足的问题，激发了乡镇的文化创造力。在推进"十镇文化联动"的过程中，吴江区的 10 个镇在文化建设上都逐步形成了自己的特色和亮点：芦墟镇的芦墟山歌文化，盛泽镇的丝绸文化，平望镇的广场文化，同里镇的宣卷文化和旅游文化，桃源镇的少儿书画和黄酒文化……都已成为各自的文化品牌。

(三)"区域文化联动"的实践体会

"区域文化联动"在运作过程中采用了政府主导、企业赞助、社会参与的多元化投入方式。据不完全统计，"区域文化联动"开展以来，吴江区各级政府相继投入了 300 万元，中国联通等企业相继资助了 100 多万元。活动以促进区域文化交流、共享、共荣的方式来推动项目的有效实施，不仅实现了吴江各乡镇文化资源的整合、共享和利用，还实现了苏州市内、江苏省内以及与吴江毗邻的上海、浙江境内的文化资源的整合、共享和利用。

吴江"区域文化联动"的节目内容涵盖了多个方面，活动形式上也有独到之处。首先，打造了吴江区"十镇联动"大型文艺巡回演出等载体和平台，演出场地不仅设在乡镇文化广场，还购买和动用了流动演出车，把寓教于乐的节目直接送到了田间地头和农民的家门口。此外，还增加了电影放映、文化理论研究交流、文艺创作研讨、书法美术摄影交流展、非物质文化遗产展览展示等多种形式，活动方法和手段不断创新。每届"吴江区十镇联动大型文艺巡回演出"，主办单位都开展评奖和表彰活动，表彰优秀节目、优秀组织单位、优秀放映单位和优秀个人，这对区域文化联动项目的持续实施起到了实质性的促进作用。

"区域文化联动"盘活了区域内的文化资源，拓展了文化服务的外延和空间，丰富了文化服务的内容和形式，提升了文化服务水平和能力，突破了以行政区划为界限配置公共文化服务资源的体制限制，对解决具有共性特征的县域文化发展问题，特别是农村公共文化服务体系建设问题，具有一定的启迪和借鉴作用。

【专家点评】

　　"区域文化联动"活动以广场文艺联演为主要载体，同时开展电影联映、书画联展、优秀社团联评、文艺创作联动和理论研究联动，收到了很好的效果。从最初的三镇联动，到长三角地区的文化联动，肇始于吴江的区域文化联动，盘活了一个广大地域的文化资源，极大地丰富了区域内群众文化生活，不仅对于破解群众文化建设中存在的经费不足、人才不足、资源不足、水平不高等困境具有重要借鉴意义，而且对举办群众文化活动的思维创新和群众文化的社会化运作也具有重大的创新价值和指导意义，并将在群众文化领域产生长远的影响。

　　"区域文化联动"具有多维的创新点和创造点。第一，在观念和理念上的创新。"区域文化联动"突破了"就地方而地方"的文化建设惯性思维和框束，建构起开放、联动的区域文化发展机制，吸纳、整合、利用区域内及周边优质的文化资源，激发区域内的文化创造活力，实现区域文化共享、共建、共创、共荣，提升区域内公共文化服务水平。第二，在内容和形式上的创新。在内容上突出体现先进文化的内涵，体现社会主义核心价值观。第三，在方法和手段上的创新。一是借助党委、政府的力量来加大项目的实施力度。二是集聚各方面的力量来共同推动项目的顺利实施。三是以"政府主导、企业赞助、乡镇投入、社会参与"的多元化运作方式来保证项目的顺利实施。四是以促进区域文化交流、交融、共享、共建、共荣的方式来推动项目的有效实施。五是以评奖和表彰的方式来促进项目的持续实施。第四，机制和体制上的创新。一是项目实施的主体既有党委、政府及政府部门，也有文化业务部门。二是根据子项目的不同类型和不同特点，采用不同的灵活的运作方式，既有公益性方式，也有商业性操作，还有两者的有机结合。三是把项目的实施与基层文化"四基建设"和为群众提供优质、丰富的公共文化产品相结合。

"区域文化联动"对当前群众文化活动的探索与创新具有引领作用。"区域文化联动"不是单一性质的活动，而是一个在全新理念指导下带动了群众文化管理，群众文艺创作、展示，非物质文化遗产保护等众多群众文化工作的综合性文化活动。从活动内容形式、组织运作等方面具有多项创新，对推动群众文化社会化运作、构建群众文化服务体系以及群众文化事业的大发展大繁荣具有引领和推动作用。

（点评人：路斌）

七、"唱响文明赞歌"关爱老少边贫地区
——浙江省优质文化资源供给向农村基层倾斜

近十年来，浙江省"唱响文明赞歌"文化关爱老少边贫地区系列活动走过了 25 站，足迹走遍浙江老、少、边、贫地区，艺术专家辅导团与当地共同举办大、中型示范演出活动计 40 余场，举办声乐、戏曲、小品、曲艺、书画、摄影大型讲座 70 余次，开展小规模的辅导培训活动 400 多次，被辅导者近 5 000 人次，观众约 20 万人，取得了很好的实效。这项活动得到了省委宣传部、省文化厅领导的肯定，已成为浙江省群众文化的品牌活动。

（一）整合资源，文化下乡培育文化良种

1. 培育农村文化良种

2002 年 9 月，在党的"十六大"召开前夕，为贯彻、落实全国基层文化工作会议精神，进一步推动全省基层文化建设和城乡社会主义精神文明建设，筹建"'唱响文明赞歌'浙江省声乐专家辅导团"。此项倡议得到了省委宣传部和省文化厅充分肯定和大力支持。2002 年 11 月，在省群艺馆精心策划下，"'唱响文明赞歌'浙

江省声乐专家辅导团"正式成立。专家辅导团汇集了全省群众文化系统的正、副研究馆员，以及浙江省音乐家协会省声乐协会、省合唱协会、专业院团、艺术院校的众多声乐专家组成。"唱响文明赞歌"文化关爱老少边贫地区系列活动，让艺术专家与基层文艺骨干零距离、面对面，接受省内最高水平的艺术辅导，播撒农村文化良种，培育农村基层文化队伍，有效地提升群众文化骨干的艺术水平，使先进文化在农村扎下深根。

2. 面向老少边贫地区

"唱响文明赞歌"文化关爱老少边贫地区系列活动宗旨是：面向全省老、少、边、贫地区，大力宣传社会公德、职业道德、家庭美德，服务基层、服务乡村、服务社区，讴歌文明，普及声乐教育，发现培养人才。当时社会上走穴成风，而辅导团的专家们却完全自愿，分文不计，只求奉献。建团之初，即制定了近期工作目标，面向全省的老、少、边、贫地区，把文化关爱送到基层群众需求迫切的每个角落，以文化帮扶的方式奉献爱心。在总结经验的基础上，扩大战果，通过示范，向全省辐射，逐步形成各艺术门类齐全，省、市、县三级团队联动的强大网络，将该活动打造成为全省有影响的一项品牌文化活动。2002 年 11 月起，浙江省艺术专家辅导团先后奔赴新四军总部旧址的长兴、开化、永嘉、常山等革命老区，龙游、桐庐等畲族地区，及舟山、象山等偏远的海岛、山区，走进乡村、社区、部队、学校，开展艺术专家辅导活动和示范演出活动。省委宣传部高尔颐副部长、省文化厅杨建新、沈才土厅长、沈敏、金庚初、赵和平副厅长等都曾率团亲赴基层。专家们每到一地，不顾旅途疲劳，即刻投入示范演唱会的排练、演出，展开针对当地声乐骨干、爱好者以及基层节目、团队的辅导、培训，培育农村文化良种。由于辅导团的演出、辅导、培训活动形式多样，生动活泼，受到了各地的普遍欢迎，从而也使全省"送文化下乡"活动在内容与形式上得到了进一步的深化。

3."唱响文明赞歌"团队不断拓展

2004年10月，在声乐专家辅导团取得成果的基础上，又组建了"'唱响文明赞歌'浙江省优秀歌手展演团"。该团由全省数年来在全国、全省声乐比赛中获得高奖的青年歌手组成。两团以各自的优势互补，提升活动的档次和品位，更好地营造"送文化下乡"的活动氛围，将"唱响文明赞歌"文化下乡、进社区活动进一步打造成浙江省群众文化的品牌项目。借鉴省声乐辅导团和省优秀歌手展演团的成功经验，又先后组建了"浙江省戏剧专家辅导团"、"浙江省优秀戏剧节目展演团"、"浙江省曲艺专家辅导团"、"浙江省优秀曲艺节目展演团"、"浙江省书画专家辅导团"、"浙江省摄影专家辅导团"。如今浙江省拥有8个专家辅导和展演团队，大大扩展了"'唱响文明赞歌'文化下乡"队伍阵营，为"文化配送"和"文化育种"拓展了活动空间，丰富了活动内容，增强了活动力量。

(二)成效显著，呈现鲜明的品牌特色

1. 群众文化与专业文化紧密结合

"唱响文明赞歌"团队既有来自浙江省群文系统的专家、业余演员，也有来自专业院校、文艺院团的教授、艺术家，所有团员均为省群众文化系统的正、副研究馆员，以及省各大艺术院团、各大艺术院校的国家一、二级演员，正、副教授。同时，还特邀了省内部分著名作曲家、音乐理论家等其他艺术专业的专家加盟，拓展培训辅导的内容。专业文化和群众文化结合，提升了文化活动质量与效果。

2. 示范演出和文艺辅导紧密结合

专家们每到一地，不顾旅途疲劳，即刻投入排练和演出，对当地音乐、戏曲、小品、书画、摄影等文艺骨干和爱好者进行辅导、培训。示范性演出面向广大群众，根据当地实际需求，开展

各艺术门类的大型讲座和小型辅导等培训活动。艺术专家直接面向基层文化干部和文艺爱好者的做法，得到了广大基层的普遍欢迎与广泛好评。"配送文化"与"培育文化良种"相结合，让他们成为基层文化建设的"生力军"，让文化下乡化为乡下文化常留乡下，让文化良种在广大的基层、农村生根、开花、结果。

3. 大型晚会与小分队演出紧密结合

大型晚会大多是结合当地的节庆活动需要，专门策划、编排，在人口集中的县城或乡镇演出，有良好的舞台音响设备，满足基层群众的文化需求。而充分发挥小分队演出的优势，进村落、上渔船、下连队，能灵活机动地为偏远山区、海岛的群众演出，把文化送到百姓家门口。例如2005年9月上旬"唱响文明赞歌"团队在宁波象山石浦的系列活动。9日早上，"浙江省优秀歌手展演团"派出部分歌手，组成演出小分队，来到东海之滨的渔船上，把优美的歌声献给了渔民朋友。晚上，艺术家们还不辞辛苦，在被称作"浙江渔业第一村"的石浦东门渔村的舞台上参加一场规模盛大的专场演出。两种"文化下乡"模式都赢得了基层群众广泛赞誉。又如2005年春节前"走进开化"活动中，当小分队结束了在一个小山村的演出后，村民们拉着演员的手动情地说："这是我们村第一次来演出的，你们再来啊！"欢送的鞭炮和夹道相送的乡亲让团员受到了很好的教育。而2002年"走进舟山"的小分队登上海岛给高炮连战士送去演出，其间飘起了大雪，战士们和演员相互推让军大衣的情景也让大家至今难忘。

4. 常备节目与基层群文精品紧密结合

"唱响文明赞歌"系列活动，把文化下乡与发展农村特色文化结合起来。农民不仅是农村文化的受惠者，更应该是农村文化的建设者。一方面，下乡的常备文艺节目能真正融入农村生活，真正引起农民的共鸣；另一方面，积极吸收当地在全国"群星奖"及全省评选中的获奖群文精品节目和挖掘当地丰富多彩的农村特色民间文化资源，扶持农村文化新人，让基层群文精品登台、乡土文化人才亮相，以满足农民自演自赏、自娱自乐、自我发展的精神追求，激发农民自办文化的热情和潜力。同时，也让基层群文精品节目资源不断发挥持续效用。

5. 动态艺术与静态艺术紧密结合

在春节下基层演出的同时，举行获奖群文书画作品和宣传图片巡展，书画专家辅导团、摄影专家辅导团吸收当地群文书画、摄影干部和业余骨干为基层群众送书画、写春联，给农家拍摄全家福，为农村孤寡老人拍新年照片，丰富了该项活动的节日气氛，很受基层欢迎。

(三)"唱响文明赞歌"系列活动的示范性

1. 创新文化资源整合机制，是文化下乡稳步进行的保障

群众文化与专业文化相结合，整合了文化资源，使文化下乡团队充满了生机活力，源源不断地为基层、农村"送文化"、"育文化"。在省内部分著名声乐专家倡议下，由省群艺馆精心筹划成立了"'唱响文明赞歌'浙江省声乐专家辅导团"等 8 支团队，聚集了省内群众文化界和艺术团体、专业院校许多高级专家。另外，又选拔全省数年来在全国、全省比赛、评选中获得高奖的演员组成"'唱响文明赞歌'优秀演员展演团"，与"艺术专家辅导团"以各自的优势互补，提升活动的档次和品位。

2. 创新基层文化培育机制，是文化下乡目标实现的关键

送演出下乡确实活跃了基层群众的文化生活，但演出是短暂的，演员们来了，给农民带来的是"见真人看明星"的满足，演员们走了，留下的是对下一次演出的期盼。"唱响文明赞歌"活动变"送"文化为"种"文化，对于实现老、少、边、贫地区"文化低保"、"文化共享"的目标尤为重要。因此，一方面，通过示范性演出，丰富新时代农村文化生活；另一方面，通过辅导培训，培育基层、农村优秀的文化"良种"，直至发芽、开花、结果，日益影响和带动着基层、农村文化的自身繁荣发展。

3. 创新演出模式灵动机制，是文化下乡效益追求的手段

大型晚会的演出主题突显，演出阵容整齐，艺术感染强烈；而小分队演出模式多样，人员节目灵活，队伍轻装上阵，则适合于群众住家分散的山村、海岛，能深入农家小院、村头田间、海滩渔船，能让在劳动现场的群众欣赏文艺节目，或参与到表演、辅导活动中来。大型晚会演出与小分队演出模式，机制灵动，点面结合，争取了文化下乡效益的最大化。

在浙江"唱响文明赞歌"文化关爱老少边贫地区系列活动带动和影响下，全省涌现出的"钱江浪花"艺术团文化直通车巡演、"文化配送"、"文化走亲"等创新性的群文活动服务，全省各地掀起了文化下乡的热潮。省、市、县100多支文化下乡演出队，每年下乡巡演1 000多场次，把文化送到农村群众的家门口，丰富了基层群众的文化生活。根据多年来"唱响文明赞歌"系列活动的经验，省群艺馆在已成立的8个团队的基础上，今后还将陆续推出舞蹈等其他艺术门类的专家辅导团和优秀艺术作品展览展示团，形成文化下乡的强大声势，把更多更好的艺术送到老、少、边、贫地区，满足基层文化的需求。

【专家点评】

由于经济社会发展长期处于城乡二元结构状态，农村仍然是政府提供公共服务的薄弱地区，农村文化建设的现状与全面建设小康社会的目标要求不相适应，与经济社会的协调发展不相适应，与农民群众的精神文化需求不相适应，主要问题是文化基础设施落后，文化产品和服务供给不足，文化活动相对贫乏，城乡文化发展水平差距较大。加强农村文化建设，推动城乡基层公共文化设施、机构、人才、资源、服务、活动互联互通、共建共享，缩小和逐渐消除城乡文化差距，实现城乡文化发展均等化、一体化，是当前和今后一段时期公共文化服务体系建设的重要任务，是公正平等、无差别地保障人民群众基本文化权益的基本路径。浙江省文化馆在省委宣传部、省文化厅的大力支持下，整合各类优质文化艺术资源，以持续十年的"'唱响文明赞歌'文化关爱老少边贫地区系列活动"的形式，重心下移、贴近基层，足迹走遍浙江老、少、边、贫地区，持续为农村基层输送产品和服务资源、培育文化艺术骨干、协助创作生产。这项活动并不是简单地"输血"，而是以"造血"为主，注重专业辅导与群众骨干结合、专业策划与群众表演结合、专业产品与群众需求结合，充分体现了以群众为主体共建共享的鲜明特点。

（点评人：巫志南）

八、"唱响定海"实现经常化、长效化
——浙江省舟山市定海区创新大型群众文化活动长效机制

"唱响定海"群众文化活动是定海区文化新闻出版局近两年隆重推出并一举打响的群众文化品牌，目前已成功举办了 2009 年"唱响定海·全民 K 歌赛"和 2010 年"唱响定海·魅力网格才艺 PK 大赛"，活动采用鼓励、引导、推进、创新的运作方式，结合党委政府中心工作，突出群众主体地位，凸显"本土性、草根性、全民性、互动性"特色，连续两年掀起本土文化秀，累计在全区 15 个乡镇(街道)118 个社区举办赛事 300 余场次，14 000 余人次登台献艺，50 万余人次畅享欢乐，真正办成了一场属于定海百姓的全民娱乐盛宴。

(一)"唱响定海"群众文化活动基本情况

1."唱响定海"群众文化活动主要特色

一是凸显全民草根特色，群众参与率高。"唱响定海"群众文化活动以"本土草根、全民互动"为特色，旨在提供"贴近实际、贴近生活、贴近群众"的基层文化服务，弘扬草根文化。2009 年"唱响定海·全民 K 歌赛"大胆采用宽口径、高密度相互补充的构建形式，诚邀定海居民、部队官兵以及外地在定海的工作者踊跃参赛，将活动参与面拓展到最大限度，确保群众在家门口就能倾情展示和欣赏草根文化。2010 年"唱响定海·魅力网格才艺 PK 大赛"主打"娱乐牌"，亮点更多，参与面更广，活动更丰富，精心打造全民共享的娱乐盛宴。大赛精心设计了团队才艺展示和个人绝技绝活表演等别出心裁的赛制规程，各类健康向上的动态、静态艺术均可上台 PK。活动吸引了各路"达人"齐聚舞台，鼻子吹笛、敲碗奏乐、木梳吹曲、单口相声、配乐诗朗诵、书法剪纸、吹墨作画、舞蹈表演等各项才艺轮番登场，彩旱船舞、扇子舞、拉丁舞、蒙古舞、印度舞、街舞等民间团队齐齐亮相，翁洲走书、跳蚤舞、木偶戏等各项非物质文化遗产闯入视线，传统、时尚、婉约、奔放多种风格各显神通，从而充分满足和调动了基层群众自编、自导、自演、自评、自赏、共享基层文化的良好风气，以高参与率实现文化共享。二是强化互动公益氛围，社会反响好。设立互动环节是提升文化活动关注度常用方式，"唱响定海"群众文化活动大胆突破"你演我看"的传统文化活动形式，提前铺开大赛口号、吉祥物、主题歌等宣传元素的征集评选活动聚集人气，综合运用现场比拼、短信投票、十强拉票会等方式引导群众评选"民星"提升人气，还打破专家权威垄断，引入大众评委。2010 年"唱响定海·魅力网格才艺 PK 大赛"更为互动特色植入了公益元素。从海选开始，每场赛事设置一定数目的慈善公益基金，表现最佳的团队不仅能当选本场"网格之星"，还能赢取慈善公益基金用于帮助本网格中困难家庭。三是呼应党委政府中心工作，影响力大。"唱响定海·全民 K 歌赛"紧扣"热爱定海、赞美定海、唱响定海"主题，积极配合了区委区政府构建和谐社会、优化发展环境的需要，通过打造全民草根音乐盛宴，不但丰富了基层群众"家门口"的文化生活，也为全区上下共同推动经济社会发展注入了强大的精神动力。"唱响定海·魅力网格才艺 PK 大赛"围绕"唱响定海·关爱无界"主题，突出"网格"这一"网格化管理、组团式服务"新型基层管理模式中的关键命题，提升了全社会对网格的知晓率、认同感和归属感，高度契合了"网格化管理、组团式服务"工作"以服务群众为出发点，以强化构建和谐社会为落脚点，寓管理于服务之中"的主题思想，发挥文化在基层公共管理服务上的积极作用，推动公共文化服务与网格化管理融合共赢。

2. "唱响定海"群众文化活动主要成效

一是广泛参与，丰富了基层文化生活。"唱响定海"群众文化活动吸引了各年龄段人群争相登台献艺，各门类文艺团队精彩亮相，"零门槛"海选参与者遍布网格居民、部队官兵、新居民、学生等各个阶层，充分展现了大赛"草根性"和"全民性"特色。二是强化沟通，倡导了社会和谐风尚。大赛将参赛主体设定为基层群众，为草根选手搭建了展示才华的舞台，显示了基层文化活动的强大生命力。大赛满足了群众自我超越、情绪释放的强烈愿望，提升了基层群众的综合素质，进一步弘扬了"海纳百川、敢为人先、崇文重商、诚信务实"的定海精神。三是因势利导，提升了基层文化实力。"唱响定海"将群众作为活动主角，通过节目展演、团队竞争、作品编创等多种形式加以引导，促使其"动起来"、"亮起来"，有目的地挖掘、培育、提升了一批基层文化骨干，令文化活动的组织和开展在基层风生水起。在"唱响定海"的感召和影响下，目前定海区已建立各类业余文化团队 600 余支，吸收文化骨干及爱好者逾万人。同时，文化部门以"唱响定海"群众文化活动为契机，通过下派专业技术人员传、帮、带等形式扶持基层文化，在方案策划、宣传发动、活动举办等方面给予积极指导，逐步将指导服务、统筹协调、资源交流共享等机制融入基层文化管理体系，促使基层文化工作的重心由举办型向组织与指导管理型并举型转变，基层文化队伍管理技巧、业务能力和工作水平得以进一步提升。四是拓展思路，实践了新型运作模式。"唱响定海"群众文化活动举办两年来，着力创新思路和方法，积极探索基层文化活动新型运作模式，将市场这一要素引入活动操作过程，多渠道争取资金，特别注重鼓励社会资源参与文化建设，把群众文化活动推向大众，推向市场，逐步改变文化活动由政府大包大揽，唱"独角戏"的局面。大赛通过出让冠名权和广告位、引入产品推介等方式积极吸引舟山市新茂百货责任有限公司、重啤集团宁波大梁山啤酒有限公司、巴黎春天婚纱摄影、中国移动集团舟山市分公司等当地颇具活力的企业参与到活动的策划与组织实施中来，争取到了运作资金及宣传、演出等相应服务，在确保活动公益性质的基础上密切政府公共财政与社会资金结合，推动社会各界进一步支持和参与基层文化活动，探索出了一条"政府搭台、群众主体，社会（企业）参与"的新型群众文化发展道路。

（二）"唱响定海"群众文化活动的基本原则

1. 主体性原则

从需求出发，让群众参与公共文化、创造文化成果，确保群众在文化活动中集创作、编导、演员、观众、评委于一身，使群众文化理念得到张扬、文化创造力得以发挥、自身价值得以实现，是"唱响定海"乃至整个定海文化工作的根本出发点。"唱响定海"在深入基层调研和两年来的活动实践基础上，树立了"只求参与数量，不求节目质量"的理念，大胆采用宽口径、高密度相互补充的构建形式，走出了一条"政府搭台、群众主导、社会（企业）参与"的路子，扩大群众文化活动辐射面，提高参与率，才确保了活动的成功。

2. 草根性原则

草根性是群众文化活动必须坚持的基本原则。"唱响定海"活动策划之初就确定了草根属性，根除了只重精品艺术、轻视群众文化的偏见，把立脚点放在为广大人民群众服务上，着力弱化专业性，凸显本土草根特色，重视培育群众渴求的文化，并从活动规则上降低参与门槛，增强参与性。于是，"唱响定海"把"吹、拉、弹、唱、跳、走、剪、画"等一批富有浓郁海洋文化特色的民间民俗艺术挖掘出来，把群众自娱自乐的不自觉文化行为引导为互动共享的群文活动形式，把草根的文化元素包装成了群众文化舞台上的香饽饽。

3. 公益性原则

公益性是群众文化活动必须坚持的重要原则。"唱响定海"群众活动通过政府主导、企业赞助和鼓励社会捐赠等形式，保障活动举办经费，确保群众文化公益先行，寓教于乐，诚邀群众零费用享受大餐。"参赛不用报名费，观看不收门票钱，胜出还能拿奖金"成为基层群众津津乐道的话题。同时，为拓宽公共文化服务平台，定海区文化部门主动联合定海区慈善总会，把慈善行动与引入到"唱响定海"活动中来，凡每场团队表演第一名获得者，可为本网格赢得最高 5 000 元的公益慈善基金用于帮助困难群众，充分体现公共文化服务对弱势群体的关爱，增强群众文化公益属性。

4. 创新性原则

"唱响定海"群众活动通过创新工作思路、创新活动形式和创新文化内涵，把草根、全民、公益等属性有效地融合到了一起，提升群众文化活动的档次和品位，并创造性地主动配合党委政府中心工作，从整个社会层面保证活动的影响力，才得以风靡整个岛城，引起领导的重视和肯定，得到群众的认可和喜爱。

(三)"唱响定海"群众文化活动长效保障措施

1. 领导重视、部门配合，完善活动运作保障机制

唱响定海之所以能够取得成功，关键在于区委、区政府领导高度重视，区级层面成立了以区长任组长，组织部长、宣传部长和主管副区长任副组长，有关部门和乡镇(街道)主要负责人为成员的工作领导小组，各乡镇(街道)也成立了主要领导任组长、文化分管领导和各社区(村)负责人等为成员的领导小组，从而形成了"区级—乡镇(街道)—社区(村)"三位一体的工作网络，明确活动的组织保障。同时，活动启动之前，区文化部门均制定了切实可行的活动策划方案和工作计划，由区政府主管领导主持召开协调会议，明确任务，提出要求。区主要领导和有关部门负责人经常亲临演出现场坐镇，指导工作，提升活动人气。活动结束后及时召开总结座谈会，听取各方意见和建议，确保活动深远推广持续发展。同时，有关部门积极配合，针对"唱响定海"活动涉及范围广，参与人数多的特点，公安、交警、消防、城管等部门均出动力量维护现场秩序。两年来的工作积累，使"唱响定海"群众文化活动基本形成了"党委政府加强领导，文化部门精心策划组织，有关部门和乡镇(街道)积极配合，综合文化站和社区有效发动"的全区"一盘棋"格局。

2. 财政投入、企业参与，巩固活动经费保障机制

"唱响定海"的成功，得益于政府财政的到位，区财政每年安排"唱响定海"专项资金，各乡镇(街道)财政也相应安排了配套资金。同时，区文化部门积极引导社会参与群众文化活动，通过"唱响定海"前期有效策划、宣传、推介，找准群众文化与企业宣传的共赢点，2009年吸引了舟山市新茂百货有限公司、重啤集团宁波

大梁山啤酒有限公司等企业加盟冠名或赞助，2010年更是凭借2009年成功策划、推介的经验和"唱响定海"品牌基础，引来了中国移动集团舟山市分公司等企业为活动冠名，加盟力度也年年攀升。企业的加盟不仅展露了群众文化广泛的广告效应，更为活动成功举办提供了社会支持和资金支持，使"唱响定海"探索出了"政府主导、企业参与、社会支持"的活动经费保障机制。

3. 增强活力、贴近中心，健全活动开展长效机制

如何保持活动开展的长效性，是"唱响定海"群众文化活动面临的一个重要课题。"唱响定海"群众文化活动要保持领导重视度和群众热衷度，增强生命力，在娱乐人民群众、培育文明风尚的同时，必须继续紧紧围绕党委政府中心工作，增强文化服务中心工作的自觉性和能动性。要在理论指导上不断创新，准确把握社会主义先进文化方向，在群众文化基本理论研究的基础上，不断发现新情况，汲取新经验，提出新思想，构建新理念；要在活动的主题、内容、形式、运行方式等各个方面进行不断创新，增强活动时代性；要在活动的设计上兼顾不同层次、不同文化背景、不同地域人群的文化口味及文化需求，实现活动多元化；要在活动特色上保持全民性、草根性、娱乐性，增强广大群众的文化认同感和参与热情；要在政府主导的前提下，进一步整合资源，深化市场运作，提升活动品牌。

4. 制度约束、绩效考核，建立活动评估机制

政府应加强对群众文化服务工作执行情况的有效监管，从而保证群众能够得到真正的实惠。一是通过规范运行机制和工作程序、畅通民意调查渠道、及时反馈群众意见等来提高"唱响定海"活动的公开化和透明度。二是建立评估考评机制，提高有关部门的工作配合度和活动的运行效率。三是强化活动的社会影响力，从全社会意识上确保活动形成制度化，树立基层文化服务自觉性。

5. 实施人才工程、构建人才优势，探索活动智力保障机制

当前，专业人才缺乏、活动策划创意不足正是"唱响定海"群众文化活动持续开展的瓶颈。一方面需要积极引进有思想、懂策划、肯吃苦的优秀专业文化人才，为"唱响定海"提升智力保障；另一方面，更需要在活动中造就一批人才和团队，通过活动来培养专业策划人才，通过活动来锻炼活动组织人才，通过活动来壮大群众文艺团队。此外，还需要建立文化培训制度，有计划、有针对性地对"唱响定海"工作团队进行培训，提高文化水平、业务水平和创作水平。

"唱响定海"群众文化活动将积极探索，不断创新，建立活动开展的长效机制，做大做强"唱响定海"群众文化活动品牌，在满足群众文化需求、提升人的素质、促进经济发展和构建和谐社会中发挥文化应有的作用。

【专家点评】

大型群众文化活动是基层群众关注度、参与度高的基层公共文化服务的重要形式，对于这些有主题、有规模、有规律的大型群众文化活动，广大基层群众在心理上有期待、在时间上有期盼、在质量上有期望，例如果流于运动式、精英式、临时式地开展，就会令基层群众失望。因而，建立和完善稳定可靠、支撑有力的长效机制，是办好各类大型群众文化活动的关键。浙江省舟山市定海区"唱响定海"大型群众文化活动之所以常办常新、人气旺盛、百姓称赞，得益于制度设计和机制创新。主要表现在：一是组织有保障，建立了各级主要领导担任组长的区、镇（街道）、社区（村）三级工作网络；二是经费有来源，区财政每年安排专项资金，各乡镇（街道）财政也相应安排了配套资金，同时还找准群众文化与企业宣传的共赢点，吸引企业加盟冠名或赞助，为活动成功举办提供了社会支持和资金支持；三是运行有制度，规范运行机制和工作程序、畅通民意调查渠道、及时反馈群众意见等来提高活动的公开化、透明度和群众性。浙江省舟山市定海区"唱响定海"大型群众文化活动长效机制，为广大基层同类群众文化活动制度建设提供了宝贵的新鲜经验。

（点评人：巫志南）

九、整合资源、菜单配送、服务基层
——浙江省杭州市群众文化集约化、一体化运行机制创新

浙江省杭州市群众文化"集约化、一体化"运行机制创新是在杭州市文广新局领导下，由杭州市群众艺术馆牵头，联合全市各区县群文机构共同实施的群众文化工作创新项目。这一创新项目于2008年下半年正式启动，并于2009年成为杭州市政府服务创新项目。群众文化"集约化、一体化"创新的目标，是增强全市各级群文机构的协调配合，加强全市群众文化资源要素的合理配置和资源的整合利用，从而形成三级联动、区域共建、运转有序、服务高效的群文工作组织运行机制，进一步提升群众文化工作水平，推动群众文化的大发展大繁荣。项目启动以来，主要通过"一网、一团、一体系"三个平台的打造，来推进全市群文资源的整合和群文运行机制的创新。

（一）创建杭州群众文化网

围绕整合全市群文服务资源、创新群文服务机制，由杭州市群众艺术馆牵头创建了杭州群众文化网（www.hzwhw.com）。杭州群众文化网由主网站和13个区县（市）子网站构成。网站具有两大功能：一是信息服务功能。网站整合了全市的群众文化、公共文化信息资源，是目前杭州市群文信息、公共文化信息最为丰富

的一个网络平台。二是文化配送功能。网站设立了群文配送服务平台，上挂杭州群众文化服务菜单，接受基层群众的点击预约，从而实现了群文机构与市民群众的文化服务供需对接。目前，网站的免费服务菜单上，主要有演出和培训辅导两类文化服务。项目实施以来，杭州群众文化网以乡镇街道和社区为单位，先后设立两批共 284 个基层服务点，并通过网上预约的方式，为基层群众送演出 300 多场，观众达 25 万人次，开展培训辅导服务 120 多次，辅导人员近 6 千人次。

(二)创建杭州群星艺术团

围绕整合全市群文创作力量和人才资源、创新群文创作机制，由杭州市群众艺术馆牵头创建了杭州群星艺术团。杭州群星艺术团下辖歌舞团、滑稽艺术团、民乐团、铜管乐团、合唱团、少儿艺术团、中老年艺术团、腰鼓团八个分团和创作部、演出部两个直属部门。群星艺术团不仅集聚了全市群众文化机构的主要创作力量，还将一些专业演出团体的退役人才和部分有实力的民营剧团招至麾下。通过签约加盟、项目合作的形式，群星艺术团与下属团队与成员建立起了一种既有别于专业艺术团体，又便于集中力量完成创作表演任务的半紧密型合作关系，使全市的群文创作从"各自为政"向"合作互补"转变，大大提升了全市群文机构开展创作活动，服务广大群众的整体实力。目前，在群星艺术团这个平台上，已完成各类创作节目 30 多个。

(三)建立群众文化团队评级管理体系

围绕整合全市业余文化团队资源、创新业余文化团队管理机制，杭州市群众艺术馆通过杭州市一级群众文化团队、杭州市群众文化示范团队的评选，将全市数千支业余群众文化团队纳入了一个有效的管理体系中，促进了群众文化团队的交流、竞争和水平的提升，使群文团队从"自娱自乐型"向"示范带动型"转变，成为文化主管部门开展公益文化活动、丰富城乡文化生活、推动基层文化建设的重要力量。

群众文化"集约化、一体化"创新的目标实施以来，得到各方的好评。文化部社文司于群司长、张永新副司长、浙江省文化厅和杭州市的领导，都对这一创新项目给予高度评价。光明日报、中国文化报、浙江日报等媒体对杭州的群文创新工作进行了报道。这一创新项目已获得浙江省基层公共文化服务创新奖一等奖。

【专家点评】

长期以来，各地对群众艺术馆、文化馆功能定位、运行方式的认识存在不同程度的模糊，以致社会上有"文化馆不过是'唱唱跳跳、说说笑笑'"的评价，杭州市群众艺术馆通过创新群众文化集约化、一体化运行机制，并且以成功的探索和实践清晰地回答了这一问题。一是杭州市群众艺术馆不拘泥于原有方式和手段，积极运用数字网络技术，创设杭州群众文化网，以菜单形式实现资源集成、多向互动、供需对接。二是整合文化艺术资源，创设杭州群星艺术团，把文化馆系统面向基层提供文化艺术服务主体化、专业化、职能化、品牌化、经常化、集约化，大大提高了覆盖范围、服务能力和运行效率。三是以评级管理体系为切入点，不但找到了深化全市群众文艺团队、基层文艺骨干、群众文化活动体系化建设的可操作路径，也有效激发了群众开展文化艺术活动的主动性和积极性。"杭州模式"对于群众文化建设具有整体性示范意义，值得深入总结提炼和学习借鉴。

（点评人：巫志南）

十、创设面向基层提供艺术指导的志愿服务平台
——上海打造文化艺术指导志愿服务
资源网络平台

随着上海公共文化服务体系建设的不断推进，各类文化设施建设正大规模地向社区辐射，各类优质文化资源通过有效的配送系统向社区传递，作为上海公共文化服务体系资源配送的重要一环的上海东方文化艺术指导中心，通过政府"埋单"、基层"点菜"、机构"派送"形式，建设社区艺术指导人才的派送平台，让优质的文化指导资源走进社区，走向基层，使文化资源离广大基层市民越来越近，百姓获得的文化实惠也越来越多。

上海东方文化艺术指导中心（以下简称"指导中心"）自 2008 年 6 月起启动社区文化指导员派送工作以来，不断优化指导员队伍结构，完善运行管理机制，实施需求调研，开展培训认证，提升辅导质量，努力推动社区文艺指导员派送工作在全市范围的全面展开并取得了阶段性成果。截至 2011 年 9 月，上海市实现了已建的全市 185 家社区文化指导中心的全覆盖、网上派送的全覆盖和市级专业艺术院团全部派出指导员的全覆盖。2010 年 6 月，上海市的社区文化指导员派送工作还荣获群众文化的政府最高奖励——全国群星奖。上海东方社区文化艺术指导中心在指导员派送工作上进行了以下几方面的探索。

（一）整合资源、开门纳贤，精心打造社区文化指导员队伍

1. 院团推荐和社区招募相结合，保障指导员的来源丰富与优质

社区文化指导员是一支以本市专业院团的演职人员为主体的社区文艺辅导队伍，其主要来自于专业院团推荐的二三线演职人员，但随着社区文艺指导员需求的日益增长，为了补充专业院团

指导员的不足，指导中心同时面向社会招募指导员。目前，全市经推荐或报名参加文化指导员岗位的有 2 518 人，经过培训或资格认证并进入"指导中心"社区文化指导员人才库的指导员 2 335 人，主要由四部分构成：一是专业院团推荐的社区文化指导员。包括：全市市区二级 22 个专业院团共推荐指导员 323 人，正式报名参加培训获资格认证证书的 74 人，未报名参加培训和认证的有 141 人，目前已在派送有 126 人；由专业院团与社区结对派送，以"市民艺术大课堂"的形式，组织演职人员下社区边辅导、边培训、边演出；二是本市艺术类专业院校教师和大二以上（含大二）通过培训并获得资格认证证书的学生 139 名。三是本市工、青、妇等社会各界有志于基层文艺工作的、有时间保证的、能够胜任社区文化活动策划、组织、辅导、培训以及创作指导工作的专业艺术人才：其中通过社会招募报名参加文化指导员岗位的有 349 名，经过培训并获资格认证的有 134 名；四是全市各区县文化馆、站推荐的在职群文业务骨干参加培训 1 660 名，其中 165 人获认证资格证书。对于专业院团、院校师生、社会招募的指导员，指导中心采取按需直接派送社区辅导的方式，并给予一定的辅导补贴；对于群文系统内的指导员，主要是由各区县文化馆、站安排到本地区基层社区开展业务指导工作，市里不承担经费补贴。

2. 专业培训，资格认证，确保指导员辅导的资质要求

"指导中心"对符合准入条件的人员都将进行上岗前培训，培训分两种。一是由市文广局颁证的社区文化指导员培训：内容包括怎样开展社区辅导、社区文化活动的策划与编创、社区文艺团队的辅导与培育等，经培训合格将取得上海市文广局颁发的社区文化指导员证书；二是由市职业能力考试院颁证的社区文化指导员资格认证培训：2007 年，"指导中心"上海宣传系统人才中心合作开发并取得上海职业能力考试院《社会艺术教育（群众文艺指导）专业水平认证考试》的指定培训机构资格，随即组织专家编印了

《培训资料（试用版）》以及上海市社会艺术教育（群众文化指导）专业技术水平认证专用教材《上海社区文化艺术指导和管理》，同时制定了相应的《资格认证暂行办法》，对经过培训并考核合格者，颁发上海职业能力考试院认证的"社区文艺指导"的职业资格证书。目前，持有市文广局颁发的社区文化指导员证书的为 2 335 人，其中有 578 人获得上海职业能力考试院认证。

（二）平台派送、供需对接，着力提高派送工作的效率

1. 建立网上派送的管理平台

随着文艺指导员派送工作的稳步推进，指导员派送的数量越来越多，辐射面也越来越广。依靠指导中心原有的几个人进行人工派送工作已经远远不能满足社区的申请需求，为了进一步提升派送工作的质量和效益，指导中心在总结过去派送工作的基础上，不断完善运作机制，2010 年建立了数字化派送服务系统。通过网络信息平台，开展指导员的网上招募、报名、认证，建立指导员人才网络数据库，经过网上推介，供社区文化活动中心按需自主选择，更加便捷、高效地实现直达社区终端的"一站式"派送服务。指导中心网站突出指导员派送"工作平台"的概念，社区活动中心可以通过"工作平台"登录网站、查看指导员人才库、预约所需求的指导员，并通过工作平台反馈指导老师的授课记录以及基本评价。同时，活动中心可以通过工作平台中的公文列表功能，实时向指导中心发送相关指导员派送的简报、信息。

2. 丰富指导员派送的数据库

目前，指导中心网站人才资料库内共有音乐、戏剧、戏曲、美术、摄影、书法、舞蹈、曲艺九大艺术门类共 2 335 名指导员的详细简历，包括年龄、职称、艺术经历、获奖情况及辅导情况等介绍。社区文化活动中心可按照自身文艺团队的情况，在网上完成指导员个人信息浏览、指导员预约、授课记录反馈等操作流

程。同时，社区文化中心也可以通过点击，预约选择有需求的"市民艺术大课堂"各类项目。管理中心的网站 2010 年 6 月 1 日起正式运行，开展网上派送培训班 19 次，共培训 18 个区县 214 个社区文化活动中心（含文化站）。截至 2011 年 9 月 30 日综合浏览量达 31 万,目前该系统已覆盖上海市 18 个区县的已建成的社区文化活动中心，全市社区接受实体派送辅导的人数达 1 499 528 人次。

(三)创新机制、完善体系，确保派送工作的规范有序

1. 领导高度重视，突破派送难点

为推进社区文化建设，确保社区指导员派送工作顺利推进，市委宣传部和市文广局领导先后两次召开院团指导员工作专题动员会，从院团应该承担的社会责任及辅导社区为院团培养潜在观众等方面，要求专业院团确保指导员派送工作有序推进。专业文艺院团指导员派送工作在有领导专人分管、联络人具体负责的工作制度保障下，为推荐工作提供了有力的组织保证。指导中心对院团推荐的指导员及时开展了培训、资格认证，使其持证上岗。金山、崇明等远郊区县由于地方偏远、交通不便、经费困难等问题，造成派送工作无法落地，但这些区县的文化服务内容又恰恰比较匮乏和薄弱，对社区文艺指导员的需求更为迫切。对此，市文广局党委多次召开专题会议进行研究，分管副局长亲自带领指导中心深入金山、嘉定、奉贤、崇明等各远郊区县调研，就各区县在指导员派送工作中存在的具体问题和困难进行具体协调，因地制宜，采取差异化的应对措施。比如对赴远郊区县开展指导工作的指导员，根据地区远近和交通情况，在原有指导员补贴的基础上，再不同程度地增加远郊交通补贴；对在经费上确实存在困难的区县，原本由区县承担的这部分指导员辅导津贴暂由指导中心给予垫支，同时指导区县根据社区实际需求提前做好下阶段派送工作计划，落实经费保障。通过这些有效举措，使社区文艺指

导员派送工作取得了突破。

2. 建立与完善"指导中心"派送工作机制

为使派送工作得到规范有序地推进，"指导中心"编纂了《上海市东方社区文艺指导员岗位说明书》、《上海东方社区文艺指导员招募办法》、《上海市东方社区文艺指导员派送与管理办法(草)》、《上海市社区文化指导员工作指导手册》、《上海市东方社区文艺指导员津贴发放指导》等系列规范性文件，基本确定了指导员的准入条件、培训要求、派送流程(见图2-1)、岗位职责以及指导员的权利义务等内容，为有序推进指导员派送工作奠定了基础。

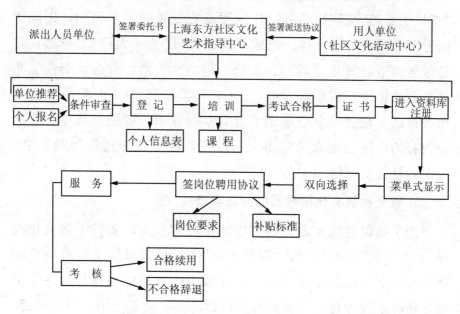

图 2-1　上海市东方社区文化艺术指导中心工作流程图

3. 开展社区需求调研，有针对性地实施派送

为确保派送工作取得实效，每年年初"指导中心"针对社区文化发展情况、市民文化审美需求以及社区文化活动中心实际工作要求等方面进行了专门调研，通过发放调查问卷、召开座谈会、

听取区县文化(广)局和街镇领导以及活动中心负责人的需求意见，制订一年的派送计划、合理配置资源，推进派送工作。

4. 改进指导员派送方法和丰富服务内容

社区文化指导员派送实行按需派送，由"指导中心"根据社区需求，选派指导员下社区进行点对点的辅导。通过派送社区指导员下社区辅导团队，丰富了社区居民的艺术生活，提升了社区团队的艺术水准，受到了社区居民的热情欢迎。但与此同时，其数量与社区需求还有一定的距离。为了弥补专业院团的指导员以个体形式下社区辅导的数量不足，满足更多社区居民的文化需求，"指导中心"还与院团签约，让院团设置专题的艺术课程，以院团的专业人员为师资主体、组成团队以"市民艺术大课堂"形式，对社区居民进行音乐、舞蹈、京剧、越剧、沪剧、滑稽、杂技等艺术知识的辅导、讲解和普及，2009 年以来 16 个专业院团共为本市各社区文化活动中心选送了近 300 场音乐、舞蹈及戏剧、戏曲等内容的市民艺术大课堂讲座，以团队的形式派送指导员 9 400 人次，社区受众逾 10 万人次。

5. 健全社区文化指导员的管理与监督

为了确保社区文艺指导工作的质量和水平，及时了解文化指导员在基层辅导的情况，"指导中心"在指导员派送工作推进之初就同步建立了派送监督机制。由社区文化活动中心每月对指导员辅导情况进行考核，考核内容为道德修养、服务意识，专业技能、教学能力、日常考勤、教学态度等方面，考核结果通过网络反馈给"指导中心"，作为发放补贴的依据。同时，"指导中心"委托社区所在区文化馆根据本区实际情况，派专人不定期的对指导员辅导情况进行抽查，监督指导员辅导情况。另外，"指导中心"还定期召开社区活动中心主任座谈会，社区文艺团队学员座谈会，指导员座谈会，掌握各方反馈信息。从反馈信息综合统计，社区对指导员的总满意率达 95％。

(四)提升能力、提高质量，实施派送工作"倍增"计划

社区文艺指导员派送工作以服务社区为重点，以满足老百姓的文化需求为目标，不断提升服务能力，提高辅导质量，力求实现"供""需"对接，取得了阶段性的成果。

1. 实现文艺指导员派送工作全覆盖

2009 年以来，"指导中心"对已建成并投入运营的 185 家社区文化中心实现文艺指导员派送全覆盖，远远超过了市政府重点工作规定的"2010 年全年覆盖率达到 80％"的目标，同时，还实现了 16 个市级专业院团全部派送指导员的全覆盖和网上派送的全覆盖。

2. 文艺指导员辅导工作硕果累累

三年多来，"指导中心"共培训社区文化指导员 2 335 名、获得职业资格认证的为 578 名，下社区开展培训和艺术普及辅导 73 032人次，其中专业院团以市民艺术大课堂的形式派送指导员 9 400人次，社区文化指导员对 185 家社区文化活动中心的 5 403 支业余文艺团队进行了指导，接受辅导的社区群众近 149 万人次。辅导成果展于 2011 年 1 月 17 日晚在上海市群众艺术馆新落成的上海星舞台举行，市宣传系统相关领导和社区居民共同观看了演出，入座率达 99％以上，现场反应热烈。整台展演以歌唱、舞蹈、小品、戏曲、时装等多种表现形式，通过社区团队的表演以及专业指导员的同台互动，充分展现了派送工作的成果，体现了市民享受文化、参与文化的宗旨，表达了社区百姓热烈欢迎文化指导员的心声。

3. 文艺指导员派送工作得到各方好评

对社区文化指导员下社区，各方普遍反映良好。社区群众反

映，通过下派指导员的辅导，他们能受到声乐、舞蹈和戏曲等多方面的专业训练。很多社区文化活动中心认为，社区一直缺专业老师，通过派送指导员进一步调动了居民群众参与社区文化活动的积极性，为社区文化活动中心做了一件实事。各区县文化馆的同志反映，通过专业文艺指导员的辅导培训，区里在举办重大活动时节目编排不吃力了，好队伍随时都能拉出来展示。派送到社区任指导员的老师也深有感触，越是离市中心较远的地区，对指导员的需求越是强烈，指导员在这些地方得到的掌声和尊重在过去是从未体验过的。2010 年 6 月，上海市的社区文化指导员派送工作荣获了国家群众文化工作的政府最高奖励——全国群星奖。

4. 实施派送的"倍增"计划

2011 年上海东方社区文化艺术指导中心在指导员的派送工作中，一是要实施社区文艺指导员派送"倍增计划"，不断实现社区文艺指导员在派送范围、派送人次和服务人次上的新突破。要进一步拓宽指导员的招募来源，实行专业院团推荐、社会招聘、艺术院校合作等方式多管齐下，不断扩大招募覆盖面，进一步充实社区文艺指导员队伍；要进一步完善指导员派送方式和机制，对接社区需求，加大派送力度，最大限度地满足基层需求；要进一步加强与专业院团的合作，开发新的课程项目，让更多的专业院团以"团派"的形式走进社区，让老百姓享受艺术的饕餮盛宴。二是完成指导中心网站服务平台的升级，实现指导员派送分级化管理、用户管理，开发建立网上预约短信平台。三是利用市群艺馆自身资源优势，加强对社区文化活动中心的业务指导。继续以市民大众的需求为导向，创新服务项目和服务门类，指导社区开展丰富多样的活动，以满足社区不同群体多元化、多样化的文化需求。

【专家点评】

上海市社区文化指导员派送工作，有效地整合了全市专业文艺团体、文艺院校和文化馆的文艺人才资源，以社区百姓"点单"派送的方式，使优秀的艺术家和文艺人才走进基层、走进社区，为社区文艺骨干和文艺爱好者提供优质的文化指导，不断提升社区文艺骨干的艺术鉴赏水平和创作表演能力，提升社区文化活动中心的吸引力。为强化社区文化指导员派送工作的针对性，上海市群艺馆充分利用互联网这一信息平台，建立社区文化指导员派送资源库，由社区自主选择文化指导员及需要的文化服务，提高文化指导员派送工作的实效性。上海市群艺馆借助国际大都市的文化资源优势，充分发挥文艺人才在社区公共文化服务中的积极推动作用，具有一定的示范意义和推广价值。

（点评人：王全吉）

十一、推进文图两馆总分馆一体化建设
——重庆市大渡口区创新文图两馆
总分馆建设运行机制

大渡口区地处西部唯一直辖市——重庆市主城的核心区，辖"五街三镇"，面积 103 平方公里，常住人口 28 万人。该区区委、区政府历来高度重视文化建设，在全市率先提出建设"文化大渡口"，整合各方资源、创新方式方法，强力推进公共文化服务体系建设，积极探索尝试文、图两馆"总分馆制"管理模式，形成了区、街镇、社区(村)三级文化网络，促进政府公共文化服务能力大幅提升，为西部地区公共文化服务体系建设提供了样板和范例。

（一）文图两馆总分馆建设的"四统一"机制

统一经费预算。将区级文图两馆和街镇文化中心人头经费、运行管理经费、业务经费纳入财政统一预算、专项列支。同时积极争取各方力量参与支持，形成了上级补助一点、区里预算一点、社会支持一点的资金筹措渠道，有力保障了总分馆和基层服务点所需经费落到实处。

统一人员编制。由区编委会统一核定区文化馆、图书馆和街镇文化站（中心）人员编制。区文化馆现有编制 43 名，其中 16 名面向全国公开招考，有效解决了基层文艺专业人才匮乏的问题。图书馆现有编制 13 名，今年将增加 15 名。街镇各分馆分别配备 3~5 名工作人员，接受总馆和街镇双重管理。

统一管理服务。由区文化行政主管部门统一组织安排文图两馆总分馆各项工作，统一明确具体要求和服务水准，统一硬件和软件设施配置标准，确保了文化设施设备合理使用，促进了各项服务优质高效，有力保障了群众享受文化服务的基本权益。

统一绩效考核。由区文化行政主管部门统一制定考核标准，把文图两馆和街镇文化中心各项工作纳入"文化大渡口"目标考核，考核结果与经费核拨、评先创优、干部任用挂钩，彻底改变了过去考核自由裁量、街镇不平衡的弊端，职工工作积极性得到充分调动，工作效率和质量得到大幅提升。

开创西部先河。当前，总分馆制是国际流行的一种图书馆管理模式，深圳、杭州、广州等东部地区走在国内前列，但是文图两馆同时实行总分馆制的地区屈指可数，在西部地区更是闻所未闻。因此，大渡口区作为西部唯一直辖市的主城核心，地域面积不大（面积 103 平方公里），人口数量适中（常住人口 28 万人），城乡犬牙交错（辖"五街三镇"），率先推行文图两馆总分馆制，开创了西部地区推行文图两馆总分馆制之先河，为西部地区乃至全国公共文化服务体系建设提供了样板和范例。

（二）文图两馆总分馆建设的基本情况

1. 党委政府高度重视

2009 年，大渡口区在全市率先提出建设"文化大渡口"的战略目标，先后制定印发了《中共大渡口区委关于建设文化大渡口的决定》（大渡口委发〔2009〕25 号）、《中共大渡口区委办公室关于印发〈大渡口区委十届九次全委会重要措施任务分解〉的通知》（大渡口委办发〔2009〕52 号），有力促进了大渡口公共文化服务体系建设。2011 年，大渡口区又全面启动了"全国先进文化区"创建工作和国家公共文化服务体系示范项目创建工作，成立了区政府方佳军区长为组长，区委宣传部林刚部长、区人大马文副主任、区政府李青副区长、区政协袁金英副主席为副组长，区级相关部门、各街镇主要负责人为成员的创建国家公共文化服务体系建设示范项目领导小组，下设办公室于区文化广电新闻出版局，具体负责日常工作，为总分馆制的推行创造了更好的政策环境和发展环境，为高标准科学持续推进文图两馆"总分馆制"建设提供了坚强的组织保障。

2. 文化设施全面覆盖

一是区级文化馆、图书馆建设全面达标。图书馆建筑总面积达 13 624 平方米，设有电子阅览室、采编室、综合阅览室、外借室、业务辅导室、信息化技术部、少儿阅读活动中心、学术报告厅等服务窗口；文化馆使用面积 4 500 平方米，设置综合演艺厅、文艺辅导室、排练厅、非物质文化遗产展示厅等。二是街镇和村（社区）文化设施设备齐全。乡镇综合文化站、农家书屋和电子阅览室在重庆率先实现区域全覆盖，目前拥有街镇文化站（中心）4个，社区（村）文化室 71 个，按标准建成农家书屋和社区图书室，分别配制书柜 2~4 个、期刊柜 1~2 个、图书 2 000 册、报刊 200 余种，在重庆各区县走在前列。

3. 文化队伍发展壮大

全区文化干部编制落实到位，区文化馆现有编制 43 个，实际到岗人员 30 名；图书馆现有编制 15 个，实际在岗人员 13 名；街镇、社区(村)文化专干 82 人，其中专职管理人员 24 人，兼职管理人员 58 人，全区每个农家(社区)书屋，村、社区文化活动室均配有专兼职管理工作人员；全区拥有业余文艺团队 70 余个，各类文艺工作者数百人，业余文艺爱好者数万人。

4. 文化产品供给充分

倾力打造了社区文化节、公园红歌会、广场红歌赛、"文艺大篷车"城乡文化互动工程等群众文化品牌，其中，公园红歌会被中央电视台《焦点访谈》栏目进行了集中宣传报道。全区每年组织大型群众文艺演出达 40 余场，举办"唱读讲传"活动达 300 余场次，"五送"活动达 200 余场次，放映惠民电影近 500 场次，举办高规格展览 10 场次，开展各类农村群众文化活动近 100 场次。此外，地方文艺精品创作繁荣活跃，编辑出版了文学集《春天的足音》、《夏日的情怀》、《长河秋韵》和文学作品《神奇的土地》、《神秘的源泉》，打造了表演唱《不老的风景》、川剧小品《荷塘月色》、舞蹈《门球乐》等精品节目，近年先后荣膺 7 个文化部奖项。

5. 经费投入强力保障

一是区财政建立每年 1 000 万元宣传文化发展基金，用于大渡口公共文化事业建设与发展，并从中切块确保文图两馆"总分馆制"示范项目建设必需经费。二是以公共文化服务单位免费开放为契机，为文图两馆落实了每馆每年 50 万的运行经费，街镇文化站(中心)每年 5 万的运行经费，有力保障了总分馆制的推进实施。

6. 管理制度规范健全

制定出台了《"文化大渡口"建设 2010 年度考核办法》(渡文建办发〔2010〕1 号),细化、量化各项考核指标,建立起区、街镇、社区(村)考核评价体系,全面实现了文化工作与党建、经济工作同部署、同落实、同考评。此外,区图书馆、文化馆分别制定了借阅制度、开放制度等一系列管理制度,有力促进了各项工作有条不紊、规范高效地运行。

(三)继续深化文图两馆总分馆建设的机制创新

1. 进一步理清创建思路

坚持以科学发展观为指导,围绕"文化大渡口"建设的总体要求,按照"三三三"发展思路全面推行文图两馆"总分馆制",即:坚持"三个一体化"(建设一体化、管理一体化和服务一体化),健全"三级网络"(区、街镇、村社三级文化网络),打造"三个家园"(学习家园、康乐家园、精神家园),努力发展社会主义先进文化,丰富公共文化服务内容,打造公共文化服务品牌,落实公共文化服务保障措施,提高公共文化产品供给能力,保障群众就近便捷享受文化的基本权益,努力推进文化大发展、大繁荣,不断满足人民群众日益增长的精神文化需求,为构建"幸福大渡口"提供坚实的思想道德基础和良好的文化条件。

2. 进一步完善建设模式

按照"一个总馆＋多个分馆＋若干服务点"的模式,全力推进文图两馆"总分馆制"建设,分别以区级文图两馆为总馆、街镇文图两馆为分馆。预计到 2012 年,按照国家先进文化区标准建好文化馆总馆、图书馆总馆,并分别创建为国家一级馆;在全区 8 个街镇建成 16 个文图分馆;在有条件的社区(村)建成若干基层服务点,让分馆成为总馆的有机组成部分,让若干基层服务点成为分馆的延伸补充，逐步达到基础设施标准化、文化资源共享化、服务系统网络化，全面形成城市 15 分钟文化服务圈和农村 30 分钟文化服务圈。

3. 进一步落实创建措施

一是坚持建设一体化。建好文化馆三级设施，总馆面积达到 4 500 平方米，设置排练厅、培训室、多功能厅、办公室等场地；各个分馆不少于 400 平方米，具备文化活动、演出排练以及文化信息资源共享工程服务等功能；各个社区（村）文化活动室不少于 50～100 平方米，户外文体广场达到 500～1 000 平方米。建好图书馆三级设施。总馆面积达到 13 000 平方米，各个分馆建筑面积不少于 400 平方米，具备报刊阅览、电子阅览、图书外借等功能；社区图书室（农家书屋）达到 50～100 平方米。

二是坚持管理一体化。在人员管理方面，总分馆实现人员整合，统一调配，各分馆配备 3 名人员，接受总馆和街镇双重管理，编制由总馆统一核定配置，分馆馆长由总馆选派正式在编人员担任，其余两名馆员由街镇按照总馆要求选派正式人员担任；社区（村）服务站点配备 2 名专职人员，各图书外借点配备 1 名专兼职人员，均由所在街镇按照总馆统一要求进行配备。在经费管理方面，按照中央补助一点、市级支持一点、区里预算一点、社会赞助一点的办法，将总分馆和基层服务点所需人头经费、运行管理经费以及业务经费落到实处，其中，区级经费将在每年 1 000 万元的宣传文化事业发展经费中切块安排，切实做到"有钱办事"。此外，总分馆实现统一财政经费预算，统一列支，设施设备配置统一招标，统一采购。在制度管理方面，制定出台《大渡口区文图两馆"总分馆"和社区（村）服务站点运行管理暂行办法（试行）》、《大渡口区文、图两馆"总分馆"和社区（村）服务站点考核实施细则（试行）》、《大渡口区文化专干管理考核办法》、《大渡口区优秀文艺作品奖励办法》，进一步健全管理考核奖励制度体系。大力开展制度设计研究，围绕一个总课题（文图两馆"总分馆"制度设计研究）和 6 个子课题（文图两馆"总分馆"和社区（村）服务站点运行管理评价考核制度设计研究；文化专干管理考核制度设计研究；文图两馆开展社会文化活动机制研究；文图两馆公共文化服务经费保障机制研究；文图两馆服务人才队伍建设研究；文图两馆服务技术支撑研究）开展研究，力求操作性和实效性，切实解决制约大渡口文图两馆事业发展的症结。在队伍建设方面。2011 年完成面向全国招考 16 名文艺专业人才，引进 1 名中国音乐家协会会员、中国音乐金钟奖优秀奖获得者和 1 名国家三级演员充实文化队伍。全力实施"1 000 名"文化队伍组建计划，建成 100 支业余文艺宣传队伍，发展 200 名业余文艺骨干，配齐配强 300 名文化专干，培育 400 名基层文化热心人（文化中心户）。

三是坚持服务一体化。按照网络化、自动化、一站式服务要求，确定总分馆和公共文化服务基层站点必须提供组织文体活动、文化信息传播、图书借阅、公益电影放映、实用技术培训五项常规服务，切实做到规定动作不走样，自选动作有创新。建成服务网络，将分散的、隶属关系不一的总分馆和社区（村）服务站点组合成正式的、相对固定的、联系紧密的公共文化服务网络组织，构建一个以现代化网络通信技术为依托，以文图总馆为龙头、文图分馆为骨干、社区（村）服务站为网点的三级文化服务网络，强力推动全区公共文化资源共建共享。明确服务要求，明确规定各级公共文化服务体系设施每周开放时间不少于 40 小时，每年开展形式多样、特色鲜明的文化活动不少于 12 次，原则上年度受益群众不少于社区（村）人口数的 2 倍；图书实现统一编目，统一检索，统一配送，图书借阅实现"一卡通"和"一站式"服务，图书在全区范围内通借通还，即"多馆办证、多馆借书、多馆还书"，从而变

"文化下基层"为"文化在基层",实现"零距离"提供公共文化服务,做到文化服务的"膳食平衡",从根本上改变消费"文化大餐"的暴饮暴食。打造文化品牌,组织策划打造以社区文化节为中心,"文艺大篷车"城乡互动工程、公园故事会、广场红歌会为补充的一系列群众文化活动品牌,引领全区群众文化活动蓬勃开展,不断满足广大人民群众日益增长的群众文化需求。搞好特色服务,挖掘特色文化,建好钢铁文化主题馆藏分馆,传承和展示百年"重钢"的历史变迁和钢铁文化;保护非遗项目,在区文化馆设置特色文化展示厅,全方位展示堰兴剪纸、乱针绣、麦草画等非物质文化遗产,努力增添文图两馆的服务特色,最大限度地满足各种层次各个层面的不同需求。

4. 进一步健全创建保障

一是建立督导制度。实行年初安排、季度督察、半年小结、年终考评的工作机制。成立督导工作组,定期深入街镇,对示范项目工作开展情况进行督导检查,及时发现、研究、解决实验工作中出现的新情况、新问题,适时召开现场会、推进会,总结推广先进经验,确保示范项目试点工作有力推进。二是建立考评制度。建立示范项目工作考核评价体系,细化、量化各项考核指标,将示范项目试点工作纳入全区经济社会发展年度综合目标考核及各成员单位、街镇领导班子和领导干部综合考核评价指标体系,建立有关部门和街镇主要负责人开展此项工作书面述职制度。此外,建立一套完善的激励机制,奖优罚劣,促进场馆日常工作流畅高效运作,激发提高工作人员积极性,促成文图两馆服务高水准和多样性。三是营造浓厚氛围。通过层层召开动员会、专题建设会,让示范项目试点工作家喻户晓、深入人心。采取新闻宣传、网络宣传、社会宣传、文艺宣传等形式,大力宣传区委、区政府开展示范项目试点工作的安排部署和具体措施,社会各方面参与试点工作的新进展、新成效以及锐意改革、大胆探索的先进典型，在全区形成人人了解、人人关心、人人参与的良好局面。

【专家点评】

目前，全国各地图书馆总分馆体系正在稳步推进，嘉兴、苏州、东莞、厦门等地已建成比较完善的图书馆总分馆体系，形成"一卡通"图书服务，有效保障了基层人民群众"读书阅报"等基本文化权利。但是，文化馆如何建设总分馆体系，目前仍处于探索和起步阶段。重庆市大渡口区结合基层文图两馆建设运行的实际情况，采取"四统一"办法，同步推进文图两馆总分馆体系建设，初步建成全区文图两馆总分馆服务体系，尤其是在文化馆总分馆体系建设方面作出了十分有益的探索和尝试，创新了文化馆体系建设运行方式和机制，此举对于提高公共文化服务体系化、促进公共文化服务均等化有重要意义。

（点评人：巫志南）

十二、"项目负责制"增强了文化馆活力
——北京市朝阳区文化馆创新内部运行机制

北京市朝阳区文化馆 2003 年被中宣部列为全国文化体制改革试点单位。从改革体制机制入手，引入现代企业管理制度以及企业形象识别系统，打破内部原有的固定部室格局，建立了以项目负责制为核心的全员聘任制。经过 13 年的改革发展，先后荣获"全国精神文明创建工作先进单位"、"全国文化工作先进集体"和"全国文明单位"称号，并成为文化部、国家行政学院和中央党校的重要培训基地，成为全国文化系统千余家文化单位考察的示范

馆，成为与各国文化机构、艺术团体交流的重要窗口。李长春同志、刘云山同志先后到文化馆考察，对文化馆改革给予了充分肯定。

(一)深化改革创新内部机制

长期以来，文化馆作为政府的公共文化设施，备受政府"呵护"，工作人员在观念上有很强的惰性和"等、靠、要"的依赖心理，但随着文化体制改革的大刀阔斧之势，他也面临着"脱胎换骨"式的内部机制变革。朝阳区文化馆以转换机制、增强活力、改善服务为着力点，重点推进了劳动人事、收入分配和社会保障制度改革，真正建立起了竞争、激励和约束机制，并取得初步成效。

1. 改革用人机制

深化人事制度改革，建立科学岗位管理体系，推行馆长聘任和全员聘任制，实行岗位分类、公开选拔、竞争上岗、按岗定酬、优劳优酬；引入社会人角色，提出了放入一条黑鱼激活一个鱼群的"黑鱼效应"；完善编外人员岗位管理、绩效考评、薪酬体系及各项配套措施；实行签约制、外聘制、合同制、兼职制、义工制等多种用工制度(如该馆培训学校主要采取外聘制，95％以上的教职员工都是从各大高校聘请的)。

2. 优化管理机制

创新文化馆管理理念，建立 CI 系统和"员工守则活页"；打破传统"七部一室"的机构设置，创立"统一协调、区域管理、项目负责、指标控制"的管理办法；根据自身发展战略和市场内外环境，主动探索和尝试开发新资源、新市场，同时加强物业管理、成本核算和收支管理。

3. 健全分配和激励机制

改革前，文化馆在分配机制上还存在"大锅饭"的问题，简单依据学历、工龄、行政级别和技术等级来确定工资，没有直接与其劳动贡献、劳动成果挂钩。能上不能下，行政级别、技术等级与实际担负的责任不符。随着该馆分配奖惩机制的建立、健全，这一现象得到了根本的改善。他们坚持"岗效结合、绩效挂钩、拉开差距"的分配原则，实行工资分线制，划分待聘线、任务线、效益线和奖励线，经营项目员工按"基本工资（存折工资）＋效益工资"分配；行政管理人员按"职务等级工资＋目标责任工资"分配；财务独立核算单位则采取"工效挂钩、自挣工资"的办法。配合实施晋级制度、考评制度、福利制度、奖励制度等激励机制。

（二）不断持续深化项目制改革

1. 从发展事业着手设置岗位

岗位设置根据国家公共文化服务体系示范区创建要求、全国文化馆一级馆评估指标、全国文明单位测评标准编制等，又如岗位设置推出年轻人扶植计划，设立拓展性实验项目，培养拔尖人才。形成以项目管理为核心的专职、兼职人才吸纳和公共文化产品创造、生产创新。再如，项目设置不断扩大服务对象，创新服务载体，探索非营利组织的运作方式，探索民间资本投资公共产品的渠道。

2. 创新机制激发管理活力

重点推进用人机制、管理机制、分配和激励机制的改革。用人机制，实行以项目制为核心的全员聘任制。将岗位按照性质按照级次划分，实行按岗定酬；打破人事制度限制，面向社会敞开大门，按项目聘用社会贤才，激发竞争环境的形成。全面完善聘任制度和程序，加强对人员管理办法的研究，为人才成长提供更广阔的发展空间。管理机制，形成"群众需求项目化"。率先尝试建立"以需定供"、"群众需求项目化"的公共文化管理机制。借鉴现代企业项目管理模式，打破传统的机构设置，建立了"统一协调、区域管理、项目负责、指标控制"的管理机制，实行按群众需求项目任务决定人员的管理方式。分配机制，等级工资和绩效调节相结合。从等级工资和绩效调节入手，文化馆实现了分配机制上的突破。结合工作实际，合理设置相应岗位系数，确定不同级别岗位工资。推行了动态工资绩效考评管理办法。在项目周期内按不同项目职责设定不同的考核办法，进行阶段性考核，根据考核合格与否给予相应发放。

3. 依据项目明确岗位设置及要求

在区文化委的统一部署下，朝阳区文化馆深化改革，持续实行项目的岗位竞聘制。岗位设置是根据国家公共文化服务体系示范区创建要求、全国文化馆一级馆评估指标、全国文明单位测评标准编制的。2012年岗位设置共五大类约120个岗位，岗位负责人的岗位聘期为两年，成员聘期由负责人决定，聘期不得超过两年。岗位工资实行级次绩效考核。在编人员聘期内如遇退休，以退休时间为限。继续推行"青年人扶持计划"，培养拔尖人才。竞聘方案向馆内、社会公布，有志向者均可报名参加竞聘。2012年岗位设置及要求如下。

（1）公共文化服务

①"国家公共文化服务体系示范区"调研。岗位职能：协助完成调研，完成文字材料报送工作。任务标准：按照"国家公共文化服务体系示范区"要求，协助主管领导完成"政府公共文化服务主体地位研究"课题调研，做好课题会务等工作；完成"公共文化服务建设机制和统筹协调机制市级高级研修班"课题组织工作；完成各类文字材料的编写报送。信息报送全年不少于350条次。岗位职数：负责人1名，成员1名。

②"社区一家亲"活动。岗位职能：巩固全国群众文化活动品

牌。任务标准：围绕"庆祝中国共产党建党 90 周年"的工作重点，提供公共文化服务。加大社区文化建设；加强文艺作品创作，做好优秀原创节目推荐展演工作；关注残疾人、外来务工人员等弱势群体的文化权益保障；管理朝阳区集邮协会活动。岗位职数：负责人 1 名，成员 1 名。

③非物质文化遗产保护中心。岗位职能：落实朝阳区非物质文化遗产普查保护工作。任务标准：做好第三批区级、市级、国家级非物质文化遗产项目申报工作。完成"小红门地秧歌"书籍的出版工作；完成朝阳区河流水系调研工作；完成"文化遗产日"、传统民俗节日展示活动的组织实施；继续办好"瓦舍博物馆"展陈、服务工作。岗位职数：负责人 1 名，成员 2 名。

④北京文化志愿者服务中心朝阳分中心。岗位职能：管理培育"北京文化志愿者服务中心朝阳分中心"。任务标准：按照"北京文化志愿者服务中心"的要求，组建"朝阳分中心"志愿者团队；研究管理运作模式和服务机制，做好"朝阳区垡头公民志愿馆"基地建设；充分发挥志愿者团队的作用；建立、完善志愿服务协调管理网络，与国际非营利机构建立联系，探讨非营利组织的运作方式。岗位职数：负责人 1 名（由基层辅导负责人兼管）。

⑤社区电影管理。岗位职能：加强对农村数字影厅和流动放映的管理服务，做好影片配送服务，定期检查基层放映状况，完成数字电影的政府折子工程。任务标准：做好全区数字影厅、流动放映的设施设备和队伍的管理，督促完成流动放映 2 150 场和固定影厅 4 120 场的折子工程放映任务；举办"中国共产党建党 90 周年优秀国产影片献映"活动；将"创建文明城区"工作纳入基层放映宣传重点，开展文明放映周活动；巩固"民工影院"品牌。岗位职数：负责人 1 名，成员 2 名。

⑥基层文艺辅导。岗位职能：了解基层辅导需求，有针对性

地为基层提供辅导培训服务。任务标准：针对基层需求制定"全年基层文化辅导培训计划"，以"集中培训"、"基层文化快递"活动为载体，调动业务干部及社会专业人士，做好基层文化辅导工作。按照一级馆要求，协助主管领导敦促业务干部完成全年不少于48天的基层辅导任务指标（按月上报辅导记录，纳入年底考核），并做好统计工作。岗位职数：负责人1名，成员1名。

⑦老年文化活动基地。岗位职能：开展老年文化艺术活动。任务标准：全年举办不少于12次的老年文化艺术专题活动；按季度统计文化馆开展的老年文化活动信息资料，开展各项老年文化活动。岗位职数：负责人1名。

⑧日坛祭祀典仪。岗位职能："日坛祭祀典仪"的组织实施。任务标准：举办"日坛祭祀典仪"表演；编辑完成"复原清代日坛祭日典仪策划案"；开发以日坛祭祀礼器为设计元素的礼品。岗位职数：负责人1名。

⑨演出设备服务。岗位职能：管理和维护演出设备，尝试市场运作。任务标准：做好馆内外大型演出活动的设备保障；为基层文化活动提供设备安装技术咨询和服务；组织联系馆外大型演出、会展等市场项目。岗位职数：负责人1名，成员1名。

（2）馆中馆、工作室，团队

①"馆中馆"的民生博物馆。岗位职能：继续规划、建设体验型文化馆。任务标准：一个难忘的文化馆，制造体验是文化馆与百姓之间连接点。当年完成"老理发馆"、"老物件博物馆"、"文化馆的血脉"等小博物馆。与旅行社取得联系，探索"民生博物馆"的市场化出路。岗位职数：负责人1名，成员1名。

②平面设计工作室。岗位职能：平面设计。任务标准：负责文化馆各项活动的平面设计、舞台设计及环境装置；协助馆领导做好堡头文化中心、"798"、"化8"等设施工程的验收工作。岗位

职数：负责人1名。

③图片工作室。岗位职能：负责活动的照片拍摄，建立照片资料库。任务标准：负责重要节点活动的照片资料拍摄；负责"朝阳艺苑"展厅策展、日程安排工作。岗位职数：负责人1名。

④土蜂现代舞团。岗位职能：调动社会的舞蹈爱好者，做好现代舞团的公共服务和市场运营。任务标准：面向社会举办公开课，提高社区舞蹈水平；创编排演舞蹈新作品《思无邪》，每年有一部新作品公演，参与市场运作；加强与国内外艺术机构、艺术家的联系与交流活动。岗位职数：负责人1名，成员2名。

⑤演出服装工作室。岗位职能：演出服装租赁。任务标准：做好社区、社会单位的服装租赁服务，完成年创收指标5万元。岗位职数：负责人1名（老物件负责人兼管），成员1名。

⑥文化馆咨询台。岗位职能：设立"文化馆咨询台"。任务标准：探索设立"文化馆咨询台"，咨询台就像文化馆的发言人，是延伸文化馆教育功能的重要载体，是宣传文化馆、活动资讯的媒介。作为"可携带的文化馆"，建立商品部，逐步推出活动的衍生品、活动画册、艺术图书、馆标礼品等，成为文化馆形象的传播的有效工具。岗位职数：负责人1名。

⑦老物件工作坊。岗位职能：搜集整理百姓老物件。任务标准：完成《我们身边正在消失的老物件馆藏手册》；完成"五味纷陈——半世纪的中国生活记忆"老物件香港展；与中国文物交流中心、首都博物馆等文博机构联系，开展老物件国际性展览和全国巡展活动。岗位职数：负责人1名。

⑧《芳草地》编辑部。岗位职能：编辑出版《芳草地》一报一刊，培养文学骨干力量。任务标准：《芳草地》一报一刊，全年各出版4期；负责馆内出版物和文件的文字审核。岗位职数：负责人1名。

⑨凤朝阳合唱团。岗位职能：培育团队品牌，组织成立声乐艺术辅导小组，开展基层声乐辅导工作。任务标准：组织群众歌咏活动；做好基层辅导工作；积极开展营利性演出活动。岗位职数：负责人1名。

⑩摄影小组。岗位职能：培育团队品牌，策划主题展览，开展基层摄影辅导工作。任务标准：组织群众摄影活动，结合社会热点，每年策划1个有影响力的展览；做好基层辅导工作。岗位职数：负责人1名(图片工作室负责人兼管)。

（3）市场运营

①北京9剧场。岗位职能：建立"9剧场"艺术委员会；推进"京东戏剧基地"文化创意产业项目建设；巩固"9剧场"品牌，策划演出活动。任务标准：举办"非非戏剧节"、"洋小品进社区"、"中法戏剧荟萃"、"金刺猬大学生戏剧节"等活动；管理大屯排演场；创收指标1070万元，其中票款800万元，场租270万元。岗位职数：负责人1名，成员4名。

②文化艺术培训学校。岗位职能：担负起公益与市场的双重职能，一方面建立未成年人文化活动基地；另一方面做好低价非营利培训项目，保障培训学校市场运营，监督教学质量。任务标准：每年组织未成年人公益性展览、演出等活动不少于12项；拓展国际文化培训项目、国学讲堂等传统文化培训项目；实现创收指标260万元。岗位职数：负责人1名，成员7名。

③八里庄社区文化中心。岗位职能：做好八里庄社区文化中心的日常运营管理，并以此为载体，探索建立未成年人文化活动基地。任务标准：提高八里庄社区文化中心设施使用效率，协调好与八里庄街道的共建共管关系，做好合同期满的交接工作；每年组织开展青少年艺术培训、演出、展览等活动不少于10项；举办一项全区参与的青少年主题活动；实现创收指标40万元。岗位

职数：负责人1名，成员3名。

④电影市场。岗位职能：负责文化馆电影院线放映工作。任务标准：创收指标180万元。岗位职数：负责人1名，成员3名。

(4)青年人扶持计划

岗位说明：勇于担当重任，争当群文事业的拔尖人才，35岁以下青年均可报名。馆里在资金、设施设备等方面给予支持。鼓励年轻人在专业技术方面提高水平，通过对文化新媒体的接触，激发灵感和创新。针对文化馆传播能力的现状，提供新观点新视角。包括：大型文艺活动、舞台演出编导，音乐工作室，艺术创作("群星奖"文艺创作，重点活动中的文学、戏剧、音乐、美术等创作，与北京电视台合作创编实景话剧《快板刘》)，论文创作("农民上楼"文化现象调查，《文化馆改革实践中的小岗村》)，职称申报论文(职称晋级需完成的论文写作，自选命题论文)。

(5)管理

①垡头文化中心。岗位职能：承担"垡头文化中心"筹备运行工作。任务标准：完成"垡头文化中心"运营团队人员规划和工作规划；做好年底中心部分开放试运行筹备工作；2012年上半年中心正式投入使用。岗位职数：负责人1名。

②798"玫瑰之名"艺术中心。岗位职能：设施常态管理。任务标准：初步组建"艺术总监制"管理团队，逐渐过渡到"艺术中心理事会"制度，探索非营利组织的管理方式。以推广当代艺术、国际文化交流为重点，进行设施的运作开发。策划艺术节、双年展等活动。岗位职数：负责人1名。

③化8艺术生产基地。岗位职能：组织创编、排演、制作艺术产品。任务标准：完成设施常态服务管理；安排艺术家、工作室进驻；负责基地的后勤保障工作。岗位职数：负责人1名。

④世纪村社区文化中心。岗位职能：筹备社区文化中心，扩

展文化活动。任务标准：筹备世纪村社区文化中心，开展社区文化活动，维护设施，保障安全。岗位职数：负责人1名。

⑤大排练厅。岗位职能：根据文化部、市文化局的要求，免费向社区开放"大排练厅"，广泛与社区联系，充分发挥设施使用效率，做好"大排练厅"日常管理工作。该设施是呼家楼社区文化中心的主要排练厅，要配合好社区活动日常组织工作。任务标准：与呼家楼社区中心合作，开展各项社区文化活动；根据街乡要求，为基层业余艺术团队安排活动时间和活动场地，做好"大排练厅"日常管理服务工作。每年完成不少于120场电影放映任务。岗位职数：负责人1名，成员1名。

⑥财务管理。岗位职能：管理全馆财务。任务标准：依法监督管理大项收支；落实市区财政、文化局等上级单位的专项资金使用；监管各项合同；保管财务档案。岗位职数：负责人1名，会计1名，出纳2名。

⑦人事、档案管理。岗位职能：工资、社保、人事管理；艺术档案资料管理。任务标准：负责人员聘任、劳动合同签订；全馆人员劳动工资核算；人员社会保险缴纳；登记管理固定资产；处理人事纠纷；监督考核项目负责人的工作完成情况；按照要求完成精神文明专题档案、文化馆一级馆评估专题档案；完成重点档案资料年度汇编。岗位职数：负责人1名，成员1名。

⑧影剧院管理。岗位职能：统筹剧场设施、设备及服务人员管理。任务标准：剧场设施安全完好，设备无故障，服务无投诉；全面提高技术服务水平、管理水平；确保用电安全；安保无事故。岗位职数：负责人1名，成员29名（场务组长1名、机务组长1名、跑片员1名、场务员21名、放映员5名）。

⑨物业管理。安全、物业管理：岗位职能：做好馆内外物业管理、后勤保障等工作，确保设施安全、设备完好。做好文化活

动安全保障。任务标准：管理保安公司，确保安全无事故；管理保洁公司，确保卫生无死角；负责馆内办公用品、设备维护等后勤管理；保障馆内车辆日常调度和保养检修；负责文化活动安全方案的制定及实施。岗位职数：负责人 1 名，成员 3 名(司机、后勤维修、安全员各 1 名)。

配电管理。岗位职能：馆内外用电安全。任务标准：馆内外设施(主馆及 798 艺术中心、堡头、化 8、大屯、八里庄等)和文化活动用电的服务、监督和安全。每月 8 日、23 日为安全巡检日，做好检查记录，确保全年无事故。岗位职数：负责人 1 名，成员 5 名(电工)。

会务管理。岗位职能：会务管理。任务标准：管理日常会议的服务工作，管理职工食堂的日常工作。岗位职数：负责人 1 名，成员 2 名。

(6)备勤岗位

岗位职能：专业技术人员、技术工人等均可申报备勤岗位。由馆里分配临时性工作。临时性工作包括公共文化活动服务和一般性岗位工作。任务标准：由馆里统一调配，安排临时性工作。

(7)社会招聘

①朝阳流行音乐周。岗位职能：完成"朝阳流行音乐周"的策划实施。任务标准：建立长效运营机制和运营团队，与合作单位建立长期合作；有针对性地选择项目招商、乐队和歌手；有计划地进行宣传；创出独特的品牌特色。岗位职数：负责人 1 名，成员 1 名。

②国际文化交流。岗位职能：广泛开展与国外文化机构的联系，开展文化交流活动。任务标准：利用驻区大使馆、驻区外国文化中心资源，联合举办文艺演出和各类艺术展览、博览会，并举办国际论坛、组织互访、讲座、戏剧合作、诗歌交流等。岗位

职数：负责人1名。

③书画工作室。岗位职能：组织美术、书法创作交流活动。任务标准：进行艺术创作，举办特色展览，开展艺术交流。岗位职数：负责人1名。

④红半天女子鼓乐团。岗位职能：巩固创新团队品牌，为女工的"菜篮子、米袋子"生活补贴。任务标准：做好品牌团队的示范工作，参与基层辅导工作；加强合作，积极开展营利性演出活动。岗位职数：负责人1名。

⑤非职业剧团。岗位职能：培育团队品牌。任务标准：加大非职业戏剧创作，组织完成戏剧演出。岗位职数：负责人1名。

⑥新工人(民工)讲习所。岗位职能：成立"民工讲习所"，深入调研民工的生存状况，与皮村新工人艺术团、新工人剧场、新工人小影院、新工人图书馆继续开展活动。任务标准：放映电影1 000场，组织演出100场。岗位职数：负责人1名。

⑦快板刘曲艺队。岗位职能：培育团队品牌。任务标准：创作新作品，组织完成对外演出。岗位职数：负责人1名。

⑧援朝民乐队。岗位职能：培育团队品牌。任务标准：组织完成民乐演出。岗位职数：负责人1名。

【专家点评】

深化公益性文化事业单位内部管理运行机制改革，既是公共文化服务体系建设的重要内容，也是文化体制改革的重要任务，对于提高公益性文化事业单位运行效率，更好地保障人民群众基本文化权益有重要意义。北京市朝阳区文化馆从全面实行项目负责制切入，深化内部人事制度改革，建立岗位明确、职责明确、任务明确、要求明确的项目岗位聘用制度，优化了内部管理运行机制，完善了绩效考评和激励机制，调动了全体人员工作的积极性和主动性，提高了面向基层、面向群众的服务能力和服务质量，为深化公益性文化事业单位内部改革提供了典型经验。

（点评人：巫志南）

【思考题】

1. 群众文化活动在基层公共文化服务体系建设中有何重要作用？

2. 举例说明群众文化活动品牌建设的重要性？

3. 结合案例谈谈如何更好地发挥文化馆在基层群众文化活动中的骨干作用？

4. 结合自身特点，试提出推进当地群众文化活动机制创新的设计方案。

5. 如何加强和推进群众文化活动的体系化、制度化建设？

第三章　群众文化队伍建设

一、北京群众艺术馆"文化志愿者服务体系建设"

北京群众艺术馆自 2008 年开始建设文化志愿者服务体系，目前已形成了以北京市文化志愿者服务中心为龙头，全市 16 个区县 18 个分中心为基础，广泛吸纳各行各业的文化志愿者队伍，开展了一系列公共文化服务。从各个门类的文艺辅导到家门口的文艺演出，从让聋哑学校的孩子体验艺术的快乐到为九旬老人拍上人生第一张照片，从"送福到家"到"让文化感动生活"主题活动，北京市文化志愿者组织体系建设从无到有，开展的社会公益活动花样繁多，成为文化部门开展公共文化服务的重要力量。在实现文化志愿者的常态化服务、品牌化培育和项目化配置等方面，取得了富有成效的典型经验。在全国第十五届"群星奖"评选活动中，北京群众艺术馆申报的"北京市文化志愿者体系建设"获得项目类"群星奖"。

（一）建立文化志愿者管理体系

成立北京市文化志愿者服务中心。根据《北京市志愿服务促进条例》和北京市委、市政府《关于进一步加强和改进志愿者工作的意见》的有关要求，北京群众艺术馆在 2008 年 11 月成立了文化志愿者部，着手进行全市文化志愿者队伍的建设。作为北京文化艺术活动中心（北京群众艺术馆）增设的职能，2009 年，经京编办批准，北京市文化志愿者服务中心正式成立，承担文化志愿者的服务和管理的相关工作。

建立全市性的文化志愿服务管理体系。在北京市文化志愿者服务中心积极推进下，2008 年以来，经过宣传招募、考核、输入备案、培训、选派、激励等工作流程，目前北京基本形成了全市性的文化志愿者队伍和相应的管理体系，发展了 8 300 余名文化志愿者及 10 个志愿者团队，共开展了 72 个服务项目，包含文艺演出、辅导培训、大型活动保障、展览展示四大类，近 4 万人次参与文化志愿服务，近 200 万名各界群众享受服务成果。

(二)开展文化志愿服务活动

2009—2011 年，北京市文化志愿者服务中心先后举办了 3 届文化志愿者"送福到家"活动，仅 2011 年春节期间，就有 3 000 余名文化志愿者深入到社区、乡镇，开展了百余项文化志愿服务活动，共送出春联 2.4 万余对、"福"字 1.8 万余幅、剪纸 2.1 万余幅、十字绣近 3 000 幅，举办演出、讲座等其他文化活动 50 余场，近 10 万百姓享受到了"送福到家"志愿服务成果。

在"春雨工程——全国文化志愿者边疆行"北京志愿团系列文化活动中，北京市文化志愿者服务中心在北京市文化局的指导下，赴疆开展了"文化志愿者边疆行大舞台"、"文化志愿者边疆行大展台"系列活动，文化志愿团一行 50 多人，为新疆各族群众带去歌舞、杂技等丰富的节目以及"这里是北京"图片展，这是北京市文化志愿者首次在祖国边疆进行志愿服务。

(三)培育扶持文化志愿服务品牌项目

除了组织开展常规的文化志愿服务，北京市文化志愿者服务中心注重志愿服务品牌项目的培育，并取得了显著的成效。

2010 年，北京市文化志愿者服务中心与各分中心负责人签订了《北京文化志愿者示范品牌项目委托书》，重点扶持推出了密云县的"暖心工程"、怀柔区的"基层文化辅导站"、延庆县的"走进绿色文化空间"工程和房山区的"5285 工程"4 个示范性志愿服务品牌项目。

2011 年北京市文化志愿者示范项目申报、评审工作自启动以来，得到了本市 19 个文化志愿服务分中心的积极响应，各分中心共申报项目 27 个，项目类别包括演出类、展示类、辅导类、服务类，服务对象遍及全市。经过项目负责人现场陈述、专家委员会评审，共有 18 个项目被评选为 2011 年北京市文化志愿者示范项目，2 个项目被评选为"城市文化志愿艺站"试点项目。北京市文化志愿者服务中心将对这些项目予以不同程度的资金扶持，并在各大媒体、网站上进行统一宣传。

(四)开展文化志愿者培训

开展培训工作，不断提高文化志愿服务和管理的水平。培训分为三类：一是对文化志愿者的培训；二是对文化志愿者培训师的培训；三是对文化志愿服务工作管理干部的培训。

面向文化志愿者的培训。2009 年 5 月，北京市文化志愿者服务中心举办了全市文化志愿者工作培训班，邀请有关专家就"志愿精神"、"公共文化与志愿服务"等做了辅导讲座；2009 年 11 月，北京市文化志愿者服务中心组织基层文化志愿者参与了志愿者联合会、联合国公益项目办公室"春芽计划"合作举办的文化志愿项目带头人培训。各区县文化志愿分中心也分别对文化志愿者进行培训。全市近 5 000 名文化志愿者参加了培训。通过培训，进一步提高了文化志愿者的综合素质。

面向文化志愿者培训师的培训。北京市文化志愿者服务中心对北京文化志愿者培训师的培训工作于 2010 年 5—11 月分期进行。为加强培训工作，北京市文化志愿者服务中心专门组织编写了文化志愿培训教材、培训手册，结合各区县分中心的工作，开展专门的培训。

面向文化志愿者管理干部的培训。2011 年，北京市文化志愿者服务中心组织全市文化志愿者工作管理干部到中央文化管理干部学院进行培训，邀请国家公共文化服务体系建设专家委员会等部门的专家、学者，围绕公共文化服务体系建设、公共文化服务的社会参与、公共文化服务体系建设与文化志愿者、中国志愿服务的现状和趋势等与文化志愿者管理工作息息相关的问题进行讲解。学员们结合实际工作，交流讨论。其间组织学员们到深圳、东莞、广州进行交流、座谈，聆听广东省志愿者联合会副会长、广东青年干部学院教授谭建光作的"中国志愿服务的创新发展"主题讲座。富有针对性的培训，提升了全市文化志愿者管理干部的理论素养，拓宽了工作思路。

（五）搭建文化志愿者信息服务平台

搭建信息服务平台，形成及时、共享的交互式网络管理机制。北京市文化志愿者服务中心牵头建立了文化志愿者信息服务平台，文化志愿者信息数据库和网站目前已经建成并投入使用，成为及时发布信息、加强成员联系、展现本市文化志愿者风采和志愿服务工作实绩的阵地。

北京市文化志愿者服务中心计划在"十二五"期间，在全市范围内逐步建立市、区（县）、街道（乡镇）、社区四级文化志愿者管理网络，逐步形成完善的管理运行工作机制。力争在 3 年内，使注册文化志愿者总数不少于 2 万人，文化志愿者每人每年提供志愿服务时间超过 30 小时。同时将不断扩大和增添文化志愿服务内容，在全市开展北京文化志愿者"城市文化志愿艺站"服务活动，打造城市文化志愿服务新品牌。逐步建立文化志愿者保障机制，以激励并吸收更多的文化艺术人才投身志愿服务工作。

【专家点评】

文化志愿服务，是指社会上有文艺专长、有奉献之心的热心人士，愿意奉献自己的文艺才能和休息时间，为社会公众提供义务的文化服务，在服务中体现自己的人生价值和文化追求。在当前公共文化服务中，如何解决社会公众日益增强的精神文化需求与文化馆、文化站编制有限、经费不足之间的矛盾，北京群众艺术馆推出"文化志愿者服务体系建设"，无疑具有典型示范的意义和普遍的推广价值。

北京群众艺术馆在实践中基本形成了全市性的文化志愿者队伍和相应的管理体系，尤其是在规范化管理、常态化服务、品牌化建设、项目化配置、信息化支撑、社会化运作等方面所作的有益探索，丰富了我国文化志愿服务建设与管理的成功经验，为各地深入开展文化志愿服务提供了样板。

（点评人：王全吉）

二、传统越剧，巧借网络"孵化"新型戏迷群
——浙江温岭市横峰街道文化站
"越剧戏迷 QQ 群"建设

浙江温岭市横峰街道是著名的鞋乡，横峰街道文化站是浙江省特级文化站。多年来，横峰街道文化站扎根农村，服务基层，不断创新文化惠民举措，曾受到过文化部、国家广电总局及省市等有关部门的广泛关注，被列为"浙江省乡镇综合文化站建设试点单位"。

为了保护、继承、抢救传统戏曲文化，横峰街道文化站通过非主流文化和科技元素紧密结合，凭借中国台州鞋网和台州越迷

俱乐部两个 QQ 群，成功打造了"鞋乡戏迷会"交流新平台，吸引了大批戏迷朋友参与越剧文化交流，成为该站文化品牌项目之一。该项目被评为 2009 年度温岭市宣传思想工作创新奖。

(一)打造"越剧戏迷 QQ 群"的做法

1. 为繁荣基层越剧文化，凭借"草根"的姿态，广邀四方戏迷朋友参与

横峰街道文化站以"搭建戏剧平台，汇聚四海朋友，繁荣群众文化，弘扬戏曲艺术"为宗旨，提出"我搭台你唱戏，戏迷就是你自己"的口号，该 QQ 群凭借"草根"的姿态召集群众，以"戏"会友，以海纳百川的情怀吸纳各地越剧票友，不论区域、年龄、性别，也不拘联唱、清唱、对唱、折子戏、彩唱等参演形式，只要是戏剧爱好者均可参加，吸引了当地和周边群众的广泛参与。"越剧戏迷 QQ 群"建立之初只有寥寥几人，文化站工作人员由近及远，发动身边戏迷爱好者加入 QQ 群，逐渐辐射其他地区的戏迷，通过网络传播，联络八方戏迷，目前，戏迷群人数已将近 200 人。

2. 为戏迷提供完善的服务，搭建交流互动反馈的平台，提升满意度

横峰综合文化站聘用优秀管理活跃戏迷群气氛，调动戏迷活动积极性。管理员通过整顿成员设置、戏迷活动策划宣传、对活动疑问的解答、记录参演人员节目以及展演结束后的意见汇总 5 项措施保证 QQ 群的正常活动。群成员的整顿、垃圾信息禁入等措施首先保证了戏迷交流的良好环境氛围；戏迷联欢活动之前，文化站先拟好一份通知和活动海报，通过 QQ 发布到群里面去，每天两次，使戏迷群的成员对将要开展的活动有所了解；管理员时刻关注群动向，及时对提出的疑问进行解答；之后，管理人员对参加的表演节目、人数以及演唱形式进行统计汇总。这样通过

QQ 群既宣传了戏迷会活动，也确定了演出的节目及形式。每个活动结束之后，管理员都会把演出的剧照和视频整理好后传到群空间里面，方便大家观看；也会在群里组织一次讨论，汇集各方意见和建议。良好的网络平台使戏迷交流十分活跃，2011 年春节上海越剧红楼剧团在横峰演出期间，演出爆棚，QQ 群也爆棚，鞋乡戏迷群"闹翻天"，群成员群上侃大戏、侃名角，内容形式各不相同的戏迷活动信息"漫天飞舞"，忙得管理员连续扩容。

3. 为戏迷创造良好的条件，提供现实生活的展示舞台，加深相互间的了解

通过举办"鞋乡戏迷会"，虚拟的网络连接了现实的精彩，线上线下活动更为频繁。舞台上，戏迷们以最好的状态传达表演激情；舞台下，横峰综合文化站工作人员以满腔的热情为戏迷充当配角，给他们提供贴心的服务，外地的戏迷享受包吃包住、车辆接送等全方位服务，台州内的戏迷也享受免费餐饮待遇，周到的服务使戏迷朋友们一次次高兴而来，满意而归，活动也一次比一次精彩。据统计，自 2009 年起，横峰街道文化站共计举办了 20多场大型戏迷活动，其中有定期一月一次或二月一次的展演活动，还有一年一届的"十佳戏迷"擂台赛，目前每周末的"与你有约"戏迷活动成为常态活动。通过这些活动，戏迷们相互间加深了了解，成为生活中的朋友和知己。

4. 为戏迷拓宽交流空间，通过相关网络对接，广泛传播文化信息

"越剧戏迷 QQ 群"加盟 18 个群，链接"新青年越剧群"、"越迷来吧"、"大溪水泵戏迷文化"、"台州海上新芳梨园"、"浙江·台州·杜桥·戏迷群"、"台州戏迷群"、"越剧艺术群"、"越迷聊吧"、"台州越剧网听友群"、"林家小妹观影团"、"台州戏迷群"等18 个 QQ 群，越剧戏迷之间的交流，文化站、文艺骨干、越剧爱好者及社会各界在线的交流互动，使文化信息发布、越剧信息收集达到最大化。同时《鞋乡文化报》作为网络宣传的补充，对"越剧戏迷QQ群"活动进行宣传报道，每月定期发行的鞋乡小报，以便那些平时不上网的人能随时了解戏迷活动的情况，增强"越剧戏迷QQ群"的影响力。

（二）"越剧戏迷QQ群"取得的社会成效

1. 超越了传统意义上的文化群体，培育了新型戏迷团队

QQ网络虽然虚拟，但在横峰街道文化站的用心管理下凸显了高科技的"链接"魅力，"孵化"了新型的越剧戏迷文化群体。横峰街道文化站举办的2008年网络戏迷春节聚会，80余名来自全省各地的越剧戏迷前来参加；2009年1月，网络戏迷春节聚会参加人员上升至130多名；2010年浙江（横峰）"鞋乡戏迷会"首届联谊活动展演，有200多位来自杭州、温州、宁波、绍兴、丽水、台州的戏迷自带伴奏带或伴奏曲谱自费前来参加。同时参与者在人员结构上也有了革命性的变化：从农村妇女、退休职工群体扩大到企事业单位、学生；从女性参与扩大到一部分男性参与；从过去年龄结构偏大到目前最小的才15岁。就这样，"越剧戏迷"在年龄段和地域性上有了纵深的拓展，业余戏曲爱好圈也迅速拓展起来，每次戏迷联欢活动都吸引了大批各地戏曲爱好者和当地群众前来观看，盛况空前。

2. 超越传统文化工作格局，逐步形成品牌影响力

四面八方的越剧戏迷走进鞋乡，带来了越剧的新鲜血液。过去因为越剧人才太少而无法开展越剧活动，越剧受众老龄化，如今，忽如一夜春风来，激活了横峰街道文化工作的"一池春水"。现在，横峰街道文化站每两月一次的戏迷聚会吸引了来自上海、福建、浙江三地的戏曲票友。第四届横峰街道戏曲联谊活动，还

邀请了国家一级演员方亚芬前来现场助兴演唱，增加了越剧的在周边地区的影响力。横峰街道文化站演出的精彩节目很多来自"越剧戏迷 QQ 群"，"文化走亲"中的一些精品节目也出自戏迷之手，这些具有乡土气息、代表当地文化传统的越剧表演，赢得了台州市群艺馆研究馆员、中国戏剧家协会会员叶仙明老师的高度评价，他认为戏迷聚会为温岭的戏曲交流活动树立了一面旗帜，打响了横峰街道的文化品牌；另外，走出去的戏迷，又宣传了横峰鞋乡，宣传了温岭，把温岭的文化精神带出去，广为传播，在口口相传中打造了戏迷心目中的品牌。比如，戏迷会中的蔡海红曾在省级、全国级越剧票友比赛中获奖；曾经参加过戏迷会活动的张黄莹、陶海燕、叶瑾锦一起获得了 2012 年"相约越乡"全国越剧票友流派擂台赛十强中的三强，特别是"90 后"张黄莹更是勇摘桂冠，为温岭的戏迷赢得了荣誉，也提升了温岭戏迷的知名度。对这种地方戏迷频频获奖的现象，浙江市的报刊及网络进行了长篇报道。目前，横峰街道文化站正积极准备组建一个越剧团、一支乐队，以便进一步扩大宣传力和影响力。

3. 超越传统文化发展局限，弘扬了优秀文化传承力

近年来，由于受现代文化的冲击，传统越剧文化受众面进一步萎缩，市场也退居至田野乡村。薪火传承，迫在眉睫，横峰街道文化站工作人员本着对传统文化的热爱，借助网络建立戏迷平台，让越剧从衰微中走出来，从乡间和老年群体中走出来，跟随着时代的脚步一起成长，使古老的传统文化重新焕发了青春和生命力。横峰街道文化站为戏迷们创造了良好的条件，让他们在切磋中学习提高，在鼓励中学会坚持，在竞争中学会创新，使他们从原来个体地、自发地、随意地在戏曲中娱乐变为团体地、自觉地、有计划地享受戏曲演艺的快乐。四年来，越迷中的"十佳"、主要骨干、积极分子在越剧的传播上发挥了积极作用，他们的努力让越剧在横峰街道这个流动人口众多的地方拥有了一席之地，在民间的影响越来越大。2011年，横峰街道文化站在前洋村连续举办了6个月的小型戏迷会，当地村民积极性很高，周边镇（街道）的戏迷纷纷前来捧场，前洋村为此热闹非凡，周边群众也尽享了越剧文化的视听盛宴，反响热烈。

(三)"越剧戏迷 QQ 群"工作创新亮点

1. 理念上——定位立足点

农村文化相对于城市文化来说属于弱势文化，农村多样性的群体差异也让文化需求具备了多元性，基层文化工作者想要搞好基层文化，却往往难以把握当地群众的文化兴趣点，难以准确定位和打造当地文化品牌。横峰街道文化站正是有了文化理念上的准确定位，才造就了文化创新的良好态势，他们立足当地，挖掘本土文化基因，通过分析温岭越剧文化存在的"农村越剧观众多、戏迷爱好者多、请知名越剧团演出多"的现象，看到了越剧在温岭市民间的丰厚群众基础，也发现了其中潜藏着巨大的越剧市场。文化站领导想群众之所想，为群众办实事，积极思考传承群众喜闻乐见的越剧文化繁荣之路，他们用发展的眼光去建立平台，筑巢引凤，积极引导，服务戏迷，做出了特色，对农村传统文化的繁荣起到积极助推作用。

2. 方法上——创新融合点

横峰综合文化站站在时代的前沿，创新工作思路，以网络为先导，将科技和传统文化进行巧妙结合，引领戏迷积极参与戏迷活动，造就了越剧戏迷这边风景独好的文化景观。同时他们引进激励机制，通过循序渐进的活动安排，让戏迷享受从自娱自乐表演到两个月一次的展演，直至一年一届的"十佳"评比的全程历练。戏迷从自我娱乐上升到技艺切磋，再上升到才艺比拼，他们兴致高涨，谁也不甘落后。最后，当戏迷从现实回到网络的时候，他们还能回味视频回放，还能参与戏迷评论，这一切都让戏迷会更加热闹和精彩。横峰街道综合文化站用科技让传统插上了翅膀，实现了虚拟空间和现实舞台的无缝融合，造就了戏迷 QQ 群的长盛不衰。

3. 效应上——扩大共振点

从越剧戏迷的交流到加盟各 QQ 群，从越剧戏迷会信息到各种文化信息，QQ 群信息内容不断增加，人气指数也不断攀升。横峰街道文化站重要文化活动上了"群公告"，读者有好的建议在线交流，文化活动图片发至"群相册"，活动变更公开于"群信息"中，有了争议通过群论坛讨论解决。"越剧戏迷 QQ 群"的越剧爱好者利用网络进行在线交流互动，第一时间发布信息，第一时间收集信息，每年发布、收集信息近万条。民心在交流和互动中逐渐走近和凝聚，鞋乡横峰这一方土地上已生长出一种属于百姓的文化力量、文化自觉、文化自信，包括"越剧戏迷 QQ 群"等文化 QQ 群成为横峰街道群众文化活动策划、创意、决策的"智囊"，戏迷们正和文化工作者一起享受着创造文化的乐趣。

【专家点评】

在网络时代，如何利用互联网这个信息平台，创造性地开展基层群众文化团队建设？浙江温岭市横峰街道文化站以"越剧戏迷 QQ 群"为载体，扩大越剧戏迷之间的越剧信息交流，提高文化站在越剧戏迷团队建设中的凝聚作用，增强"越剧戏迷 QQ 群"的影响力，取得了显著的成效。横峰街道文化站不满足于"越剧戏迷 QQ 群"的网络活动，将虚拟的网络交流与现实中的越剧演出、戏迷交流结合起来，组织越剧戏迷每周一次到文化站进行交流，组织"鞋乡戏迷会"活动，打造越剧戏迷的展示舞台。温岭市横峰街道文化站通过"越剧戏迷 QQ 群"这个载体，加强基层群众文化团队建设，在互联网普及的今天，具有典型的示范意义。

（点评人：王全吉）

三、福建省村级文化协管员队伍建设

2006 年，福建省委、省政府针对农村基层文化建设工作实际，部署安排在全省 15 061 个行政村设立"村级文化协管员"。由省级财政拨出专款，对村级文化协管员每月每人发放津贴 50 元，2008 年起又将津贴标准提高到每月每人 100 元。

福建省艺术馆根据文化协管员的工作职责和要求，利用有限的培训辅导时间，科学地设置培训课程，对全省文化协管员进行岗位培训，促使全省 1.4 万名村级文化协管员在农村文化工作中发挥更大作用。截至 2011 年底，全省举办各级培训 800 多期，提升了全省农村文化工作的整体水平，推进了福建农村文化建设的步伐。福建省以村级文化协管员队伍建设，进一步完善公共文化服务体系，切实加快农村文化建设，取得了许多成功的经验。2010 年在第十五届全国"群星奖"评选中，福建省村级文化协管员队伍建设项目荣获群星奖，2011 年入选国家公共文化服务示范项目。

（一）以培训为基石、以示范基地为模式，全面推进全省村级文化协管员队建设

1. 加强示范培训

福建省艺术馆作为省文化厅指定的省级培训的具体承办单位，2006 年至今在全省各地举办了省级具有导向性、示范性的村级文化协管员培训班 53 期，受训人数达 8 687 人；2009 年底基本完成

村级文化协管员第一轮的轮训工作，2010 年实施第二轮轮训工作，至 2011 年底，全省举办县级以上培训班 658 期，培训 42 364 人次。至今在开展全省村级文化协管员队伍培训的同时，也对乡镇文化站长展开全面轮训，试图通过对乡镇文化站长的培训来加强对村级文化协管员的指导，目前已完成对厦门、莆田、南平、福州四个地区全体文化站长的全面轮训工作。

培训班开设《农村文化共享工程》、《农村群众文化活动的组织和开展》、《农村非物质文化遗产的保护》、《农村文物保护工作》、《农村文化市场的监管》及实用应用文的写作等文化工作综合性常识等课程，采用 PPT 等生动活泼的授课方法，实地参观示范村、优秀站长和协管员经验介绍等新颖多样的教学方式，内容丰富实用，并随着基层文化工作进展，适时增加课程内容。培训班还安排文化部、省文化厅领导与村级文化协管员座谈交流，沟通工作情况，听取意见建议，解决工作难题，使村级文化协管员培训成为基层文化工作信息上传下达的通畅渠道。

2. 扶持村文化示范基地

2009 年开始，省艺术馆在南安市梅山镇蓉中村、罗源县起步镇长禧村、同安区汀溪镇前格村、霞浦县三沙镇陇头村、荔城区西天尾镇龙山村、泉港区山腰街道埭港村、南安市霞美镇金山村、芗城区石亭镇下苍村、新罗区西陂镇紫阳村、将乐县光明乡永吉村、永安市洪田镇磉溪村、延平区西芹镇西芹社区建立首批 12 个示范点村文化室，指导村文化协管员在传统节日开展民众喜闻乐见的民俗文化活动。省艺术馆将抓好试点村文化建设，促文化精品村建设作为现场培训内容之一，组织全省各地文化协管员实地参观，提高模拟学习效果。

各市、县(市、区)文化部门结合当地农村实际情况，采取主办或联办等多种形式，举办了规模不一、层次不同的文化协管员培训班。培训班通过实物鉴别、图片展示、座谈、问卷调查、测试等多种专业技能培训，使全省村级文化协管员的专业知识和业务能力得到有效提升。

3. 编写适用教材

组织力量编写《福建省村级文化协管员工作手册》，该书由政策与法规、农村文化工作基本常识六十问两大部分组成，内容涵盖了农村文化建设的方针政策和实用的法律、法规，同时对农村文化工作中需要了解的综合性知识、群众性文化活动、文化信息资源共享、文物保护、非物质文化遗产保护、文化市场管理、电影放映等方面的常识作了介绍，具有较强的实用性，受到了广大村级文化协管员的欢迎。

4. 构建激励平台，召开经验交流会、举办技能大赛

福建省在推进村级文化协管员队伍建设进程中，及时总结成功的工作经验，相互借鉴、取长补短，不断探索适合本地乡村实际、符合本地群众文化需求的工作思路和服务模式。2009 年 9 月，召开了全省村级文化协管员经验交流暨农村文化建设座谈会，表彰奖励了 145 位优秀文化协管员。2012 年 4 月 22 日在永安市召开的全省文化馆工作会议上，省文化厅、省委农办共同表彰 10 个农村文化建设示范点、第二批 100 名优秀村级文化协管员，10 名受表彰的同志在会上作了经验交流。

2009 年 11 月第四届福建艺术节期间，组织全省村级文化协管员文化技能大赛，并通过电视媒体向全省转播比赛实况，展示了村级文化协管员的文化知识和手工竞技、音乐、舞蹈、戏曲、书法、绘画等技能专长。

2011 年"非物质文化遗产日"期间，福建省举办了"'文化村官的非遗视角'——全省村级文化协管员非物质文化遗产摄影技能大赛"。本次活动规模大，发动面广，全省村级文化协管员、乡镇文化站及县区文化馆摄影干部深入生活，开展采风活动，共收到各类摄影作品 4 000 多幅。这些作品来自基层文化工作者摄影作品，画面丰富多彩、内容质朴生动，反映了全省各地非物质文化遗产保护项目的风貌和传承现状，富有浓郁的乡土特色和民族民间文化色彩。大赛共评出获奖作品共 100 幅，优秀作品 900 幅。省博物院展厅和省非物质文化遗产博览苑在室内展出 100 幅获奖作品；900 幅优秀作品则在省博物院与西湖公园连接的空旷地带进行大规模户外展出。在福州展出之后，部分优秀作品还将在全省九地市进行巡展。

2011 年 11 月 9 日，在中国文化部，中国驻毛里求斯大使馆，毛里求斯艺术和文化部的大力支持下，"'文化村官的非遗视角'——全省村级文化协管员非物质文化遗产摄影技能大赛"优秀作品在毛里求斯文化中心隆重展出。观众反应热烈，并对本次展览给予了高度的评价。本次摄影展，不但宣传了绚丽璀璨的中国非物质文化遗产，而且深化了中毛两国的文化交流，见证了中毛两国的友谊。

5. 建立考核机制，增强村级文化协管员师资力量

参加全省村级文化协管员培训的教师，是从省文化厅机关或下属相关单位的专家型领导或专家中选聘。按省厅分管领导和业务处室的指令规范教学。教学完毕由文化厅向相关单位反馈参与培训教师的业务实绩，并列入各单位年终工作考核范围。被评为全省村级文化协管员培训工作先进个人的同志，在职称评定、职级晋升等方面予以优先考虑。

(二)充分发挥文化协管员在新农村建设中的重要作用，工作取得了一定成效

在文化服务的过程中提高业务水平和工作能力，是村级文化协管员队伍建设的主要途径。几年来，福建省大力鼓励和发动村级文化协管员投身农村文化建设，在实践过程中不断提高村级文化协管员的综合素质和业务能力。

1. 发挥文化协管员在非物质文化遗产普查中的作用

在全省非物质文化遗产普查中，发挥协管员熟悉情况了解村里历史、人员的优势，组织他们广泛查找线索、核对资料，收集了近 20 万条线索，对 17 个门类 90 303 个项目进行了调查。此外，在农村文化市场管理、农村文化信息资源共享、农村电影放映、农村文化活动尤其是民俗活动等方面，村级文化协管员都发挥了积极的不可替代的作用。福安市廉村是国家级"历史文化名村"，该村的文化协管员陈柳峰为了保护村里的古文化资源和古朴村庄风貌不辞辛劳，制定了村规民约，禁止在古村落内违规建房，禁止机动车辆进村破坏古村道，等等。为了有效做好保护工作，他多次到省建设厅要求支持编制保护规划，并在编制《廉村古村落建设规划》、保护古村落和开发古村落旅游资源中发挥了重要作用。

2. 发挥文化协管员在提升农民科技文化素质中的作用

在工作实践中，协管员通过对接广播电视村村通工程、文化信息资源共享工程、农家书屋建设和农村电影放映工程等，利用现代传播手段将农民急需的时令性技术、文化信息资源，通过出板报、印发资料、制作宣传小册子等方式分发到农民手中，将分类的技术资料和相关的市场信息刻录成光盘，依托相关部门开展农业技术培训、农民工培训、再就业培训，努力提高农村信息化水平和基层群众的科学文化素质。

3. 发挥文化协管员在弘扬传统文化中的作用

各地在选聘村级文化协管员的过程中，特别重视选聘民间艺人，这些民间艺人进入村级文化协管员队伍后，为继承和弘扬乡村历史优秀文化做了大量工作。泰宁县新桥乡大源村文化协管员努力挖掘本村的历史文化资源，积极走访老人，组建傩舞队，恢复了失传已久的傩舞，并将大源傩舞申报为福建省第一批非物质文化遗产名录。寿宁县南阳镇南阳村文化协管员牵头成立了"南阳诗社"，借诗社中绝大多数的老文人、老艺人对地方传统文化进行抢救、挖掘，有效弘扬、传承了地方优秀民俗文化。

由于村级文化协管员在组织农民开展文化活动，活跃农村精神文化生活过程中发挥了积极作用，他们也更容易被广大农民群众所接受和认可。近年来，先后有 3 637 名文化协管员当选村两委委员，约占协管员总数的 24%。这也从一个侧面反映了村级文化协管员在社会主义新农村建设中发挥的作用和产生的影响。

五年来，福建省在抓好村级文化协管员队伍建设中做了初步探索，今后将以科学发展观为指导，继续围绕中心，服务大局，进一步推进农村基层的文化设施建设和文化队伍建设，为海峡西岸经济区文化大发展、大繁荣作出贡献。

【专家点评】

各地文化馆重心下移，阵地前置，面向基层开展公共文化服务，取得一定成效。但要切实将公共文化服务的触角延伸到广大的乡村，覆盖数量庞大的农民群体，更需要一支长期稳定活跃在乡村的文化工作队伍。福建省自 2006 年以来在每个行政村建立村级文化协管员，更为可贵的是，福建省文化部门强化村级文化协管员队伍建设，通过编写教材，将省级示范培训与各地层级培训相结合，将业务工作培训与典型经验交流相结合，将表彰激励与落实经济待遇相结合，不断提升村级文化协管员的工作水平，使之成为乡村文化建设的重要力量，实现村级文化健康、可持续发展。

（点评人：王全吉）

四、山东省肥城市"县级城市公共文化服务志愿者递进培养工程"

肥城市是泰安市下辖的一个县级城市,是史圣左丘明的家乡,商圣范蠡最后的定居之地,是全国县域经济基本竞争力百强、山东省社会文化先进县。

2009 年 3 月以来,肥城市积极探索加强公共文化服务体系建设新路子,研究制定了《关于实施公共文化服务志愿者递进培养工程的意见》,实施了以"把优秀的文化爱好者培养成文化骨干,把优秀的文化骨干培养成公共文化辅导员,把优秀的辅导员培养成弘扬社会主义核心价值体系的文化服务志愿者"为主要内容的公共文化服务志愿者递进培养工程,壮大文化志愿者队伍,力争通过3~5 年的努力,使县域内所有社区、村居全部配备 2~3 名思想觉悟高、业务素质强、具有组织协调能力、传播先进文化的公共文化服务志愿者,形成了良好的运作管理机制,取得了显著的社会成效,成为首批创建国家公共文化服务体系示范项目。

(一)层级递进,提升"文化志愿者"整体素质

肥城市文化部门牵头,广泛开展调查摸底,组织对全市各街镇村、各企事业单位文化爱好者进行了摸底排查,并通过歌手大赛、票友大赛、"桃乡大舞台"等活动发现文化人才,对 3 200 多名文化爱好者逐一登记,建立业余文化人才库。

建立全市公共文化服务队伍管理体系,形成"总分相连、条块结合"的公共文化服务网络。肥城市文化部门成立公共文化服务志愿者俱乐部,负责全市公共文化服务志愿者队伍的注册登记、日常管理、活动规划和协调运作,经常组织开展志愿者宣誓、授旗、向志愿者颁发荣誉证书、送鲜花等形式活动,增强文化志愿者对

志愿服务的认同感和归属感。

肥城市指导业余文化爱好者组建秧歌队、合唱团等群众性文化队伍，参加农村文化艺术节、消夏广场文艺演出、桃花节等各类文化活动，发挥个人特长，展示他们的才艺，使他们逐步成长为舞台上的文化骨干；采取集中培训与具体指导相结合的方式，下发菜单式培训目录，让文化骨干根据自身需求，参加不同专业的培训，提高组织群众开展文化活动的能力，成为一专多能的公共文化辅导员；按照职业、特长和业务能力对公共文化辅导员评定星级，引导他们把文化活动与精神文明、移风易俗、弘扬新风正气结合起来，提升思想境界，培育志愿服务精神，自愿报名成为公共文化服务志愿者。

2009 年以来，肥城市文化部门累计举办培训班 24 期，对 2 600 多名文化骨干进行了培训辅导，培育了 700 多名文化辅导员和 400 多名文化服务志愿者。

(二)建立机制，保障"文化志愿者"工程实施

肥城市文化部门在"文化志愿者递进培养工程"中，以机制激发活力，把完善长效机制作为推进"递进培养工程"的重要手段，不断建立完善运行工作机制。

建立考核督导机制。肥城市政府将基层文化队伍建设列入民生实事，纳入经济社会发展整体规划，把群众对文化活动的满意度作为考核文化工作业绩的重要依据，列入街镇党委、政府年度考核目标。市里成立了领导小组，出台了实施方案，明确了责任主体和工作进度，一月一汇报、两月一调度、一季度一检查，严格督导。

建立投入保障机制。强化服务保障，统筹整合资源，为文化辅导员和文化队伍提供物质保障。2009 年以来，肥城市财政每年拿出 100 万元用于文化队伍建设，市、乡、村先后投入 460 多万元，用于"递进培养工程"学习培训、器材配备，组织开展各类学习培训活动。

建立表彰激励机制。充分运用教育、管理、政策等多种手段，抓好公共文化服务志愿者激励工作。开展了公共文化服务志愿者标志评选，推出了彰显志愿精神、体现肥城特色的文化志愿者标志。每年都对公共文化服务志愿者的活动开展情况进行评比，对表现突出的予以表彰奖励。建立起志愿服务与社会认同相对接的考评机制，鼓励机关、学校和企事业单位在同等条件下优先录取和聘用优秀志愿者。

(三)建设阵地，为志愿者搭建活动平台

在实施"递进培养工程"中，肥城市努力为文化服务志愿者搭建各类服务平台，以城市文化基础建设为先导，先后投资6亿多元，在城区进行了文化中心、桃都明珠等重点文化工程建设。实施农村文化阵地标准化建设工程，建设镇街综合文化站14个、村级文化大院460多个、文化广场、文化活动角200多个。全部行政村建成文化信息资源共享工程基层服务点，建成村级标准化电子阅览室60多个。肥城市王瓜店街道投资600万元，建设了面积3 600平方米的省级标准化综合文化站，设有七室一厅一场，常年开展文化活动；肥城市安庄镇与驻地村合作共建综合文化站，投资60万元配齐了各类文化设施和器材，搭建了全镇文化活动的平台。文化设施的建设为文化志愿者开展文化服务提供活动场所，丰富了群众的文化生活。

(四)辐射带动，群众参与积极性越来越高

随着"递进培养工程"的深入推进，农民群众参与文化活动的积极性越来越高。为进一步繁荣农村文艺创作、壮大农村文艺队伍、活跃农村文化生活，肥城市文化部门选派文化干部深入14个街镇，和乡村文艺志愿者同台演出、相互交流，手把手、面对面

地进行培训和辅导。文化志愿者充分发挥农村文化建设中的带头作用，牵头组织各类文艺队伍，全市正常开展活动的民间业余文艺队伍达200多个，包括歌舞文艺队伍160多个、庄户剧团40多个。为检验实施"递进培养工程"取得的成果，肥城市在全市自下而上层层组织开展了农民文化节系列活动，村村排练各具特色的文艺节目，各镇街选拔地域文化特色突出、展示健康向上乡风民俗的优秀节目，举办了"百姓大舞台"农民文化节暨国庆文艺会演。市文化部门对十佳"优秀文化服务志愿者"、十佳"优秀业余文化团队"进行了表彰奖励。如今，在农村文化广场、文化角，随处可见健身操、戏曲演唱等文化志愿者自发组织的文化活动。

（五）倡树新风，服务社会管理创新

通过实施"递进培养工程"，使社会力量以各种方式参与到群众文化事业建设中来，彰显出示范、服务等多重效应。肥城市专门开通了文明热线，开展了"你做好事我送鲜花"为主题的鲜花送文明活动，定期把广大服务志愿者身边的好人好事进行汇总分析，排查出典型案例，集中编排节目，开展了"爱在桃乡"、"文明在我心中"、"感动肥城十大人物评选"等一系列主题文化活动，文化服务志愿者演身边人，唱身边事，既教育了大家，也感染了自己。肥城市一中学生鹿玲玲捐献眼角膜的事迹传出后，文化志愿者侯志国专门谱写了歌曲《眼睛》，受歌曲的影响，一名身患绝症的百货大楼职工去世后，也把眼角膜无偿捐献了出来。获全国道德模范提名奖的田秀英，是一位把高度烧伤致残的儿子培养成为研究生的农村妇女，志愿者把他们母子的事迹制作成了广播剧广为宣传，并帮助她的儿子进行了三次免费手术。受志愿者帮助的影响，田秀英自己也成为一名志愿者，开通了"田妈妈热线"。文化志愿者活动的开展，在扶助弱势群体、缓解社会矛盾、增强社会互信、促进道德进步等方面发挥了积极作用。

【专家点评】

在国内的文化志愿者建设中，山东省肥城市公共文化服务志愿者递进培养工程有着鲜明的特点。当地政府文化部门积极探索文化志愿者的培养机制，"把优秀的文化爱好者培养成文化骨干，把优秀的文化骨干培养成公共文化辅导员，把优秀的辅导员培养成弘扬社会主义核心价值体系的文化服务志愿者"，其公共文化志愿者的选拔、培养，形成了一套行之有效的机制，工作思路十分清晰。政府文化部门出台相应的考核督导机制、投入保障机制、表彰激励机制，保障公共文化服务志愿者递进培养工程不断向前推进。泰安市(肥城市)公共文化服务志愿者递进培养工程，启示人们要重视建立一整套完善的机制，以机制建设助推公共文化服务，推动文化不断发展和繁荣。

（点评人：王全吉）

五、繁荣民族文艺 促进民族团结
——宁波市北仑区新碶街道
"民族之花"文艺轻骑队建设

新碶街道芝兰社区地处宁波市北仑城区中心，居住着苗、佤、藏、回、壮、傣、朝鲜族等20多个少数民族500余人，是北仑城区主要的少数民族居住地。2007年4月，在北仑区文化馆、新碶街道文化站的支持下，新碶街道成立了"民族之花"文艺轻骑队。近年来，"民族之花"文艺轻骑队以"展民族风情、识民族风俗、创民族和谐"为宗旨，以建设社会主义和谐文化为目标，紧扣时代脉搏，勤奋苦练，大胆创新，以浓郁的民族风格、精湛的表演技艺、团结拼搏的团队精神，受到宁波市社会各界的一致好评，成为活跃在北仑区艺术百花园中一支耀眼的乌兰牧骑。"民族之花"文艺轻骑队先后获得北仑区优秀文艺团队、宁波市优秀基层文艺团队等荣誉称号，社区也因此获得了全国民族团结进步模范集体、全国和谐社区建设自主创新奖等荣誉。

（一）"民族之花"文艺轻骑队建设的主要做法

1. 多方支持，组建少数民族社团

2007 年 3 月，在区总工会举办的一次服装表演大赛上，一支由十多人组成的少数民族服装表演队引起了当地文化部门的注意。北仑区文化馆和新碶街道文化站看到后，决定在这支队伍的基础上，以少数民族居民较多的芝兰社区为依托，组建一支少数民族文艺团队——"民族之花"文艺轻骑队，这是北仑区唯一的、也是宁波市成立最早的一支少数民族业余文艺团队。以社区为基础组成一个民族特色鲜明的文艺团队不是一件容易的事情，会遇到各种困难。"民族之花"文艺轻骑队建立初期，财力、人力缺乏，节目也以民族舞蹈为主，形式比较单一。为了建设好这支特色文艺队伍，当地政府、文化、民族宗教等部门和社区在财力上给予了支持，文化馆、站和社区一起花大力气物色人才、壮大队伍，组织少数民族中具有较强文艺表演和活动能力的积极分子为成员。在重大节庆活动前，文化馆、站业务干部主动走进团队，与团队一道出谋策划，拟订节目创作和排练的计划。例如在民族服饰表演《五彩霓裳》排练时，宁波歌舞团的老师到北仑作现场指导，使这个节目达到了较高的艺术水平；北仑区文化馆的音乐舞蹈老师也是有求必应，多次现场指导，使"民族之花"文艺轻骑队的表演水平一年胜过一年；街道文化站把文艺轻骑队的事当作自己分内的事，从舞台、服饰、音响、灯光各个方面作具体的安排和指导，成为文艺轻骑队发展壮大的坚强后盾。经过几年的努力，扎根于

社区的"民族之花"文艺轻骑队从起初的 10 余人，发展到现今的 70 多人，涌现了古古基、龙亚玲、裴发邦、娜姆等一批艺术人才，拥有了时装队、舞蹈队、大合唱等分队，成为社区包括本地汉族居民在内的各民族群众精神生活不可缺少的组成部分。

2. 开展活动，强化民族团结理念

依托"民族之花"文艺轻骑队的特色优势，开展各项丰富多彩的活动，是强化业余文艺团队建设、丰富居民文化生活的有效手段。新碶街道依托社区文化活动中心，因地制宜，因陋就简，把建设社区民族馆、部分民族标志性景观和少数民族文化活动场所，作为充实和丰富"民族之花"文艺轻骑队阵地和载体的一项主要内容。同时，通过精心组织开展形式多样的文娱体育联谊活动，为少数民族居民积极主动参与社区活动搭建平台，提供表演舞台。"民族之花"文艺轻骑队成立以来，立足社区、扎根社区，紧紧围绕建设"各民族和谐团结大家庭"这一目标开展活动。当地文化部门有计划地安排团队成员积极参与社区居民的文化娱乐活动，与居民群众打成一片，例如每年举办"民族团结进步宣传月"活动；社区的"邻里节"，安排"民族之花"文艺轻骑队及早编排新节目，为开幕式、闭幕式晚会增添亮色；组织"民族之花"文艺轻骑队演员把精心制作的"连心围裙"送给少数民族妇女；动员团队的演奏人员参与展示民族特色的"百家宴"烹饪比赛，与汉族居民共度元宵、中秋、端午等民俗节日；举办"民族团结一家亲"文艺巡回演出；开展"民族民俗风情知识竞答比赛"和"民族语言大讲堂"交流活动。作为友谊和少数民族文化交流的使者，"民族之花"文艺轻骑队坚持定期与不定期地深入居民小区进行巡回演出，宣传党的民族理论与民族政策，丰富民族地区文化生活，足迹遍及社区大街小巷。富有民族特色的歌舞节目，饱含东方神韵的艺术表演，例如同一道道文化盛宴，让社区各族民众充分领略了各民族文化的魅力。这些扎根于社区的文化活动，不仅让"民族之花"文艺轻骑队成员通过在社区的艺术实践，提升艺术水准，锻炼了队伍，而且丰富了广大居民的精神文化生活，提升了社区的文化品位，更主要的是，"民族之花"文艺轻骑队成员通过与各族居民的交往，增进了各民族之间的友谊。

3. 拓展功能，提升社会公益效应

北仑区文化部门积极搭建文化平台，为"民族之花"文艺轻骑队提供各种演出的阵地，通过活动拓展功能，进一步提升文艺轻骑队的社会公益效应。一是发挥公益活动中的推动作用。几年来，"民族之花"文艺轻骑队频繁地在各类艺术节、文艺比赛和群众文化活动中亮相，多次举办专场演出。他们深入北仑的社区、街道、农村、企业、港口、海岛、部队，每年演出百余场，还曾到上海世博会参加过专场演出。"民族之花"文艺轻骑队充分发挥自身特长，为各项公益文化活动增添了亮丽的色彩。二是在文明创建中发挥桥梁纽带作用。文艺轻骑队的成员积极参与各类文明创建活动，组建少数民族志愿服务队，少数民族拉拉队等多支队伍，注重经常开展文化活动，形成了少数民族居民为共建温馨和谐家园共同奋斗、共同繁荣发展的长效机制。来自宁夏的回族居民小王，是北仑区人民医院医生，她不仅能歌善舞，是"民族之花"文艺轻骑队的骨干，还是深受社区老年人信赖的"健康教育专家"。每次社区举办健康教育讲座等活动，小王总是积极参与，一干就是 4 年。三是发挥在民族文化中的引领示范作用。"民族之花"文艺轻骑队大力弘扬少数民族优秀传统文化，创编了《卓玛》、《唐古拉风》、《蒙古人》、《五彩霓裳》等 10 多个优秀民族民间文艺作品，深受广大群众的喜爱。社区网站开辟"民族之花"板块，宣传"民族之花"文艺轻骑队的优秀节目，增强民族的自豪感，为各族居民创造了良好的文化环境。如今，社区各民族群众互相信任、互相尊

重、互相学习、互相支持蔚然成风，社区民族团结之花枝繁叶茂。

(二)"民族之花"文艺轻骑队建设的创新亮点

1. 注重时代性，有效地适应了时代发展的快节奏

跟上社会形势发展的快节奏，做好新形势下的少数民族文化工作，是群众文化工作中出现的新课题。西部边远地区少数民族同胞到沿海发达地区工作的现实，正在逐步转变人们以往的认知意识。少数民族人口的增多带来了文化的多样性，但也为社会融合带来了一些难度，北仑区文化部门和基层社区，既尊重少数民族的文化、生活习惯，又努力保持文化的多样性，保护他们的政治、经济和文化权利。针对文化发展中出现的新态势，调整基层群众文化工作的新思路。"民族之花"文艺轻骑队建设的探索和实践，正是主动适应了时代发展的需要，适应了沿海地区经济发展的步伐和社会的文化需要。

2. 突出多元性，群众文化社团队伍建设呈多元化

少数民族群众来自全国各地，带来了丰富多彩的民族文化，但民族风俗、习惯的差异，语言交流的困难，使得他们异地谋生挺不容易。加上较少与外界交流，他们很难融入社会生活中，与当地政府、居民存在一定的隔阂。社区文化是一种要求"共同参与、共同享受"的群众文化。"民族之花"文艺轻骑队的建立，进一步促进当地群众文化的多元性，强化社区群众的"共同参与"。文艺轻骑队运用喜闻乐见、丰富多彩的文化样式，深入开展系列群众文化活动，激发了各族人民参与社会主义精神文明建设的热情，提高对社区的认同感和归属感，促进各族人民共建、共享、共融。

3. 强调创新性，为城市民族文化工作探索新路子

民族工作不是一般性的社区事务，而是事关民族团结、和谐社会构建的重要工作，社区通过积极探索成立"民族之花"文艺轻

骑队，并以文化团队为载体，实现少数民族的自主管理，使之成为党委政府与少数民族之间的桥梁，各族居民共谱社区和谐发展新篇。正是北仑区文化馆、街道文化站、社区联手共建，利用各自优势，在人力、物力、财力上大力支持，推动"民族之花"文艺轻骑队苗壮成长，给城市民族文化工作注入了新的活力，也实现了民族工作与群众文化工作的双赢，探索出了沿海发达地区城市文化工作的新路。

4. 打造新品牌，民族社团呈现百花争艳的新局面

在"民族之花"文艺轻骑队成长的过程中，当地政府和文化部门用心把"民族之花"文艺轻骑队打造成富有特色的群众文化团队品牌。每年在北仑区的"海享大舞台"上，"民族之花"文艺轻骑队都举办专场演出，已连续 4 年，一届比一届成功。2012 年 5 月，"民族之花"文艺轻骑队参加了在宁波市中山广场举办的业余文艺团队专场演出，在市民中获得了较好的反响，《宁波日报》以大篇幅进行了报道。如今，"民族之花"文艺轻骑队在全省乃至全国都有一定的影响力。在"民族之花"文艺轻骑队的带动下，北仑区新碶街道成立了民族之家、民族联谊小组、民族学校、民族同心桥等社团和活动点，赢得了国家民委和省、市各级领导的高度赞扬和充分肯定，引起了新华社、《中国社会报》、《民族》杂志以及各省市主流媒体的极大关注，在社会上引起了较大反响。

【专家点评】

在特色文化团队建设中，文化馆和基层文化站干部要做有心人，善于发现身边的文化资源。宁波市北仑区文化馆和新碶街道文化站正是根据当地社区居住的少数民族同胞能歌善舞者众多这一文化资源，探索特色文化团队建设方式，在最初的少数民族时

装表演队的基础上，组建"民族之花"文艺轻骑队。在这支特色文艺团队的发展过程中，文化馆（站）为"民族之花"文艺轻骑队提供针对性的文艺辅导，提供文艺表演的平台，邀请这支特色文艺团队在各类群众文化活动中频频亮相，展示其富有特色的文艺表演，给当地群众带来赏心悦目的艺术享受。宁波市北仑区"民族之花"文艺轻骑队，现如今成为具有一定知名度的基层特色文艺团队，给予人们深刻的启示。

（点评人：王全吉）

六、天津市群众艺术馆"千村百站"
农村文艺骨干培训工程

为深入贯彻落实科学发展观，彰显以人为本的服务理念，创新公共文化服务方式，打造天津市公共文化服务品牌，进一步提升乡村文化服务质量，大力推进文化惠民，让农民群众共享改革开放带来的文化成果，天津市开展了"千村百站"农村文艺骨干培训工程。

天津市"千村百站"农村文艺骨干培训工程是天津市"文化惠农"工程的重要组成部分。此项工程由天津市文化广播影视局主办，天津市群众艺术馆承办，全市12个农业区县文化局、文化馆协办，并被列入天津市政府二十项实事之一，其目标是用3年时间建立全市农村文艺骨干网络体系，为全市3 000余个自然村培养一名经过文化培训的"文化人"。

此项工程自2009年启动，于2011年结束。实施过程中，天津市文化部门一方面重视农村文艺骨干的培训，完善农村文化人才网的建设；另一方面加大文化资源向农村倾斜的力度，夯实农村文化建设基础，取得了显著的成效。

(一)"千村百站"农村文艺骨干培训工程的主要做法

为进一步增强培训的实效，通过文艺骨干的示范引领作用，带动农村文化建设，天津市"千村百站"农村文艺骨干培训工程采取以下主要做法。

1. 以人为本，面向全体

天津市"千村百站"培养基层文艺骨干服务工程涵盖本市 12 个农业区县及其所属行政村，培训对象包括 3 835 名村级文艺骨干和 156 名文化站站长。

培训计划分为三个阶段。

第一阶段：2009 年 1—12 月，分 25 期完成对东丽（114 个村）、津南（173 个村）、西青（160 个村）、北辰（93 个村）、武清（714 个村）五个区的 1 254 名村文艺骨干和 52 名文化站长的培训。

第二阶段：2010 年 1—12 月，分 24 期，对塘沽（109 个村）、汉沽（56 个村）、大港（73 个村）、蓟县（949 个村）四个区县的 1 187 名村文艺骨干和 52 名文化站长进行了培训。

第三阶段：2011 年 1—12 月，分 28 期，分别对宝坻（763 个村）、静海（348 个村）、宁河（283 个村）三个区县的 1 394 名村文艺骨干和 52 名文化站长进行培训。

2. 依据需要，设置内容

要真正为农村文艺骨干带来实用性的文化知识，使学员学有所得、学有所获，首先要了解学员的真实需要。天津市群众艺术馆通过调查、访谈等多种形式，在了解学员需求的基础上，开设的培训内容包括：文化艺术技能的基本常识（包括音乐、舞蹈、小品、美术、摄影、文学等），公共文化的服务形式和内容，基层文化活动的策划与组织，非物质文化遗产保护的常识以及网络操作等。在相关理论学习的基础上，注重文化艺术技能的提升，针对各个培训地区文艺骨干对不同门类文化的需求，天津市群众艺术馆还针对性地安排了文化艺术技能的课程，例如合唱技巧指导、美术作品鉴赏、剪纸技能等。

在"千村百站"农村文艺骨干培训工程中，天津市群艺馆聘请全国及天津市知名专家到区县进行集中授课，其中有天津群众艺术馆馆长、研究馆员、著名作家李治邦，天津市群众文化协会会长、研究馆员寇援，全国群众文化学会理事王和平，国家一级演员张金元，天津歌舞剧院国家一级舞蹈编导乔丽，天津音乐学院教授杨雁行等。

由于培训内容具有实用性和针对性，授课专家具有很高的专业水平，学员学习积极性高，参与热情高，收到了良好的效果。

3. 健全规章，确保实效

严格的管理是提升培训质量的保障。为进一步提升培训质量，天津市群众艺术馆制定了相关的制度和要求，每个阶段的培训都以区县为单位，要求每村选派 1 名文艺骨干、每镇选送 1 名文化站长参训，以确保培训的覆盖面。授课结束后进行结业考试，对考试合格者颁发结业证书。一系列行之有效的管理措施确保了参训人员全员参加，认真参与，全员受益。

培训过程中为了激发学员的参与性和积极性，天津市群众艺术馆采取了灵活多样的培训形式，既有专家集中授课，也有优秀学员典型经验介绍，更有学习成果的交流与研讨。灵活的形式，激发学员学习的兴趣。

(二)"千村百站"农村文艺骨干培训工程的成效

在文化建设中，人的因素非常重要。"千村百站"农村文艺骨干培训工程，旨在提升农村文化带头人的文艺业务能力，充分发挥文艺骨干的作用，进一步推动村级文化建设。

1. 加强了农村文艺骨干队伍建设

农村文化带头人是农村文化建设的引领者。大凡文艺骨干，都拥有自己的文艺特长且具有一定的凝聚力和影响力，都能以个人的能力带动一批人，通过发挥自身的能力，引领所在地区文化事业的开展。例如一个村如果有一个京剧方面的带头人，通过培训可以带动起本村的一批人加入到表演京剧的队伍中，为当地的京剧的普及发展起到推动促进的作用。舞蹈方面的带头人可以带动当地的秧歌、广场舞的发展，等等。"千村百站"农村文艺骨干培训工程对文化站长与文化员的业务素质的提升、对农村文艺骨干队伍建设具有积极的意义。

2. 带动了农村文化活动蓬勃开展

农村文化带头人是农村文化活动的直接组织者，在农村组织各类大小文化活动中，文艺骨干始终是最积极、最直接的组织者，并且他们最具影响力、凝聚力和亲和力。例如汉沽的飞镲队，最开始只有个别人练，由于这几个人的带动，现在全村的青壮年都开始练习飞镲表演，还组建了女子飞镲队。2011年，这个农村的表演队伍还走上了"世博会"天津周的舞台。

3. 促使农村精神文明建设迈上新台阶

农村文化带头人是社会主义精神文明的传播者。由于文艺骨干有思想素质和知识结构上的优势，能及时地将政府最新的文化信息传递到基层的农民群众中去，正确理解党和政府的一些政策法规，抵制不良和腐朽思想的毒害，成了现代文明在农村的积极传播者。

农村文化带头人在村级文化建设中的作用是有目共睹的，我们在充分发挥他们的积极作用的同时，要注意对他们的保护，一方面关心支持他们的工作和生活；另一方面给他们以继续学习的机会，让他们不断提高公共文化服务能力，为新农村文化建设作出新的贡献。

天津市群众艺术馆将继续探索农村文艺骨干培养的途径，为农村文化建设提供智力支持，大力推进了文化惠民工程。

【专家点评】

公共文化服务的重点在农村，难点也在农村。天津市群众艺术馆面向基层、眼睛向下，着力于农村文化队伍建设，推出"千村百站"农村文艺骨干培训工程，致力于提升乡镇文化站长、村级文艺骨干的公共文化服务能力，培养农村文化建设的带头人，以此为抓手，推进农村文化建设的发展和繁荣。在当前一些乡镇、行政村，文化设施建设取得了一定进展，文化投入日益增长，如何充分发挥乡村文化设施的作用，活跃农民文化生活？乡镇文化站长、村文艺骨干责无旁贷。天津市群众艺术馆从提升文化站长、村级文化带头人的文化服务能力着手，组织开展"千村百站"农村文艺骨干培训工作，具有一定的示范意义和推广价值。

（点评人：王全吉）

七、陕西省宝鸡市业余文艺团队建设

宝鸡市位于关中平原"八百里秦川"的西端，是华夏始祖炎帝故里、周秦王朝的发祥地。近年来，宝鸡市不断加大对公共文化基础设施的投入，建立健全公共文化服务体系，不断提升公共文化服务能力，使全市文化事业呈现出蓬勃发展的态势。宝鸡市业余文艺团队建设方面的经验做法，更是令人关注。

（一）宝鸡市业余文艺团队建设的主要做法

1. 组建"群众文化辅导团"下基层培训

2007 年 6 月，宝鸡市群众艺术馆成立"宝鸡市基层文艺骨干培训中心"，制定《宝鸡市基层文艺骨干培训规划》，组建宝鸡市群众文化辅导团，对群众业余文艺团队进行形式多样的文艺培训。

宝鸡市群众文化辅导团主要由市群艺馆业务人员组成。群众文化辅导团深入街道、乡镇、社区，巡回举办各类文艺讲座、文艺培训，培训辅导基层群众文艺骨干，送文化辅导下乡、下社区。两年时间，义务为全市 160 多个社区和近 200 个乡镇各培训了 1 名有一定文化组织能力、有一技之长的基层文艺骨干。这些基层文艺骨干学习以后，回去继续辅导和培训其他文艺爱好者，壮大业余文艺团队队伍。群众文化辅导团连续多年开展的公益文艺培训，采取"走出去"和"请进来"相结合的方法，提高了文艺骨干的艺术素养。通过一系列培训活动，科学合理地提高文化资源使用效率，提升公共服务的社会效益，使基层文艺骨干的文化服务能力显著增强，文化创新能力明显提高。

2. 组织业余文艺团队会演比赛

宝鸡市群众艺术馆举办各类展演比赛和交流学习活动，创设业余文艺团队发展有效载体，在各群众文艺团队间形成"比、学、帮、赶、超"的良好氛围。

这些年来，宝鸡市群众艺术馆组织举办以业余文艺团队为表演主体的广场文化活动、农民文化艺术节、街道社区文化艺术节等文化活动，检阅业余文艺团队建设成果。自 1997 年以来，大型广场纳凉晚会已经连续成功地举办了 14 届，众多业余文艺团队内容丰富，形式多样的节目在纳凉晚会精彩亮相。除了利用节庆日举办各种广场文艺演出、夏季举办广场纳凉晚会，宝鸡市文化部门邀请专业文艺团体的专业演员与业余文艺团队同台演出，锻炼队伍，提高水平。此外，宝鸡市举办市民间艺术节、青年秦腔演员演唱大赛、青年歌手大赛、社区文艺会演、民间曲艺（唢呐）、大赛等各种业余文艺大赛。形式多样的比赛，大大提高了各类业余文艺团队的参与热情和积极性，通过大赛，发现、锻炼、推出了一大批优秀业余艺术表演人才和队伍，提高了业余文艺团队的整体艺术水平，促进群众业余文艺团队建设。

3. 提供业余文艺团队展示舞台

"激情广场大家唱"成立于 2003 年，是在市区各广场的群众业余歌咏队、合唱团中选拔产生的。歌友人数已由当初的 400 多人发展到 3 000 多人，全市目前已有 10 多个"激情广场大家唱"队伍，参与群众上万人。活动范围已扩展到了邻县，活动方式也由单一的唱歌向多元化发展，该活动下设有艺术团、合唱团、锣鼓队等组织，一年四季活动不间断，少则上百人，多则上千人。"激情广场大家唱"成为宝鸡市城市文化生活的一个亮点，歌唱爱好者的乐园。

"激情广场大家唱"如今成为宝鸡乃至全国都有名气的品牌群众文化活动，三次在中央电视台三套《激情广场》栏目亮相，展示了宝鸡市民丰富多彩的文化生活和精神风貌。2005 年 11 月，宝鸡"激情广场大家唱"应邀派代表参加中央电视台在北京景山公园举行的"激情广场"开播三周年庆祝活动，宝鸡"激情广场大家唱"炎帝园现场与北京景山公园主会场，通过电话连线，进行了歌曲大联唱。2007 年 11 月 6 日，由中央文明办组织的激情广场·"四进社区"群众文化特别节目大型演出活动在宝鸡举行，宝鸡市4 000 多名群众组成四个合唱方队及观众方队参与，宝鸡市群众艺术馆少儿艺术团、宝鸡"激情广场"歌友与"大腕"们同台演出，将群众性文化活动推向了高潮。

宝鸡市文化部门丰富业余文艺团队建设载体，为群众业余文艺团队提供展示的舞台，使业余文艺团队在展示中达到锻炼队伍、检验培训成果的目的。

4. 提供业余文艺团队扶持资金

为促进群众业余文艺团队蓬勃发展，宝鸡市文化部门为业余文艺团队提供必要的资金扶持。资金扶持主要体现在两个方面，一是扶持优秀业余文艺团队参加全国和省级各类重要的文艺赛事，解决文艺团队在经费方面的困难，取得了累累佳绩。2009 年 7 月，宝鸡市少儿艺术团参加中国文联与中国舞蹈家协会举办的第五届"小荷风采"全国少儿舞蹈展演，获"小荷之星"奖；2010 年 8 月宝鸡市银河少儿艺术团参加文化部"歌声伴我成长"中国儿童音乐剧普及推广暨展演周活动，获优秀剧目奖。二是为全市 663 个行政村、社区，配备了价值 1 000 万元的文化器材，为基层群众业余文艺团队活动的开展，提供了实用的文化设备，推动了业余文艺团队蓬勃发展。

宝鸡市文化部门通过调查摸底，摸清了全市业余文艺团队的家底；通过培训，提高各业余文艺团队的艺术水平；通过配置器材，加大了对业余文艺团队的投入力度；通过活动，培养、锻炼了业余文艺团队，检验培训成果；通过资金扶持，使业余文艺团队走出陕西，提升了队伍。

(二)宝鸡市业余文艺团队建设的成效

宝鸡市业余文艺团队建设，有力地促进业余文艺团队的健康发展，使之成为丰富活跃群众文化生活、倡导健康文明生活方式，传播先进文化的生力军，丰富了群众业余文化生活，传承了优秀民间艺术，提高了人民幸福指数。

1. 活跃在城乡的业余文艺团队丰富群众的业余生活

无论在城市或者乡村，正是因为有了这些群众业余文艺团队的服务，有了他们的创作和表演，才使得城乡充满了欢歌笑语和喜庆气氛，丰富活跃了广大群众的业余文化生活，例如活跃在炎帝园广场的地方曲艺自乐班、歌咏队等，坚持长年活动，让积极健康、喜闻乐见的文艺活动占据人们的业余时间。

2. 业余文艺团队传承和发扬优秀的民族、民间文化艺术

群众业余文艺团队来自民间，是民族、民间、民俗文化的守望者和传承者。他们利用文艺表演形式，既通俗易懂，又形象生动地把民间传统文化展示出来，为传承民族、民间文化作出了贡献。例如西府曲子班、皮影剧团、木偶剧团和唢呐班都是民间艺术的瑰宝，有些技艺都是祖传的。业余文艺团队的蓬勃发展，使这些民间艺术得到切实的传承与弘扬。

3. 业余文艺团队净化城乡社会环境，增强邻里感情和干群关系

优秀的业余文艺团队活动是黏合剂、润滑剂、催化剂，能积极弘扬民族文化道德和社会主义荣辱观，其丰富的文化活动内容能够有效地感化、教育群众，促进社会风尚的转变、改善邻里关系，有利于构建社会主义和谐社会，有利于建设平安宝鸡。

4. 业余文艺团队能提高人民群众的文化素质及综合素质

群众业余文艺团队在演出过程中不断增长文艺知识和技能，从中领悟到许多人生哲理，提高了自身的素质，实现了自我价值。广大群众从以前的看明星表演，到看自己周围的人甚至家人演出，那种近距离的情感体验，能够潜移默化地影响群众的内心世界，有利于培育社会主义新风尚。

【专家点评】

业余文艺团队是活跃城乡群众文化生活的重要力量，是广大群众实现文化参与、文化创造的重要途径。宝鸡市文化部门重视业余文艺团队建设，措施有力，成效显著，形成了较为完善的业余文艺团队建设经验。这些经验主要是，提供资金扶持，为业余文艺团队排忧解难；提供智力支持，为业余文艺团队业务水平提升进行培训辅导；提供展示平台，使业余文艺团队展示文艺才能，使他们有用武之地，获得精神上的满足与艺术上的享受……宝鸡市文化部门业余文艺团队建设的经验，具有普遍的指导意义，2010 年荣获文化部第十五届"群星奖"项目奖。

（点评人：王全吉）

八、三十年"摄影沙龙"缔造富有影响力的杭州群众摄影创作群体——浙江省杭州市上城区文化馆 F1 摄影沙龙创作群体建设

杭州市上城区文化馆的"F1 摄影沙龙"成立于 1983 年 5 月。"F1 摄影沙龙"的"F"表示光圈，"1"表示最大光圈，寓意经常曝光、创作，把镜头面向社会。经过三十年的风风雨雨，摄影沙龙创作队伍不断扩大，从当初的十余人发展到现在的 180 人，杭州市大部分摄影精英，都是"F1 摄影沙龙"创作群体的成员。杭州市上城区文化馆 F1 摄影沙龙创作群体，已成为在省内外富有影响力的群众摄影创作群体。

杭州市上城区文化馆 F1 摄影沙龙创作群体声名卓著、充满活力的奥秘在哪里？

每月固定活动日风雨无阻。杭州市上城区文化馆 F1 摄影沙龙，自 1983 年 5 月成立以来，三十年如一日，风雨无阻地组织沙龙活动，正是 F1 摄影沙龙的生命力所在。三十年来，每到摄影沙龙活动日（每月 28 日晚）这一天，无论刮风下雨，还是酷热严

寒，上城区文化馆"F1摄影沙龙"的成员们不打招呼，就会不约而同地抱着新创作的摄影作品，走进区文化馆，一起进行交流摄影作品，人人都有机会当评委，人人都有要机会获奖。奖品不在于好坏，等级不在乎高低，大伙并不计较，大家在乎的是交流，在乎的是听到对自己摄影作品的宝贵意见，在乎的是分享其他成员的摄影创作过程和各自的经验。

每月固定的场地与经费支持。杭州上城区"F1摄影沙龙"创作群体的成长，离不开文化馆在经费场地上的长期支持。上城区文化馆重视F1摄影沙龙活动，从最初拨出资金，买来胶卷作为每月优秀摄影作品的奖励，到之后送数码摄影的冲印券，到现在从文化馆的创作经费中，提供每月一次摄影沙龙专题摄影讲座的讲课费用，每月为F1摄影沙龙提供月赛奖金1 000元，用于奖励积极创作并获得成功的摄影爱好者。每年安排经费，举办摄影比赛和展览，展示"F1摄影沙龙"创作群体的优秀摄影作品。区文化馆还拨出近2万元经费，用于在每年年底举行的F1摄影沙龙年会上，对优秀摄影作品和摄影创作者进行年度奖励等。

每月精彩的摄影专题讲座。多年来，杭州上城区"F1摄影沙龙"一直在组织摄影专题讲座，特别是从2010年下半年以来，每月的固定活动日，上城区文化馆都安排摄影专家、团队有特长的摄影爱好者，面向摄影创作群体作专题摄影讲座。作讲座的专家，既有浙江省摄影家协会主席，也有全国摄影展金牌奖获得者、全国摄影金像奖获奖者，通过摄影专家的精彩讲解，摄影获奖者的现身说法，提高杭州上城区"F1摄影沙龙"创作群体的摄影水平。在专题讲座结束后，沙龙成员们有机会和摄影专家、摄影高手近距离交流。

沙龙成员经常性的摄影采风。"F1摄影沙龙"创作群体成员经常自主组团，外出进行摄影创作采风，远赴云南、西藏等地进行摄影创作。浙江省内许多地方，更是创作群体成员们摄影创作的基地。杭州上城区"F1摄影沙龙"创作群体，将民俗、民风、好山、好水都摄入镜头。2012年春节，杭州上城区"F1摄影沙龙"的十多位影友们组队赴武当山等地摄影采风，有一件摄影作品在《中国摄影报》头版头条发表，多件作品在全国获奖。

沙龙每年举办摄影艺术展示。除了年度的摄影沙龙摄影成果精选展，杭州上城区"F1摄影沙龙"每年经常组织举办摄影沙龙创作群体的摄影艺术展，比较有影响的有，2000年与《钱江晚报》共同举办"吴越风韵"千年之旅运河风采摄影展；2002年在市摄影家协会的支持下，举办了摄影沙龙成员章胜贤的《钱塘记忆》"老杭州"摄影展，展出8个系列270幅珍贵照片；2007年、2008年两次与《数码摄影》杂志社合作，承办"寻找中国数码摄影师"、"我的中国符号"杭州站活动；2008年举办的"行摄天下，影像从心"上城区文化馆F1摄影沙龙四人摄影作品联展；2011年举办的"发现·经典上城"摄影大赛；2011年举办的"南宋古都·经典上城"摄影图片展；2011年举办的艺术节现场摄影抓拍比赛等。

摄影沙龙的互联网展示交流。在网络时代，上城区文化馆也适时建立杭州市上城区文化馆网站，设立"摄影书画"专栏，在文化馆网站中，杭州上城区"F1摄影沙龙"每月的沙龙活动和会员优秀的摄影作品，都传到网上进行展示和交流。上城区文化馆建立"F1摄影沙龙"交流QQ群，交流摄影创作经验，分享摄影采风心得，了解摄影活动动态，增强了"F1摄影沙龙"创作群体之间的业务联系和感情联络。

杭州市上城区文化馆持之以恒开展"F1摄影沙龙"活动，摄影创作群体取得了令人瞩目的骄人成绩。

在国际国内摄影大赛屡获佳绩。杭州上城区"F1摄影沙龙"创作群体，多年来在国际国内摄影大赛上屡获佳绩，荣获历届全国摄影展 4 银、4 铜、11 入选的佳绩；荣获文化部"群星奖"1 银、1 铜、1 优；在国际影展中获得 3 铜、4 入选的成绩；在奥地利超级摄影巡回展中获 5 金、1 银、1 铜，还获得最佳俱乐部大奖、金奖。2011 年，"F1 摄影沙龙"创作群体的摄影作品获 PSA 美国国际摄影大赛银奖、铜奖；阿尔塔尼国际摄影大奖赛"人类情感与激情组"阿尔塔尼金牌奖；还获得全国第八届残运会"共享小康——寻找最幸福残疾人"摄影展一等奖、第十三届中国上海国际艺术节"浦东新场杯"长三角地区摄影邀请赛一等奖、科学与艺术全国摄影作品大赛金奖、2011 年上海国际"郎静山艺术摄影奖"金像奖等。

"F1 摄影沙龙"创作群体令人瞩目。杭州市上城区文化馆"F1 摄影沙龙"创作群体建设，作为群众文化团队的优秀典型，近年来获得省市文化部门的表彰，2007 年获浙江省摄影群体作品展优秀群体奖，2010 年被浙江省文化厅授予"浙江省优秀视觉艺术创作群体"；2007 年被评为杭州市一级群众文化团队、2008 年度杭州市群众文化示范团队，2011 年在杭州市首届星级团队评比中，被评为四星级文艺团队。鉴于杭州上城区文化馆 F1 摄影沙龙在摄影界的影响，《中国摄影报》、《人民摄影报》、《大众摄影》杂志、《摄影世界》杂志、《数码摄影》杂志、《杭州日报》等刊物均对其作过专题报道和介绍。

许多优秀的摄影创作人才脱颖而出。30 年来，杭州市上城区文化馆"F1 摄影沙龙"创作群体，在摄影创作水平不断提升的同时，涌现出了一批优秀的摄影创作人才。2003 年汤耀亮被中国摄影家协会授予"德艺双馨"优秀会员荣誉称号；2005 年韩盛、汪建伟、吴璜、顾益民、章胜贤、胡鉴、黄乐康七名摄影师获杭州市摄影家协会双年"十佳摄影家"称号；2008 年刘文奕获全国抗震救灾优秀摄影家称号；2008 年汤耀亮、王芯克获浙江省摄影十佳；

2008 年章胜贤、吴璜、胡鉴、吴国方、黄乐康、韩盛获第三届杭州市"十佳摄影家",陈建荣获第一届杭州市十佳摄影家(组织类);2010 年邱国强、顾益民、胡鉴、边伟虎获杭州市摄影家协会第四届杭州市"十佳摄影家",王强获特殊贡献奖、陈建荣获杭州市摄影家协第二届组织工作奖,韩盛、吴璜、蒋忠来获杭州市摄协工作积极分子奖等。

【专家点评】

杭州市上城区文化馆"F1 摄影沙龙"创作群体培育壮大中,最令人感动的,是上城区文化馆持之以恒、30 年如一日,坚持每月固定活动日,雷打不动坚持开展摄影沙龙活动,吸引杭州市摄影爱好者到文化馆参加摄影专题讲座,交流探讨摄影创作,切磋摄影创作技巧。虽然上城区文化馆的摄影干部如今已是第三任,但摄影沙龙这个群众摄影活动形式,难能可贵地坚持了下来,如今参与沙龙的群众摄影爱好者越来越多,"F1 摄影沙龙"的社会影响越来越大,形成了一个富有影响的群众摄影创作群体。依托每月一次的"摄影沙龙"活动形式,上城区群众摄影创作群体不断壮大,摄影艺术水准不断提升,为满足群众多样化的文化需求,丰富群众精神文化生活,发挥了积极作用。

(点评人:王全吉)

九、"百团"评选助推发展　打造群众文化新品牌
——湖南省长沙市群众文艺"百团"建设

长沙市委宣传部、市文化局秉承着"向群众要文化、让群众演文化、使群众享受文化"的思路,树立和落实全面发展、协调发展

和可持续发展的科学发展观，以人为本，进一步整合资源、配套政策、建立机制，开展了覆盖城乡、活跃城乡的群众文艺百团活动，极大地丰富了长沙市民的业余文化生活，较快地推动了长沙群众文化事业的繁荣发展，极大地推动了长沙群众文化事业的繁荣发展，促进了社会的和谐进步。

2007年来，市委宣传部、市文化局带领长沙市群众艺术馆紧紧抓住"百团"这一龙头，一年一个主题、一年一个系列、一年上一个台阶，形成了"欢欣鼓舞颂盛世，星城无处不飞歌"的浓厚氛围，使长沙市群众文化事业蓬勃发展。短短的两年时间，长沙的群众文艺"百团"声名远播，"百团"品牌以其特有的吸引力、凝聚力，丰富了长沙人民的精神生活，极大地提高了长沙群众文化的知名度。

2009年12月12日"长沙市群众文艺百团展演"在由中国群众文化学会、中国文化报社举办的"全国首批群众文化品牌评选活动"中以巨大的影响、雄厚的实力脱颖而出，被评为全国首批"群文活动品牌"；2010年"长沙群众文艺百团"喜获全国"群星奖"。

(一)建立激励机制，扶持文艺团队

"长沙群众文艺百团"这一概念的提出，源自2007年开福区的"湘江韵律"广场文化活动，市委常委、市委宣传部长陈泽珲看到群众自己组织的演出队伍、自己编排表演的节目，受到群众的热烈追捧和欢迎，深深被老百姓的文化精神和创造激情所感动，提出要把长沙数百个群众文艺团队组织起来，让群众在享受文化中创造文化！从此，以"百团"为概念的系列文化活动应运而生！

2007年，评选活动刚刚起步，市委宣传部就决定拿出178万元作为奖金和活动经费，其中直接奖励给100个群众文艺团队的资金为111万元，最多的团队得到奖金10万元，群众文艺团队的受奖面之宽、奖金之多前所未有，这极大地促进了群众文艺团队的发展。2008 年长沙群众文艺百团活动的经费增加到了 200 万元。这些经费支持，激发和推动了长沙群众文艺百团活动的开展。

为鼓励和扶持长沙市群众文艺团队，进一步推动群众文化活动的蓬勃开展，2008 年，中共长沙市委宣传部联合长沙市文化局、长沙市广播电视局、《长沙晚报》报业集团、长沙市文联下发了长宣发〔2008〕25 号文件夹《关于开展 2008 年"百佳群众文艺团队"评选活动的通知》，对群众文艺百广场展演、"百品"、"百星"大赛、百团评选及表彰作出了明确部署，长沙市委宣传部还专门下发了长宣发〔2008〕22 号文件《长沙市"百佳群众文艺团队"评选办法》规定：每两年在全市范围内评选出最佳、优秀、先进三个等次共 100 个群众文艺团队，进行扶持奖励，从而使长沙市的百团活动经常化、规范化、制度化，使群众文艺团队的管理进入一种长效状态。这些评比机制、奖励机制，使群众的参与积极性更高了，文艺团队的普及面更广了，获得常青藤般的生命力。

(二)领导高度重视，宣传推广到位

长沙市委、市政府对"百团"活动相当重视，成立了市委主要领导组成的活动组委会，组委会下设办公室。市委宣传部、市文化局具体负责整个活动的策划宣传和组织工作。市委宣传部、市文化局站在占领群众思想文化阵地的高度，围绕如何搭建平台、打造载体，让长沙百姓在文化的共建、共享中实现自娱自乐的目标，把群众文化工作放上议事日程，不仅从思想上把"百团"建设当做一项重要工作来抓，同时在经费和宣传力度上给予大力支持。

市级宣传文化部门还与区县(市)宣传文化部门紧密协调，自上而下形成联动与合力，所有街道、社区和文艺团队的辅导员深入基层，广泛发动文化辅导员和团队负责人，形成横向和纵向交错的工作网络。

中央及湖南各大媒体陆续跟踪采访、实时报道，关注和宣传

长沙市群众文艺"百团"的相关情况，为"百团"的顺利开展创造了良好的舆论环境。中央电视台、《人民日报》、《长沙晚报》、《潇湘晨报》、星辰在线、长沙电视台公共频道、长沙电视台女性频道、长沙电台音乐频道等媒体，都先后对"百团"做了大量相关专题报道。而星辰在线网站上的"百团"网上评选、节目预告，总浏览量已经超过了百万人次。

(三)团队数量猛增，广场活动繁多

在"百团"活动的引导下，长沙市涌现了一大批导向正确、机构健全、管理严格、队伍稳定、活动经常的群众业余文艺团队，队伍数量猛增，从 2006 年底的不足 400 支发展到 2010 年的近 1 100支登记注册队伍，而且数量还呈现不断增长的趋势。

在长沙市群众文艺百团活动的推动下，全市常年参加群众文艺团队的总人数由 2007 年初的 1 万多人增长到现在的 8 万多人，由以老年人为主发展到老、中、青、幼并存，工人、农民、教师、学生、机关干部和进城务工人员各行各业全民参与，甚至连在长沙居住的外国人也兴致勃勃地加入了长沙群众文艺团队和广场展演，比如西非贝宁的毛利克经常唱着地道的长沙花鼓戏《刘海砍樵》和《补锅》，活跃在街边广场。

自从 2007 年"百团"活动启动以来，群众文艺团队的演出场次之多前所未有。2006 年全市群众文化活动演出不到 1 000 场，到 2010 年已经发展到 5 000 多场，120 万观众观看了演出。多场次、多形式、丰富多彩的演出，极大地满足了广大市民的群众文化艺术需求，好评如潮，场场赢得热烈的掌声。

(四)艺术水平提高，艺术成果丰硕

随着"百团"评选活动的开展，团队之间的竞争也越来越激烈，这激发了群众文艺团队艺术水平的不断提高，使表演形式丰富多彩，声乐、舞蹈、戏曲、器乐、曲艺小品、杂技、武术、模特表

演和其他一些传统的民间艺术形式，都出现在了群众文化活动的舞台上。大量文艺作品唱响了歌颂党、歌颂祖国、歌颂解放军、歌颂中国特色社会主义、歌颂社会主义新农村、歌颂幸福新生活的主旋律，形成了"欢欣鼓舞迎盛世，星城无处不飞歌"的浓厚氛围。

在全市群众文艺团队中开展"百品、百星"比赛中，各区县系统经过层层选拔，从4 000多个节目中精选出253个节目参加全市比赛，最后选出40个节目参加总决赛。节目争奇斗艳，精彩纷呈，其中很多是由群众新创新排的节目。在如此频繁和精彩的演出活动中，各个业余文艺团队争相使出看家本领，在原有节目的基础上，赶着时间编排出新的节目。许多新兴的团队也通过这次活动展示了团队的风采，得到了广大群众的鼓励和认可。

群众文艺团队不断发展，艺术水准水涨船高，并在许多国内外艺术大赛中频频获奖。长沙市知青艺术团在全国音乐金钟奖首届合唱比赛中夺得金奖第一名；盲聋哑学校翼之梦艺术团的音乐剧《特别幸福》在2007年文化部举办的艺术节上，荣获表演奖和创作奖；知青艺术团和友好合唱团远赴奥地利参加第五届国际合唱比赛，分别获得了银奖和铜奖；浏阳的功夫龙狮队在全国龙狮赛上再获金奖；小杜鹃艺术团受邀带着舞蹈《银色的黛帕》赴人民大会堂参加中央电视台全国校园文艺联欢晚会演出；雅礼中学交响乐团把演出搬到了维也纳金色大厅，湖南师大附中艺术团在英国伦敦的大剧院演出。长沙的群众文艺团队已经成为长沙精品文化艺术的摇篮。

(五)"百团"影响广泛，品牌文化彰显

各县(市)区在"百团"活动和"百品"、"百星"评选中，结合区域文化特色，纷纷打造了自己的活动品牌，形成了芙蓉区"牵手芙蓉"、天心区"激扬天心"、岳麓区"走进新岳麓"、开福区"湘江韵

律"、雨花区"魅力雨花"、长沙县"五彩星沙"、望城县"相约斑马湖"、浏阳市"广场月月乐"、宁乡县"周末我登台"等二十几个广场活动品牌，依托百团会演展演的广阔平台，策划了"滨江剧场"、"才艺擂台"、"七彩广场"、"和谐一家亲"、"关爱农民工"等活动，开展了"迎奥运"、"我们的节日——中秋"、"非物质文化遗产成果保护展览"、"首届新农村文艺调演"、"百品百星总决赛"、"百团迎春暨百团颁奖晚会"、"百团闹元宵"等一系列群众广场文化活动，实现了一区一特色，一县一品牌，创新了活动载体，丰富了节目内涵。

【专家点评】

群众文化发展与繁荣，离不开一大批活跃在基层的群众业余文艺团队。长沙市文化部门以群众文艺"百团"建设为抓手，以创新的精神，大力推进群众文化团队建设，基层群众文化工作呈现红红火火的喜人局面。纵观长沙市群众文艺"百团"建设，有几个方面值得借鉴和推广：一是提供群众文艺团队展演的平台，通过开展群众文艺"百星、百品"评选活动，激发广大群众参与的热情，满足群众文化参与和文化创造方面的精神需求。二是建立良好的激励机制，增加文艺团队建设方面的经费投入，通过两年一次优秀群众文艺团队的评选活动，在精神鼓励的同时，给予经费上的奖励和扶持，推动群众文艺团队蓬勃发展。目前一些文化部门热衷于组织开展群众文化活动，轻视群众业余文艺团队建设，在团队建设上缺乏相应的经费投入。在这方面，长沙市群众文艺"百团"建设，值得各地学习，具有推广的意义。

（点评人：王全吉）

【思考题】

1. 文化馆（站）应如何组建和管理文化志愿者团队？

2. 文化馆（站）应如何利用互联网手段创新群众文化团队建设？

3. 文化馆（站）应如何因地制宜，建设特色文化团队？

4. 文化馆（站）建设群众业余文艺团队时应采取哪些有效举措？

5. 文化馆（站）应怎样整合社会文化资源开展群众文化团队建设？

第四章 文化馆(站)免费开放

一、深圳市群众艺术馆免费开放的理念和模式

深圳市群众艺术馆成立于 1980 年。近年来，深圳市群众艺术馆以保障人民群众基本文化权益为宗旨，面向全社会提供免费开放服务，形成了极具特色的"深圳理念"、"深圳模式"。

(一)免费开放的"深圳理念"

1. 突出公益品格，将群众艺术馆打造成为市民的文化乐园

群艺馆、文化馆是人民群众开展文化活动的重要场所，公益性是群艺馆、文化馆的重要属性。2006 年以前，深圳市群艺馆存在着场馆出租、培训收费和经营文化公司等情况，这在一定程度上背离了群艺馆和文化馆的公益性宗旨，不利于广大群众充分享有公共文化资源，也不利于发展繁荣群众文化。自 2006 年之后，深圳市群艺馆主动收回出租场所、撤销文化公司，同时停止所有收费培训项目，在全国率先实行免费开放和免费培训，使得群艺馆彻底恢复公益性，重新确立了自己的职能和定位。现在，深圳市群艺馆共设置活动厅室达 19 个，其中培训厅 15 个、多功能厅2 个、展览厅 2 个、老年人活动室 1 个、宣传橱窗 10 个，馆内常设的群众性重点文化活动项目有公益培训、展览、讲座、艺术沙龙、周末剧场、共享工程等 10 多项，全年 365 天对外开放，每天开放时间 12 小时。2010 年，群艺馆开设公益性艺术培训 140 个班次，放映免费电影 14 场，举办常设展览和流动展览 73 期、艺术宣传橱窗 12 期。每天，都有无数市民和外来务工人员走进群艺

馆，参加各种培训和活动。经过几年的打造，深圳市群艺馆已经成为深圳市民喜欢来、来了就能受到文化的滋养、来了就能得到快乐的重要精神家园和文化乐园。

2. 彰显文化魅力，让文化成为市民日常的生活方式和生活内容

文化是维系一个社会团结和谐的精神力量，同时，文化之于人类也是一种精神上的内在需求、普遍需求和终生相伴的需求。人们需要通过文化来启迪心智、认识社会、获得思想上的教益，也需要通过文化愉悦身心、陶冶性情、获得精神上的满足和依归。文化不应只是生活中的点缀，而应是生活中的重要内容。深圳市群艺馆在开展免费开放、免费培训的过程中，不断启发市民的文化自觉，引导市民充分认识、珍惜和享受自己的文化权利，通过彰显文化的魅力，吸引更多的市民走进群艺馆，走近文化艺术，在接受文化艺术熏陶的过程中不断认识自己、发现自己、提高自己、丰富自己，进而让文化艺术成为自己日常的生活内容和生活方式。在免费培训中，深圳市群艺馆既注重普及，又注重提高，既注意传播大众艺术，又注意传播高雅艺术，在切实保障群众基本文化权利的同时，不断提升群众的审美水平。为了进一步激发人们学习文化艺术的兴趣和热情，深圳市群艺馆还年年举办"走进艺术殿堂"公益性艺术培训展示会，全面展示和检阅每一年艺术培训活动的成果，展示学员们的艺术风采和精神风貌。免费培训开展以来，已累计举办美术、书法、音乐、舞蹈、摄影等20多个门类的培训班近800个班次，参加培训的学员达到25 000多人。很多市民，包括外来务工人员不分路途远近，都把到群艺馆参加艺术培训和艺术学习当成自己重要的生活内容。

(二)免费开放的"深圳模式"

1. 以文化人，坚持内涵式服务

文化馆所提供的服务是文化服务，文化服务质量的高低很大程度上取决于服务本身文化内涵的多寡。深圳市群艺馆坚持开展内涵式服务,充分调集各种文化资源,向公众提供艺术展览、艺术讲座、艺术培训、电影专场、周末剧场演出、阅览等服务,用优秀文化启迪智慧,陶冶人心。2010年,他们在馆内一楼大堂和展厅共举办《新疆农民画优秀作品展》、《香港画家林青画展》、《深圳市少儿艺术团成立15周年专题摄影展》等艺术展览37期,在馆内举办芭蕾舞教学法、合唱指挥、少儿舞蹈创作、声乐、戏剧、绘画等12期,为广大市民、外来劳务工、驻港部队、消防官兵等放映免费电影14场,举办周末剧场演出52场。周末剧场是深圳周末文化系列的重要组成部分,自2007年初首演以来,至今已演出208场,观众累计达到13万人次。为了保证周末剧场演出的质量,深圳市群艺馆对演出剧目和节目严格把关,努力使采购的剧目和节目丰富多彩,健康向上。几年来,参与演出的文艺团体包括深圳本土的艺术团,以及来自珠三角、港、澳地区的艺术团。马来西亚、加拿大和美国等国家的60余个艺术社团也来到深圳参加演出。

2. 质量为要,强化品牌化服务

公共文化服务保障的是人民群众基本的文化权益,但这并不意味着公共文化服务就是低端的服务。深圳市群艺馆着眼于树立公益性文化单位的专业性、权威性,充分发挥自己的人才优势,着力提升服务质量、服务水平,积极打造公益性文化服务品牌,强化品牌化服务。

在开展公益性培训方面,深圳市群众艺术馆首先着力组建高素质、高水平的师资队伍。培训部的近20位老师均毕业于国内著名艺术院校,有较高的艺术造诣,专业能力强,教学水平高。其次,每年培训从制订计划、公开报名、录取、开课到成果汇报,形成统一规范的运作流程。每年年初,群艺馆领导班子研究决定年度培训计划和规模，制订全年培训目标。培训部统一安排开课内容，制订课程时间表。报名信息提前一个月在网络、各大报纸和电视媒体向全社会公示，公示内容包括年度课程一览表、招收学员数量及教师姓名等。录取按报名先后顺序进行，额满为止；分初级班和提高班，提高班须通过基本功考核，合格后方可录取。录取后学员要签订安全管理《承诺书》。授课教师拟订教学大纲、课程计划等，课前充分备课，按既定课时开课，不得随意改变课程。学期结束举行培训成果汇报展示，以检验教学质量和培训效果，同时为学员提供展示平台，学员须按要求完成所学门类的表演、演奏或美术书法作品。汇报展示邀请上级领导、兄弟馆站、媒体及学员亲友参加。深圳市群众艺术馆公益培训服务已经成为该馆免费服务的重要品牌。

3. 以人为本，突出特色化服务

社会主义文化发展的根本目的是为人民服务。深圳市群艺馆坚持以人为本、面向群众，把满足人民群众精神文化需求作为文化发展的根本目的，把人民群众作为文化建设的重要依靠力量，做到文化发展为了人民、文化发展依靠人民、文化发展成果由人民共享。他们突出特色化服务，突出人民群众在文化建设中的主体地位，实现文化的共建共享。

深圳市群艺馆在开展免费艺术培训的基础上，将普及与提高有机结合，积极组织、培育、扶持馆办社团。目前，他们已建成深圳市少儿艺术团、深圳市京剧联谊会、深圳市艺术摄影学会、深圳市合唱学会、深圳市民乐团、深圳市青少年管乐团、深圳市群声合唱团、深圳市群众艺术馆电声乐团、深圳市群众艺术馆中老年舞蹈团、深圳市"金穗玲苗"古筝艺术团 10 个馆办社团。这些馆办社团积极参与公共文化服务，2010 年承办全市重大艺术活动、下基层演出共 58 场，单是深圳市京剧联谊会就承办"京剧进社区"、"京剧进校园"演出活动 20 场、京剧讲座 8 场，他们已成为深圳公共文化服务的主体力量。

深圳市群艺馆还主动将重心下移、资源下移、服务下移，对基层文化馆站开展指导与服务。他们充分利用本馆人才资源，定期面向全市各区文化馆、站的业务骨干举办戏剧小品、文学作品欣赏、歌词创作、合唱指挥、舞蹈编导等讲座。此外，他们还制定了《深圳市群众艺术馆文化辅导员管理办法》，建立了文化辅导员派驻制度，在全市各区、街道办、机关单位和学校建立了 35 个基层挂点，派驻文艺辅导员进行艺术辅导。

为了传导党和政府的人文关怀，实现公共文化服务的均等化，深圳市群艺馆还积极针对"弱势群体、特殊群体、边缘群体"开展服务。他们对该市的社会福利院、敬老院、西丽社区、元平特殊学校、市残疾儿童早期预防中心、戒毒所、劳教所等开展文化扶贫活动，组织参加捐资助学献爱心慈善义演活动，向社会福利院捐赠乐器和文具，组织专业人员对孤儿院、元平特殊学校的孩子们进行舞蹈、声乐、钢琴等方面的辅导。

4. 勇立潮头，拓展创新性服务

文化引领时代风气之先，是最需要创新的领域。深圳市群众艺术馆始终保持创新的勇气和激情，不断拓展创新性服务，探索和实践服务方式、服务内容、服务渠道、服务手段的创新。

除了利用馆舍开展阵地服务外，深圳市群艺馆积极开展流动服务。2010 年春节前夕，该馆开展了"2010 年深圳市新春关爱系列演出"，分赴龙岗大运场馆、布吉罗岗工业区、富士康股份有限公司等单位演出十多场；开展"企业爱员工，员工爱企业"深圳市流动大舞台慰问来深建设者演出 8 场。2010 年，他们还面向打工者密集的各大工业区举办流动展览、流动讲座以及流动讲座进校园活动共 30 期。

数字化服务是很多文化馆的弱项。深圳市群艺馆敏锐地认识到，进入信息时代，数字化服务将成为公共文化服务的重要手段。2001年，深圳市群艺馆即正式开通了网站。近年来，深圳市群艺馆网站数字化处理和查询利用工作逐年上台阶。现在的深圳群文网页面美观，设有"群文动态"、"群文艺术"、"文学与戏剧"、"美术摄影"、"音乐舞蹈"、"公益性讲座"、"周末剧场"等众多栏目，内容极为丰富，音频视频容量及信息量不断增大。深圳群文网还与全市六区联网，网站的点击率居全国各文化馆网站前列，为更多的人接受群艺馆的公共文化服务提供了便利。

为了加强对基层文化馆站、文化骨干业务上的指导，深圳市群众艺术馆认真编辑出版馆办刊物《文化天地》，并免费发放。每期刊物的内容还及时在深圳群文网上发布。

【专家点评】

开展免费开放服务是公益性文化单位的核心功能。深圳市群众艺术馆强化服务意识，坚持以服务为出发点和落脚点，一切围绕服务，一切体现服务，一切落实服务。他们免费开放服务的理念非常明确，一是突出公益品格，将群众艺术馆打造成为市民的文化乐园；二是彰显文化魅力，让文化成为市民日常的生活方式和生活内容。他们根据自身的职能和当地人民群众的文化需求，努力完善设施设备，精心设置文化活动和文化服务项目，使文化活动和文化服务项目新颖、独特、生动、丰富、益智、有趣，让人民群众渴望参与，愿意参与，乐于参与。同时，通过免费开放服务，培养人们正确的价值观、健康的审美情趣和良好的生活方式。为了让免费开放服务收到良好的效果，他们以人为本，坚持内涵式服务，强化品牌化服务，突出特色化服务，拓展创新性服务。他们的免费开放服务理念和服务模式值得全国文化馆、站学习和借鉴。

（点评人：戴珩）

二、重庆市沙坪坝区文化馆
免费开放服务的"五大特色"

为认真贯彻落实财政部、文化部《关于推进全国美术馆、公共图书馆、文化馆(站)免费开放工作的意见》、《重庆市推进美术馆、公共图书馆、文化馆(群艺馆)、乡镇综合文化站免费开放工作实施方案》文件精神，保障人民群众基本文化权益，丰富人民群众精神文化生活，让人民群众共享文化改革发展成果，沙坪坝区文化馆于2011年3月10日率先在全市实现了公共文化设施无障碍、零门槛地对广大群众免费开放，100万沙坪坝区常住市民和外来人口实实在在地享受到了免费的"文化大餐"。

对照文化部及重庆市对于免费开放工作的要求，沙坪坝区文化馆免费开放有以下几大特点。

(一)免费开放工作准备充分

沙坪坝区文化馆根据文化馆的职能，研究确定了文化馆免费开放的基本服务项目和内容，同时，健全了各项规章制度，加强规范管理，让公共文化设施得到高效利用，免费服务项目落到实处，使人民群众的基本文化权益得到切实的保障。目前，沙坪坝区文化馆已完成了公共文化服务免费项目的上墙公示，设置公示专栏2块，开放区域平面示意图4块。编印了所有公共文化服务免费项目的简介资料，制定了组织管理制度以及免费开放安全工作预案，为免费开放工作的顺利实施奠定了基础。

(二)免费开放的公共文化设施场地面积大

文化馆是开展公共文化服务的重要场所，是保障人民群众基本文化权益的重要阵地。沙坪坝区文化馆以群文楼、金沙大厦两幢大楼为依托，免费开放了阅览室、展览厅、排练厅等 10 余个活动场地，建筑面积达 7 700 平方米，大大超过了重庆市规定的标准，满足了人民群众对场地的需求。

(三)免费开放的公共文化服务项目数量多

为了保障人民群众的基本文化权益，丰富人民群众的文化生活，沙坪坝区文化馆认真研究制定了免费开放工作的实施方案。针对不同年龄、不同层次、不同群体的文化需求，该馆在原有的免费服务项目基础上，新增免费文化服务项目 4 项，使全馆公共文化服务免费开放的项目达 20 项。目前，沙坪坝区文化馆公共文化服务免费开放的项目有：三峡广场音乐会，广场故事活动，广场文艺展演，送文化下乡、送文化进社区活动，蓝天歌剧院公益演出活动，摄影角活动，文学沙龙活动，时势政策、科普知识讲座，示范文艺团队建设，街镇文化专干、村社文化指导员、业余文艺骨干培训班，业务干部下基层辅导，农民工子女免费艺术教育培训班，展览厅，宣传橱窗，书报阅览室，电子阅览室，多媒体教室，群文培训资料，公共文化服务网站，设施设备使用。让各个层次的群众都能真正享受到公共文化服务。

(四)免费开放的公共文化服务项目时间长

为了吸引更多的人民群众走入文化殿堂，不断满足各种年龄层次人民群众的文化需求，馆内常设公共文化服务项目开放时间每天达 12 小时以上。他们合理安排各个公共文化服务项目的开放时间，最大程度满足各类人群多层次、多样化的审美要求和文化需求。比如报刊阅览室和电子阅览室，开放时间是下午 2:00 到晚上 8:30，展览厅开放时间是上午 9:30 到晚上 8:00，节假日不休，这种错时开放，吸引了更多的上班族及学生能在他们的空余时间，走进文化馆，共享文化发展的成果。

(五)免费开放的公共文化服务项目标准高

沙坪坝区文化馆免费开放的步伐在全市乃至全国各文化馆中都处于领先。早在 6 年前，该馆就开始试行了公共文化服务免费开放活动，并不断积累免费开放的经验。《关于推进全国美术馆、公共图书馆、文化馆(站)免费开放工作的意见》下发后，文化馆又进一步完善各种场所设施、设备的配置，并适度提高免费开放服务项目标准。

开展免费开放服务是长期的任务。在开展免费开放服务的过程中，沙坪坝区文化馆将不断努力，不断探索，不断创新，以更加丰富的馆藏资源、更加优质的服务、更加舒适的文化环境，使文化馆真正成为与公众进行文化、艺术双向互动交流的场所，成为市民的"心灵栖息地"和"精神家园"。

【专家点评】

文化馆免费开放是党和政府的要求。温家宝总理在 2010 年政府工作报告中明确要求："推进美术馆、图书馆、文化馆、博物馆免费开放，丰富人民群众的精神文化生活。"2011 年 1 月 27 日，文化部、财政部下发《关于推进全国美术馆、公共图书馆、文化馆(站)免费开放意见》。2011 年 2 月 18 日，文化部、财政部召开全国美术馆、公共图书馆、文化馆(站)免费开放工作电视电话会议，要求 2011 年年底之前，全国所有文化馆(站)实现无障碍、零门槛进入，公共空间设施场地全部免费开放，所提供的基本服务项目全部免费。2012 年年底之前，全国所有文化馆的一级馆、省级馆、省会城市馆、东部地区馆(站)免费提供的基本公共文化服务质量和水平不断提升，形成2个以上服务品牌，其他文化馆(站)实现基本公共文化服务项目健全，并免费提供服务。开展免费开放服务也是人民群众的要求和文化馆应该履行的职责。重庆市沙坪坝区文化馆是"全国先进文化馆"，各项工作一直走在全国文化馆的前列。文化部、财政部《关于推进全国美术馆、公共图书馆、文化馆(站)免费开放意见》下发后，该馆积极行动，在前期已经开展的免费开放服务的基础之上，进一步开放场地设施，增加免费开放服务项目，提高免费服务标准，调整和延长免费开放时间，完善免费开放制度，形成了鲜明的特色，用行动再次显现出服务人民群众、丰富人民群众文化生活、保障人民群众基本文化权益的文化自觉。

(点评人：戴珩)

三、"五项公益"，惠及百姓

北京市西城区文化馆位于西直门内大街147号西城区文化中心大楼内。为了体现"区域文化的枢纽、艺术展示的殿堂、文艺人才的摇篮、服务百姓的乐园"这一功能定位，从2008年起，该馆提出了"五项公益"的理念，即针对百姓，零门槛、全免费开展公益演出、公益培训、公益讲座、公益展览、公益电影活动，重点突出"以民为重，服务于民"的特色，充分保障了百姓的基本文化权益，深受百姓欢迎。

(一)公益演出

西城区文化馆常年开展公益演出。

利用文化馆阵地所开展的"节庆西城"活动定位于突出传统民俗，在元旦、春节、元宵节、五一节、端午节、国庆节等重大节假日里，开展曲艺专场、戏曲表演、话剧演出、综合文艺演出、文化志愿者展演等演出，百姓免费参与或观赏。各类名家也经常在文化馆的舞台上展示风采，如评剧名家戴月琴、张淑桂、小玉霜、黄兆龙等；著名歌唱家杨洪基、潘淑珍、冯桂荣等；曲艺名家冯巩、李立三、崔琦等。

荟萃全区原创文艺作品开展的原创文艺演出旨在通过一系列原创作品，展示西城区区域文化特色和发展成就，从而激发市民爱首都、爱西城的情感。该馆打造的大型主题原创演出《什刹海情韵》和舞蹈诗《魅力金融街》面向全区百姓免费公演，引起强烈反响和一致好评。

面向弱势群体开展的"周末音乐·汇"演出活动集古典音乐教育、演出、普及等功能于一体，为广大青少年提供学习、交流古典音乐的平台，同时挖掘、储备古典音乐人才。"周末音乐·汇"不定期举行，观众可自由领票观看。自闭症儿童专场演出——《放牛班的春天》引来了众多小观众和家长，音乐会中，小观众们完全沉醉于美妙动听的音乐之中，收到了极好的社会效果。

服务社区的文艺小分队演出以推进公共文化服务均等化为目标。他们经常深入街道、社区为敬老院、环卫工人、残疾人等弱势群体开展免费演出，将百姓喜闻乐见的戏剧、曲艺、器乐、声乐、舞蹈、小品等文艺节目送到老百姓家门口，送到工作在一线的普通劳动者、外来务工人员中间。

(二)公益培训

西城区文化馆针对老年人、青少年、社区文艺骨干等开办各类艺术培训。

该馆充分利用艺术培训学校场地资源和师资资源优势，定期开办针对弱势群体免费培训班。如开设自闭症儿童钢琴班，尝试音乐介入自闭症儿童的恢复治疗；如开设七彩梦艺术培训班，为外来务工人员子女免费进行舞蹈、话剧培训；又如为低保户家庭子女免费开设舞蹈、影视、表演、美术、素描培训班。到各类免费培训班学习的孩子络绎不绝，班班座无虚席，场面火爆，效果显著。

社区文艺骨干培训是该馆长期坚持的免费培训项目之一。为了提高培训质量，他们想方设法邀请北京市甚至是国内业界十分有声望的教师，例如资深舞蹈教授潘志涛、著名指挥关序、摄影专家杨晓利等担任主讲教师。通过培训，一大批社区文化骨干活跃在西城区群众文化工作第一线，成为繁荣群众文化的主力军。

(三)公益讲座

"西城讲坛"是西城区文化馆知名的公益讲座品牌。该讲座每逢隔周六举办，邀请知名学者、专家授课，市民免费听讲。

为了使"西城讲坛"常讲不衰，西城区文化馆认真了解百姓需求，真正从百姓的角度办讲座。"西城讲坛"内容涉及文学、艺术、生活、健康、知识等方方面面，例如有心理教育方面的"爱孩子，爱沟通——亲子有效沟通心理"讲座、"发现天才行为，发展优势潜能"讲座，还有如"大师眼中的话剧魅力"讲座。讲座既传导了知识，又开启了心智，提高了人们的人生境界和审美境界。场场讲座，都深受群众欢迎。

(四)公益展览

西城区文化馆以"圆梦艺苑"命名的公益展览，旨在为辖区单位、团队及文艺爱好者提供一个艺术展示的平台。凡西城区百姓，只要其作品符合社会主义价值观，能够代表西城区群众文艺创作的水平，具备展出条件，都可以到这个平台来进行免费展示、交流，观众免费观展。该展览园地自开辟以来，无论是名家，还是普通百姓纷纷前来预约，展示活动全年 365 天天天不间断，并且做到一期展览一周，周周有新变化。举办的公益展览以特色展最受欢迎，例如非物质文化遗产保护成果展、残疾人手工艺作品展、端午节清明节公益民俗展、民间收集展等。各类展览满足了不同观展人群的需要，真正做到了参展人员面广，观展人群线长，其公益品牌效应已基本形成。

（五）公益电影

公益电影作为西城区文化馆的免费活动，受到群众的热烈追捧。由于免费电影是每周二上午放映，因此满足了许多老年朋友的需要。此外，该馆还独出心裁，隆重推出了"光影新世界——盲人数字影院"，即采用语音录制的方式以"说"的形式演绎精彩的电影世界，使盲人朋友通过声音"观看"电影，让盲人朋友用声音感受艺术，用心灵感受社会温暖。为做好此项工作，该馆与电视台等媒体通力合作，建立由知名配音演员、主持人等声音识别度较高的艺术名人及普通百姓组成的文化志愿者队伍，参与到影院的译制工作中来。同时，邀请残疾人心理专家、残疾人工作者以及不同年龄段残疾人，在充分调研论证的基础上，形成《盲人影片译制片源调研报告及评定体系》及《盲人影片译制方式及技术手段调研报告》，通过调研确定适合盲人心理、生理特征的电影片源，并通过同步解说的形式加以"译制"，使其成为盲人可以接受、欣赏的影片。与此配套，对于那些不具备出行条件的盲人，则通过刻录光盘、网上播放的形式为其提供"观影"服务，通过上述两种形式真正做到保障盲人群体的文化权益。

【专家点评】

北京市西城区文化馆根据当地群众的需要，把自己的免费开放服务项目归结为五大项，即公益演出、公益培训、公益讲座、公益展览、公益电影。这"五项公益"，每一项都体现着文化馆的职能，体现着对群众文化需求的顺应，体现着对普通群众，特别是弱势群体的关心和关怀。文化馆所要做的免费开放服务可能不止是这"五项公益"。但是，西城区文化馆开展"五项公益"服务的出发点、所形成的特色和所产生的效果都非常值得肯定。

（点评人：戴珩）

四、"群星展厅"：视觉艺术的"星光大道"

"群星展厅"是宁波市群众艺术馆为强化阵地服务职能，促进公共文化设施的有效利用而策划实施的文化惠民项目。

"群星展厅"位于美丽的月湖景区，它突破了传统的美术、书法、摄影活动模式，充分发挥公益文化优势，具有策展定位准，布展创意新，办展零门槛，开放全免费的特点，形成了阵地与巡展结合、实体与网络同步、名家与草根齐聚、鉴赏与交流并举的格局，以其鲜明的展览主题、灵活的展览形式、丰富的展览内容被甬城百姓亲切地称为"百姓美术馆"。

"群星展厅"自 2008 年 7 月推出以来，至 2012 年初，已举办各类展览 48 期，为 80 余位本地视觉艺术工作者和爱好者提供了展示的舞台，观众达 20 余万人次，收到外国友人、各地游客和群众现场留言 2 300 余条，《中国文化报》、《美术报》、《书法报》、《书法导报》、《宁波日报》、《宁波晚报》、宁波电视台等多家媒体对此进行了专题报道。"群星展厅"使公益性文化单位"机关化"的状况得到了改变，让高居殿堂的视觉艺术走近了寻常百姓，让初出茅庐的"草根"艺术爱好者找到了展示的舞台，使宁波市群众艺术馆公共文化服务水平、公共文化产品供给能力、公共文化服务范围得到了进一步提高和拓展，"群星展厅"以其独特的艺术魅力成为月湖景区的"文化客厅"。

(一)"群星展厅"是百姓艺术亮相的平台

作为面向市民免费开放、展示百姓艺术的窗口,"群星展厅"以创新公益服务为宗旨、以展览活动为载体,生动实践着"我的展厅我做主"的口号,既可以让百姓真正享受到免费的文化服务,又能使他们最大限度地展现自己。为了让普通民众以主人的姿态参与展厅的各项活动,为了满足不同职业、不同年龄群众的多样化需求,"群星展厅"量身制作了一批不同艺术形式和风格的展览,例如"王爱国根雕艺术展"、"杨明明工笔画作品展"、"陆开冲、施建华农民画展"、"徐敏杰麦秸画作品展"、"王文佳漆画展"等展览,不但为多年在民间艺术领域默默耕耘而又无力办展的"草根艺术家"无偿提供了展示的平台,也为市民了解宁波本地深厚的文化底蕴和丰富的文化创造提供了方便。

另外,为了让更多的普通百姓能够参与到"群星展厅"活动中来,宁波市群众艺术馆非常注重"群星展厅"与百姓的互动,通过媒体面向全市征展百姓艺术,并做好登记、联系及反馈等相关工作,并在展览形式、评选方式上尽可能地为百姓创造文化共享的机会。例如牛年伊始举办的"看谁最'牛'——2009宁波市'百牛迎春'绘画大赛",在群众中征集作品500余幅,这些作品来自社会的各个层面——有老人,有孩子,有普通农家妇女,也有风华正茂的学生。活动征集作品在网站同时展出,并进行投票,其中金奖作品的网络最高点击量达21万多,真正体现了"百姓展览、百姓作品、百姓评选"的活动宗旨。

(二)"群星展厅"是视觉人才推介的空间

出作品、推新人,是公益性文化单位的任务之一。"群星展厅"在挖掘、推介、扶持视觉艺术人才方面做了大量工作,使宁波群众视觉艺术界普通的"星星"闪烁出耀眼的光芒。"群星展厅"举办的"农民艺术之星系列作品展"、"视觉新锐系列作品展"、"女艺术家系列作品展"、"企业艺术系列展"等活动，成功地推介了一批视觉艺术人才。"视觉新锐"系列展是"群星展厅"专为青年艺术家而策划的展览，至今已举办 4 期，共为 16 位有潜质的中青年艺术家进行了推介，受到社会的关注。例如工笔画爱好者杨明明原是象山县一名淳朴的农家妇女，8 年前开始倾心于三矾九染的花鸟画。当她的作品出现在"群星展厅"时，引起了小小的轰动，她也由此成为远近闻名的农民"艺术之星"。

"群星展厅"还与宁波日报社、宁波晚报社等多家媒体合作，分别在《宁波日报》、《宁波晚报》、《东南商报》、《广播电视周报》上推出专版的"群星展厅"视觉艺术作品及个人专访，并通过电视台的专题《视点》节目，使全市的老百姓都来了解和关心我们身边的"明星"。在举办"心影之路——龚爱茹摄影作品展"、"城市边缘——沈一鸣都市系列摄影展"、"赏心·心赏——吴昌卿国画小品展"、"意趣盎然——林绍灵油画江南"、"艺术有约——画坛群英会"、"与春共晤——甬上国画家作品展"等名家名作展的同时，举办了现场交流活动和创作座谈会，不但提高了群众的艺术鉴赏水平，也使百姓与名家有了面对面的交流探讨机会。

(三)"群星展厅"是草根社团的展示窗口

"群星展厅"围绕服务基层，重心下移，不断创新工作方式，为推介草根社团不遗余力。"群星展厅"非常注重对视觉艺术民间社团的扶持和培养。他们结合"特色基层辅导示范点"工作，加大对余姚、慈溪、奉化、象山等地的 18 家基层文化示范点当地群众的书法、美术、摄影等方面创作辅导力度，鼓励其出作品、出成果，并通过"群星展厅"进行成果展示，很好地实现了由"送文化"到"种文化"的转变。此间，"群星展厅"已成功举办了慈溪市掌起镇"掌起书画协会"的"笔墨染创业"创作成果展以及余姚市印泉书画协会的"临山风"书画作品展示，有力地扩大了草根社团的影响力。"群星展厅"热诚的服务态度、严谨的工作作风也赢得了社会其他草根社团的青睐，例如镇海俞范社区的书画作品在展厅展出，宁波市一些书法爱好者通过网络组建起来的书法骨干团队在展厅举办了"第二届'春之韵'甬上实力书家书法作品展"，外来民工子弟学校学生的艺术作品也在展厅集体亮相。

(四)"群星展厅"服务延伸产生了品牌效应

"群星展厅"十分注重服务的延伸，其多次将展览展示活动就放在社区、乡村和厂矿企业。先后在镇海、北仑和海曙等地举办"开门见艺"——"群星展厅"走进社区巡展；在浙江造船厂、北仑钢铁厂等地举办"2008 新宁波人视觉艺术大展"；策划推出以民营企业家和企业书画、摄影爱好者为主体的系列视觉艺术展览，以及"心随鹭舞"——电力工人胡卫国野生鹭鸟摄影作品展、宁波市劳动保障系统摄影作品展、宁波市企业家摄影优秀作品展等，展览充分挖掘和展示了宁波现代儒商文化和"兼容并蓄、善于开拓"的创业精神。

同时，"群星展厅"还在宁波群艺网上开辟了视觉栏目，让市民能够足不出户就参与到自己喜爱的视觉艺术活动中来。加之组织市民艺术爱好者俱乐部，建立展讯短信平台、QQ 群等，都使展览的效应得到了放大，有力地激发了许多有艺术才华的普通市民参与创作与展示的积极性。

"群星展厅"被誉为视觉艺术的"星光大道"，已成为宁波市公益文化的一个知名品牌。

【专家点评】

文化部、财政部下发的《关于推进全国美术馆、公共图书馆、文化馆(站)免费开放意见》要求，2012 年年底之前，全国所有文化馆的一级馆、省级馆、省会城市馆、东部地区馆（站）免费提供的基本公共文化服务质量和水平不断提升，形成 2 个以上服务品牌。"群星展厅"就是宁波市群众艺术馆在开展免费开放服务中形成的服务品牌。"群星展厅"能够成为品牌，成功之处有这样几点：一是定位准确，"群星展厅"主要是为普通百姓和草根艺术家提供展示创造的平台；二是深化服务，"群星展厅"不是简单地免费为普通百姓和草根艺术家提供展示空间和平台，而是把培养人才、发现人才、推介人才有机结合；三是形式多样，"群星展厅"将固定展览与巡展结合、实体与网络同步、名家与草根齐聚、鉴赏与交流并举，大大增加了展览的受众面和吸引力；四是不断创新，"群星展厅"通过不断创新展览内容、互动方式，吸引群众广泛参与。"群星展厅"成为品牌的经验富有启迪和借鉴意义。

（点评人：戴珩）

五、《文化新世纪》：基层文化工作者的最爱

《文化新世纪》是由江苏省文化馆主办的公益性群众文化杂志。该杂志创办于 1999 年 1 月，为季刊，现每期 84 页，目前已按时出版 54 期，此外，还出版增刊 8 期。该杂志编辑力量雄厚，6 名编辑人员中，4 人具有正高职称，1 人具有副高职称。2007 年，《文化新世纪》杂志荣获文化部"第十四届群星奖服务奖"。该杂志不仅在全国同行中具有较为广泛的影响，更是深受基层群众文化工作者青睐，已成为江苏省文化馆免费开放服务的重要品牌。

（一）宗旨明确

从创刊之初，《文化新世纪》杂志就明确自己的公益性品格，明确以传播先进文化、繁荣群众文艺创作、促进群文理论研究、展示群文风采、弘扬优秀民族民间文化、引领群众文化事业发展、

提高群众文化整体水平、推动社会主义文化大发展大繁荣为宗旨。在编辑过程中，始终注意体现这一宗旨，并坚持做到"三贴近"，积极服务基层，服务广大读者。每期杂志免费发放到全省文化系统和所有文化馆、站，并向全国同行赠送。杂志的电子版则在江苏省文化馆网站上发布。

(二)栏目丰富

根据杂志宗旨、公共文化发展状况和读者需要，杂志精心设置了"卷首语"、"本刊特稿"、"新观察"、"公共文化服务体系示范区建设"、"非物质文化遗产保护专栏"、"大师素描"、"小舞台"、"笔会"、"版面培训班"、"专家视角"、"文化人手记"、"文化传真"、"艺术心得"、"社会艺术教育"、"文艺评论"、"文化建设谈"、"村级文化建设"、"文化访谈"、"站长之页"、"文化人小档案"、"一家之言"、"文化感言"、"论文拔萃"、"群文信息"、"歌曲选登"等 20 多个栏目，并与时俱进，不断调整、更新和增加栏目。杂志内容十分丰富，包含的信息量很大，同时，既注重指导性，又注重欣赏性和可读性。

(三)特色鲜明

在同类杂志中，《文化新世纪》的特色非常鲜明。其一，注重引领性。每期杂志均结合当前群众文化工作和公共文化服务体系建设的重点和热点，围绕一个相对集中的主题采写和编辑稿件。例如以新农村建设为主题；以基层文化建设为主题；以非物质文化遗产保护为主题；以文化馆免费开放为主题；以公共文化服务体系示范区创建为主题；等等。其二，注重指导性。每期杂志均编发由省政府领导和省文化厅领导撰写的对基层文化工作有指导性的特约稿件。同时，约请专家撰写对基层文化工作和公共文化服务体系建设有指导性的文章。其三，注重示范性。每期杂志所发表的群众文艺作品基本上都代表着全省群众文艺创作的最高水平,反映着全省群众文艺创作的最新成果。对所发表的优秀群众文艺作品还配发"专家点评"。其四,注重服务性。每期杂志都充分考虑到基层读者的需要,开设有"版面培训班",发表音乐创作、戏剧创作、小品创作、舞蹈创作、合唱指挥、公共文化服务体系建设等方面的系列文章,满足基层文化工作者求知的需要。其五,注重亲和性。每期杂志介绍全省各地群众文化和公共文化服务体系建设先进典型和先进经验的文章均由编辑深入基层采访调研后撰写,以此加深杂志和基层文化工作者的感情。同时,每期杂志的卷首语均由执行主编撰写,其主题既和当下文化工作的重点和要点有关联,同时又是生动可读的美文,例如《说建设》、《说责任》、《说和谐》、《说境界》、《走向乡村》、《守护家园》、《扎根泥土》、《把门打开》、《文化时代》、《敬畏文化》等,以此增强杂志的亲和力。其六,注重美观性。杂志装帧设计精美,图文并茂,质量上乘。

(四)效益显著

办刊 13 年来,《文化新世纪》产生了巨大的社会效益。其一,引领了江苏群众文化事业和公共文化事业的发展。杂志及时传达了文化部、江苏省委、省政府和省文化厅关于文化特别是群众文化和公共文化发展的有关文件精神,刊登了大量对于江苏群众文化先进典型的深度报道,对江苏群众文化事业的发展和公共文化服务体系建设起到了很好的引领和促进作用。其中,《魅力四射的南京"文化鼓楼"》、《太仓江南丝竹:保护和发展民族民间文化的成功范例》、《江南明珠光彩夺目,文化吴江绚丽缤纷》、《建设充满魅力的现代型文化馆》等文章均在《中国文化报》等全国性报刊上发表,在全国产生了广泛影响。其二,展示了江苏群众文化事业和公共文化服务体系建设的成就。杂志对江苏群众文化事业在设施建设、作品建设、人才建设、活动建设、品牌建设等方面所取得的重要成就尤其是具有创新性的举措进行了及时的报道和反映。
对江苏公共文化服务体系建设取得的成功经验进行了深入的报道。
杂志对江苏省乡镇文化站建设的典型苏州市木渎镇文化中心进行
了集中深入的报道，对全国服务农民服务基层的典型常熟市文化
馆、海安县文化馆进行了跟踪报道，对具有创新意义的张家港"长
江文化艺术节"、吴江市"区域文化联动"等重要品牌活动进行了报
道并进行了理论上的提升和总结。对张家港开展网格化公共文化
服务进行了全面的介绍。这些文章都在社会上产生了很好的影响。
其三，推出了一大批优秀的群众文艺作品和优秀的群众文艺创作
人才、群众文化理论研究人才。杂志发表了大量基层创作的音乐、
戏剧、曲艺、美术等优秀群众文艺作品，其中30多件作品获得了
"群星奖"、"蒲公英奖"等全国奖；杂志发表的群众文化论文有30
多篇在中国群众文化学会等主办的论文评奖中获奖。其四，推出
了江苏基层文化馆建设的典型和群众文化理论专著《江苏十大文化
馆研究报告》。杂志先后发表了10篇介绍江苏先进县、区文化馆
建设典型的文章。这10篇介绍江苏各地文化馆先进经验的文章结
集为《江苏十大文化馆研究报告》，由人民日报出版社出版，在全
国产生广泛影响，《人民日报》、《中国文化报》等几十家媒体作了
介绍，该书还获得了江苏省社科联"江苏省社科研究精品工程"优
秀成果一等奖。其五，团结和凝聚了全省群众文化工作者。杂志
举办的征文活动以及每年举办的创作笔会团结和凝聚了广大基层
作者，对全省群众文化工作者凝心聚力起到了重要作用。其六，
带动和促进了全国同类杂志总体水平的提高。《文化新世纪》办刊
理念先进，思想敏锐，文字精美，质量上乘，对全国同类刊物产
生了很好的影响，《文化新世纪》所刊发文章有200多篇先后被中
国文化报、《群众文化》杂志以及外省群众文化杂志转载和被收入
各种书中，《文化新世纪》的"文化人小档案"等一些栏目也被外省

一些群众文化杂志所借鉴和采用。其七，杂志赠送面广，在社会的各个层面产生了广泛的影响。《文化新世纪》除赠送到江苏给有文化局，文化馆、站，图书馆，部分学校及大型企业外，还广泛向文化部、人民日报社、中国文化报社、江苏省委、省政府、省广电新闻出版文联作协社科联部门、全国各省文化厅、群众艺术馆、文化界知名人士赠发。在社会上具有相当的影响，被许多图书馆作为指定收藏刊物。其八，培养和激发了基层文化工作者的文化自觉和文化自信，提升了他们的业务素质和服务能力，促进了文化创新，促进了基层公共文化服务水平的整体提升。

【专家点评】

《文化新世纪》既是江苏省文化馆的馆办杂志，也是江苏省文化馆面向基层文化馆、站提供免费开放服务的一个重要项目。省级文化馆是一个省文化馆的龙头，担负着指导、辅导全省基层文化馆、站业务工作的职能。而指导、辅导全省基层文化馆、站业务工作，馆办的公益性杂志显然是个极好的平台和载体。《文化新世纪》杂志从办刊之初，就立足于关注基层、服务基层，一切为基层着想。杂志以与时俱进的品格，及时传递着中央、省关于群众文化事业和公共文化服务体系建设的最新政策、文件、精神，传递着关于群众文化、非物质文化遗产保护、公共文化服务体系建设的知识，传递着领导、专家、基层文化工作者最新的认识、思考、实践、探索、经验，传递着基层最新的文学艺术创造成果和文化创造信息，同时，也传递着文化自觉、文化自信和文化自强。十多年来，《文化新世纪》已成为江苏基层文化工作者开展文化工作离不开的业务指导读物。杂志所发表的文章深刻地影响了江苏基层文化工作者的思维方式和文化工作实践，对江苏群众文化事业的发展和公共文化服务体系的建设作出了积极的贡献。

(点评人：戴珩)

六、别具特色的"群文流动大讲坛"

自 2010 年起，江苏省南通市崇川区文化馆创意并实施"群文流动大讲坛"项目。他们充分发挥该馆群文干部业务特长，在认真调研的基础上，根据街道、社区群众需要，精心设计讲课内容，创新讲课形式，走出文化馆，走进街道、社区，为广大人民群众提供流动讲座服务，收到了良好的服务效果。

(一)举办"群文流动大讲坛"的动因

崇川区文化馆举办"群文流动大讲坛"，主要是出于两方面考虑。

一是基层需要文化馆提供灵活的有针对性的指导。崇川区属于南通市的主城区，有较好的社区群众文化活动基础，自发组成的业余文化团队数量多而且也比较活跃。这几年，区文化局、文化馆十分注重业余文化团队建设。通过开展团队建设年、团队提升年、团队展示年以及校团共建、团企共建、团团共建等一系列活动，加上开展团队优秀带头人和星级团队评比，全区的团队建设无论在规范管理，还是在整体活动水平上，都有较大的提高。但在调研中，他们也发现，参加团队活动的队员涉及的艺术面还不够广，活动的形式比较单一，队员的整体水平还有待提高。这些团队和社区群众急需得到文化馆更多业务上的指导。开展"群文流动大讲坛"，根据群众的需求开展各类讲座，把有针对性的文化服务送到基层，送到社区，送到居民家门口，可以更好地满足基层群众的文化需求，丰富他们的业余文化生活，不断提升业余文化团队的水平。

二是文化馆需要通过举办"群文流动大讲坛"转变服务观念和服务方式，变被动服务为主动服务，变一般服务为特色服务。文化馆开展免费开放服务的重要方式之一就是流动服务。举办"群文流动大讲坛"可以充分彰显文化馆的服务优势和服务特点，提高文化馆的服务效益，使文化馆更好地发挥应有的功能。

(二)"群文流动大讲坛"举办的方法

为了把"群文流动大讲坛"办好，崇川区文化馆采取了一系列行之有效的方法。

一是制定并实行《崇川区文化馆业务干部下基层管理办法》，并建立"群文流动大讲坛"服务效果反馈机制。制度规定，文化馆每位业务干部都有相应的挂钩街道、社区、团队，举办讲坛和下基层情况每月汇总一次，直接报主管部门。文化馆每月总结上月工作得失，调整工作思路。每人工作实绩与年终考评挂钩。这不仅调动了业务人员的工作积极性，也为每次讲坛活动较好地开展提供了制度保障。

二是整合辖区资源，形成一支有较高水平的"群文流动大讲坛"主讲队伍。文化馆根据社区群众的文化需求，一方面发挥单位人才优势；另一方面整合社会资源，组成由文化馆专业干部、有特长的团队骨干、社会上热心公益的文化专家等组成的讲坛主讲队伍。

三是责任到人，提出明确要求，制订完整的教学计划。"群文流动大讲坛"实行专人负责制，文化馆安排专人负责管理，负责课程的编排和活动的验收。讲坛举办之前，先作充分的调研，在此基础上，根据群众要求制订完整的教学计划，保证课程内容切实符合群众的需求。

四是丰富课程内容，扩大服务范围。"群文流动大讲坛"充分体现讲坛的灵活性、流动性、生动性，不断丰富讲坛的内容。讲座内容不仅有摄影、音乐、舞蹈、合唱等，还有集邮、收藏、瑜伽等。"群文流动大讲坛"不仅走进街道、走进社区，还深入到学校、企业、部队和机关，真正做到了把服务送到群众身边，将服务落到实处。

(三)"群文流动大讲坛"取得的实效

三年来，崇川区"群文流动大讲坛"开展了130余场，受众超万人，已成为南通地区基层公共文化服务新的品牌，收到了良好的社会效果。一是"群文流动大讲坛"活动的开展，充分发挥了文化馆公益性文化服务职能，展现了文化馆人的风采，得到社会各界和人民群众的普遍认同，树立了较好的社会形象。二是提高了辖区内群众业余文化团队的整体水平。团队数量明显增加，活动质量明显提高。三是提高了辖区群众的文化艺术素质，让群众真正感受到了文化的魅力。

随着"群文流动大讲坛"的不断举办，将有更多的社区居民从中得益，享受到文化艺术带来的乐趣。

【专家点评】

现在，图书馆、博物馆、文化馆普遍开办各种各样的讲坛，但这些讲坛绝大多数都是在固定的时间、固定的场所进行。但南通市崇川区文化馆根据基层和群众的需要，充分发挥文化馆自身人才的优势，主动走出文化馆，走进街道、社区、企业、部队、机关、学校，开办"群文流动大讲坛"，提供更为灵活和更有针对性的讲座服务，这是一个非常好的创新之举。公共文化服务需要不断创新，唯有不断创新服务形式、服务手段、服务内容，才能更好地满足人民群众不断增长、日益多样的文化需求。崇川区文化馆的做法给人以思考和启迪。

（点评人：戴珩）

七、辅导培训："请进馆"和"送上门"相结合

面向基层开展文化艺术辅导和培训是文化馆重要的工作职责和工作内容。青岛市城阳区文化馆自 2008 年 5 月 1 日全面实施免费开放以来，采取"请进馆"和"送上门"相结合的方式面向基层开展文化艺术辅导培训，形成了自己鲜明的特色。

一是"请进馆"；本着公益性、基本性、均等性、便利性的原则，城阳区文化馆利用场地和师资优势，以"请进馆"的方式，开展文化艺术辅导。第一，把全区群众请进馆开展"文馨家园"公益辅导培训。根据老、青、少和特殊群体，分别进行课程设置。其中，面向少年儿童开展各类器乐、跆拳道、布贴画、少儿舞蹈等培训；面向青年人开展瑜伽、拉丁舞、工间操等培训；针对老年人开展民乐、书画、合唱、广场舞、剪纸等培训。此外，还针对外来务工人员、残疾人等弱势群体开展街舞、手语、摄影等特色培训。各项课程限报 50 名学员，每周两个课时，参训群众可根据自己的兴趣爱好和特长选择一或两项课程参加培训。据统计，城阳区文化馆每年开设各类培训班 60 余期，受益群众达 3 000 余人。第二，把全区群众文化骨干请进馆开展培训。培养艺术人才和文艺骨干是文化馆的一项基本职责，也是重要的工作内容之一。城阳区文化馆利用馆办设施，定期举办群文干部和艺术骨干业务培训班，聘请有关专家进行群文知识、群文技能等专业培训，增强基层文化骨干的工作能力，提高他们的业务水平。第三，把馆办"群星艺术团"等团队成员请进馆参加培训。城阳区文化馆在常年开设声乐、舞蹈、器乐、书法等免费培训班的基础上，选拔优秀学员成立了区文化馆"群星艺术团"，下设合唱团、民乐团、管乐团、舞蹈队和电声乐队，人数已发展至 200 余人。城阳区文化

馆除了平常注重加强对馆办文艺团队的培训与指导，还经常外聘经验丰富的专家教授来馆对团队进行专门的指导、辅导和培训，不断提升馆办艺术团队的演出水平。"群星艺术团"积极参加青岛市群众艺术比赛、"欢乐大舞台"广场周演出、"文化超市"惠民演出等各类区、市级群众文化活动，发挥了区域骨干艺术队伍的带动作用，成为基层文化活动的重要生力军。第四，请省、市专家到馆为市民作高端文化艺术培训。城阳区文化馆利用多功能厅，每月邀请省、市专家举办一场高端的文化艺术讲座，全面提升广大市民的文化知识水平和整体素质。

二是"送上门"。在"请进来"进行文化艺术辅导培训的同时，城阳区文化馆根据基层和群众需求，采取"派出去、送上门"的方式，多途径、多层面、多样化地开展辅导培训工作。第一，深入社区基层开展辅导培训。每年年初，区文化馆根据基层需求，制订出全年开展辅导培训的计划，定期组织文化馆专业文化干部和文化志愿者深入基层社区、企业或学校，广泛开展健身操、排舞、海派秧歌、百姓健康舞以及文艺创作、活动策划等各类辅导培训活动。据统计，区文化馆业务干部每年到基层辅导培训200余次，全年辅导人数达2万余人次。第二，深入基层辅导点开展辅导培训工作。城阳区文化馆在全区建有许多基层辅导点。他们根据每个基层辅导点和特色团队的实际需要，开展有针对性的辅导和培训。例如在对未成年人基层辅导点的辅导培训中，城阳区文化馆针对学校合唱团和舞蹈队迫切需要在艺术创作和表演水平上得到提高的需求，专门邀请市级专家对其进行创作和表演上的指导、辅导，提高了合唱团和舞蹈队的原创能力及表演水平。经专家辅导后，其合唱团在青岛市合唱节上获一等奖，舞蹈队表演的《博鳌》还受中央电视台少儿频道邀请参加了少儿春晚节目录制。在对新市民辅导点开展的培训中，该馆结合新市民特有的才艺和兴趣，重点加强了声乐、街舞、器乐等方面的艺术辅导与培训，培育了青岛三利集团军乐团、街舞团等多支特色团队。其中，青岛三利集团军乐团在全国农民工艺术大赛活动中荣获二等奖。在对社区辅导点开展的辅导培训中，该馆针对社区文化建设实际和社区群众需要，辅导社区开展了群众喜爱、广泛参与的群众文化活动，并举办书画、戏曲、广场舞、柔力球、国学、保健等方面的讲座，丰富了社区群众的文化生活，提升了社区群众的文明素质。第三，深入基层面向基层特色文化团队开展辅导培训。经过几年的挖掘培训，全区组建起了150余支特色文化团队。城阳区文化馆积极争取专项资金，对锣鼓队、民乐队、柳腔剧团、舞蹈团等30余支特色鲜明、表演风格成熟的文化团队进行专项扶持，为其配备必要的服装、道具，并聘请专业教师对他们分类别进行业务辅导和培训，不断提升其演出质量和服务水平。目前，经城阳区文化馆辅导培训走上正轨并正式登记注册的演艺团队已有10支。区文化馆依托这些文化团队，每年为基层社区免费配送综艺演出、戏曲演出600场，在丰富群众文化生活的同时，也为各支文艺团队提供了演出舞台，使其成为活跃基层群众文化生活的重要力量。

【专家点评】

青岛市城阳区文化馆是个名不见经传的区级馆，但该馆开展的免费辅导培训服务却富有特色。他们的做法，一是"请进馆"；二是"送上门"。无论是"请进馆"，还是"送上门"，都体现出强烈的主动服务的意识。主动服务，有针对性地提供服务，创新性地提供服务，努力提供优质服务，这是文化馆做好免费开放服务的要诀。每个文化馆都应该切记。

（点评人：戴珩）

八、广东省广州市文化馆免费开放的亮点

2011 年，文化部、财政部《关于推进全国美术馆、公共图书馆、文化馆(站)免费开放工作的意见》下发后，广东省广州市文化馆积极落实文件精神，认真盘点自身资源，深入了解群众需求，创新设置免费项目。同时，通过报刊、广播、电视、网站、微博等各种媒体，扩大对免费开放的宣传，在免费开放服务方面，形成了自己的特色和亮点。

(一)举办五项公益培训，打造惠民文化套餐

开展公益培训，是文化馆普遍开展的免费开放服务内容。广州市文化馆针对不同群体的不同需求，重点打造了五项公益培训品牌项目，2011 年，共举办各类公益培训班 33 个，公益讲座 9 期，授课 700 多学时，培训在册学员 1 300 多人，培训市民 12 000 多人次。培训的规模和惠及面比 2010 年增加近两倍。

"百姓免费艺术培训班"规模不断扩大。"百姓免费艺术培训班"是个完全免费的艺术培训班，面向普通市民，开设音乐、舞蹈、美术、书法、国标舞、计算机等课程，以基础的普及型培训为主。2011 年，培训班首次通过媒体发布招生信息，市民报名踊跃。2011 年 4—11 月，广州市文化馆连续举办 3 期"百姓免费艺术培训班"，培训班的规模从 2010 年的每期 4 个班近 200 人，扩大到现在每期 13 个班 500 多人，人数增加了两倍多。

"爱心艺术培训班"七年坚持艺术扶贫。"爱心艺术培训班"原名"广州市贫困家庭未成年子女免费艺术培训班"，自 2004 年开始举办以来，一直面向广州市低收入家庭、外来工贫困家庭、农村贫困家庭的未成年子女，不仅学费全免，而且教材、舞蹈衣鞋等全部学习资料和学习用品均免费提供。2011 年，广州市文化馆除

了继续开展培训外，还在 3 月和 6 月两次举办"爱心艺术培训班"孩子们的展览，邀请这些孩子们登上广州塔参观，并设计制作"爱心艺术培训班"七年回顾画册，进一步扩大影响。

"非物质文化遗产传承班"从形式上创新，反响热烈。广州市文化馆同时也是广州市非物质文化遗产保护中心。自 2007 年起，该馆就积极举办非遗保护工作培训、非遗青少年传承班、"非遗进大学"等各类公益培训。2011 年，广州市文化馆举办"非遗青少年传承班"、"广绣"班、"醒狮"班三期，主要面向中、小学生招生，邀请非遗传承人、民间艺术大师授课。因为有非遗传承人、民间艺术大师现场讲解，传授技艺，形式更加创新，教学更加生动，不仅受到学员和家长们的广泛好评，还吸引了新华社、《羊城晚报》、广州电视台、广东电视台等多家媒体关注，一度成为社会的文化热点。

"羊城百姓艺术讲堂"提升百姓艺术修养。"羊城百姓艺术讲堂"2009 年起开始举办，邀请艺术和群文方面的专家学者，在市文化馆讲座厅举办免费艺术讲座。2011 年，广州市文化馆每月 15 日晚举办"摄影爱好者沙龙"摄影公益讲座，邀请广州知名摄影家授课，并举办"摄影月赛"、作品点评等活动，深受广大摄影爱好者的欢迎。此外，该馆还邀请多位专家、学者、艺术家、传承人举办讲座，受惠群众 2 000 多人次。

"社区文化辅导员培训班"培养基层文化带头人。广州市文化馆多年来坚持面向基层文化馆站业务干部、社区文化辅导员举办免费培训班。2011 年，广州市文化馆除了继续举办"文化馆站业务干部培训班"外，还在 11 月举办"社区文化辅导员培训班（才艺大赛）"，为全市 12 区（市）的社区文化辅导员搭建展示才艺、交流互动的平台，评选出一批优秀的基层文化带头人。

(二)提供七项阵地"免费服务",打造市民文化乐园

除了开展公益培训外,广州市文化馆还以本馆场地为主要阵地,设置了多个免费服务项目,让更多市民享受到"免费开放"的优质服务,使文化馆成为市民的文化乐园。

13个艺术展览全部免费开放。2011年,广州市文化馆共举办了"岭南风格——非物质文化遗产展览"、"岭南漆画精品展"、"贫困家庭与外来工子女美术展"、"百姓免费艺术培训汇报展"等13个展览,所有的展览,均免费向公众开放。

9期"大家乐舞台"为市民搭建展示才艺的平台。"大家乐舞台"是广州市文化馆为老百姓搭建的艺术舞台。该馆充分利用本馆场地,搭建了舞台、灯光、音响齐全的"免费舞台",吸引在艺术方面有"一技之长"的市民和群众业余文化团队免费报名参演。2011年的"大家乐舞台"演出活动共举办9期,参与群众达2 000多人次。

免费电脑培训提升数字化服务水平。广州市文化馆建有文化信息资源共享工程基层点。为了使更多的人能够上网,享受数字化服务,2011年,该馆开设了3期"文化共享课堂·老年免费电脑培训班"。2011年,广州市文化馆的共享工程电子阅览室开放时间比2010年增加一倍以上,服务人数也较2010年有了大幅度增加。

排练场地向群众团队免费开放,服务群众近5万人次。2011年,广州市文化馆向广州市老年文化协会、新四军研究会合唱团、广州民族乐团、广州合唱团、广州青年舞蹈团、广州岭南戏剧社等20多个群众团队免费提供排练场地2 150小时,服务群众46 165人次,比2010年增加约一倍。

此外,广州市文化馆还为市民免费提供报刊阅览、艺术创作指导和免费发放公共文化宣传资料等服务。

【专家点评】

文化馆开展的免费开放服务贵在符合群众需要，有特色，体现公益性、基本性、均等性、便利性、贴近性、参与性、引导性、创新性。广州市文化馆所开展的免费开放服务就具有这样的特点。"百姓免费艺术培训班"、"爱心艺术培训班"、"非物质文化遗产传承班"、"羊城百姓艺术讲堂"、"社区文化辅导员培训班"五项公益培训，内容、对象不同，各有侧重，形式也不尽相同，既体现了文化馆的职责和功能，又照顾到了不同人群的不同需求，还体现了文化馆对特殊群体的关爱。所提供的其他七项免费开放服务，也都紧紧贴合人民群众的需要。广州市文化馆免费开放工作带给我们许多重要的启示。

（点评人：戴珩）

九、宁夏银川市文化艺术馆免费开放服务的两大品牌

宁夏回族自治区银川市文化艺术馆是一级文化馆。长期来，该馆一直坚持开展免费开放服务。文化部、财政部《关于推进全国美术馆、公共图书馆、文化馆（站）免费开放意见》下发后，按照文化部、财政部免费开放要求，该馆增加了免费开放项目，公示了免费开放项目一览表，制定了免费开放公众须知、管理规定、安全预案等一系列管理制度，除设施场地免费向公众开放外，还设置了基层文化队伍培训、公益性群众美术展览、公益性主题讲座、免费艺术培训、非遗进校园等十几个免费开放服务项目，并精心打造了玉皇阁广场文艺演出、广场民族健身舞培训两大免费开放服务品牌。

（一）玉皇阁广场文艺演出：让老百姓成为舞台主角

广场文艺演出是老百姓非常喜爱的一种文化活动形式。为了丰富人民群众文化生活，使公共文化惠及普通百姓，银川市文化艺术馆从 2007 年开始，精心组织开展玉皇阁广场文艺演出，使玉皇阁广场文艺演出成为银川乃至全国知名的免费开放服务品牌。

银川市文化艺术馆打造玉皇阁广场文艺演出品牌，有一整套的经验和做法。

一是精选场地。银川市大大小小的广场很多，经过反复比较，最终，文化工作人员选定了玉皇阁广场。玉皇阁类似北京的钟鼓楼，是宁夏回族自治区文物保护单位。这里本身就具有文化气息和文化氛围。玉皇阁又位于银川市中心，本地人口和外来人口来此都比较方便，人群集聚度较高。玉皇阁前的广场面积有 2 000 多平方米，在此开展群众性文艺演出，既可以满足观众的需要，管理起来也比较方便。选定了玉皇阁广场作为开展群众文艺演出的场所后，为了使广场成为人民群众喜爱的文化乐园和文化空间，按照银川市文化广播电视局的要求，负责管理玉皇阁广场的银川市文物管理处对广场环境进行了进一步美化和绿化，使之更有文化品位，更为宜人。

二是明确宗旨。银川市文化艺术馆开展玉皇阁广场文艺演出有着明确的理念和宗旨，就是坚持"政府主导、社会参与、公益演出、群众受益"的原则，搭建属于老百姓自己的文化舞台，充分开发利用本地社会文化资源，调动民间文艺团队的积极性，激发人民群众的文化创造活力，让人民群众成为文化活动的主体，丰富人民群众的文化生活，保障人民群众的文化权益。他们提出的口号是："广场活动天天有，欢歌笑语大家乐"；"小广场，大舞台，玉皇阁每天都精彩"。

三是精心策划。考虑到银川的气候条件，在室外广场进行文艺演出的时间最好是在每年的 4 月到 10 月，银川市文化艺术馆就把玉皇阁广场文艺演出定在这个时间段。在长达 6 个月的时间里，每天晚上都要有演出，例如果没有精心的策划，显然很难长久地吸引观众。银川市文化艺术馆从三个方面加强整体策划。第一，结合重大节日，突出不同时间段的不同演出主题。例如结合清明节、"五一"国际劳动节、"六一"国际儿童节、"七一"党的生日、"八一"建军节、教师节、重阳节、"十一"国庆节、中秋节等重大节日，不断推出主题鲜明、内容丰富、表演生动的演出活动。第二，设置不同形式的活动内容，充分激发社会力量和人民群众参与文化活动的热情。为了让人民群众广泛参与到活动中来，成为舞台演出的主角，银川市文化艺术馆精心策划和设置了"相约星期六——百姓大舞台"百姓之星才艺 PK 大赛、"我爱我家"家庭才艺大赛、"小明星"艺术大赛、银川市各行各业文艺演出、农民文艺团队演出、社区文艺团队演出、县区文艺专场演出等子项目。第三，吸引专业文艺团体参加演出，丰富广场文艺演出形式和内容。银川人爱看秦腔，银川市文化艺术馆就邀请宁夏秦腔剧团、新月秦腔剧团等在玉皇阁广场进行秦腔本戏《铡美案》、《周仁回府》、《金沙滩》、《杨三姐告状》等剧目以及秦腔折子戏的演出。为了提高广场演出的水平和质量，银川市文化艺术馆除了组织馆办团队开展演出外，还邀请银川市艺术剧院、银梦艺术团、星梦艺术团等专业和准专业的团队进行演出。玉皇阁广场文艺演出的形式十分丰富，包括歌舞、戏剧、器乐、曲艺、杂技、魔术，可以说是应有尽有。每年的玉皇阁广场文艺演出均收到良好的社会效果。2011 年的第八届玉皇阁广场文化活动从 4 月 13 日开始到 10 月 15 日结束，共演出 188 场，其中，参加演出的社会文艺团队 40 多支，参演人数达 5 000 余人，演出节目 2 000 多个，观众人数达 50 多万人。

四是完美实施。为了保证在长达 6 个月的时间里每一天的演出都能顺利进行，银川市文化艺术馆成立了演出组、灯光音响组、宣传组、后勤保障组，并实行项目负责制，由该馆活动部具体组织实施。他们在广场搭建了长 15 米、宽 9.54 米的舞台，准备了 500 张座椅，同时负责做好对每场演出的节目进行安排，印制节目单，以及相关的联络、现场安全、服务、会议记录和总结工作。玉皇阁广场文艺演出期间，值班人每天都填写日志，对演出单位、演员人数、节目数量、演出形式、主持人、工作人员、观众人数、演出效果、现场负责人、场内安全情况等进行记录。

五是形成机制。一个项目能够成为品牌，必须有完善的机制作保障。在长期的实践中，银川市文化艺术馆对玉皇阁广场文艺演出逐步建立和形成了一整套科学、合理、有效的工作机制，包括组织领导机制、经费保障机制、社会参与机制、文艺团队辅导机制、文艺团队星级评定机制、宣传推介机制、活动管理机制、表彰激励机制等。完善的机制不仅保证了活动健康、有序地开展，而且促进了广场文艺演出水平和观众素质的提高，达到了"繁荣群众文化，优化人文环境，培育文明之风，提高公民素质"的效果。如今，到玉皇阁广场看演出已经成为银川市许多市民的生活习惯和生活内容，许多观众自觉参与活动的现场管理和秩序的维护。

(二)广场民族健身舞培训：让老百姓广泛享受公共文化产品

广场民族健身舞培训是银川市文化艺术馆着力打造的又一免费开放服务品牌。在打造这一免费开放服务品牌的过程中，银川市文化艺术馆形成了自己有特色的做法和经验。

一是顺应人民群众的文化新需求、新期待，精心组织生产人民群众喜爱的并能够被人民群众广泛享受的公共文化产品。生产公共文化产品，并免费向人民群众提供，这是文化馆重要的工作内容和工作职能。如何顺应人民群众的文化新需求、新期待，生产出人民群众喜爱的并能够被人民群众广泛享受的公共文化产品，这是摆在当今文化馆人面前的一个重要课题。随着人民群众生活水平的不断提高和健康意识的增强，参与广场健身活动的人越来越多。银川市文化艺术馆馆长季妍敏锐地发现，参与广场健身活动的人虽然很多，而且在广场做健身活动的人大多喜欢跳健身舞，但是，因为缺乏人指导、辅导，特别是因为没有适合人们在广场跳的好的健身舞，老百姓往往是随意乱跳，既不美观，也很难达到健身的效果。针对老百姓迫切需要适合在广场跳的集艺术与健身于一体的健身舞的文化需求，银川市文化艺术馆决定，编创群众需要的广场健身舞。他们组织本馆的音乐舞蹈干部，充分挖掘、利用当地民族文化和特色文化资源，精心编创了回族、维吾尔族、藏族、蒙族、汉族等12套具有各民族特色的广场民族健身舞，包括回族《纱巾舞》、维族舞《心情》、彝族舞《七月火把节》、藏族舞《套马杆》、藏族锅庄舞、拍打舞《凤凰城迎宾曲》、东北秧歌《手绢花》、扇子舞《热土欢歌》、长绸扇舞《中华情》、健身舞《运动节拍》、《晨韵》、《草原百灵》等。这12套广场民族健身舞富有民族特色，舞蹈节奏明快，音乐旋律优美，动作舒展大方，融艺术、健身、娱乐为一体，具有丰富生活、健身强体、陶冶情操的社会功能，一经推出，就深受银川市百姓的欢迎。特别是广场回族舞《踏歌起舞》，这是银川市文化艺术馆专业干部深入基层采风，以宁夏回族民间的传统体育和竞技项目回族踏脚为元素重新进行创排的大型广场舞蹈。踏脚作为非物质文化遗产项目起源于唐代中期，与家庭生活、社会交往、生产劳动紧密结合。以踏脚为元素创作编排的广场回族舞《踏歌起舞》，武、舞结合，音乐优美、欢快，动作刚劲有力，舒缓潇洒，极具艺术性和观赏性，既适合群众在广场集体跳，又适合在舞台表演，深受群众的喜爱。

二是充分利用场地和人才优势，开展广场民族健身舞培训。

银川市文化艺术馆利用馆培训教室和场地，面向全市文化馆站专业干部、15 个健身点的骨干、社会文化辅导员、业余文艺团队骨干等，开展 12 套广场民族健身舞培训。他们在馆内共举办了 6 期培训班，培训学员 200 多人。此外，他们又选定银川市南门广场作为广场民族健身舞培训示范点，派出两位老师作为培训教师，特地购置了活动音响、电缆、音响手推车，并制作音乐和舞蹈光盘，供培训时使用。他们还派出辅导老师深入社区、农村、学校、机关、企业、军营免费发放广场民族健身舞培训教学光盘，同时开展广场民族健身舞培训活动。银川市文化艺术馆所培训的 200 名社会文化辅导员也本着"以点带面、辐射周边、包片辅导、活跃基层"的服务理念，深入银川市广场、农村、社区、学校进行包片辅导，将 12 套广场民族健身舞进行免费培训推广。单是在南门广场示范点，从 2011 年 5 月 7 日到 10 月 31 日，就举办广场民族健身舞培训 169 场次，培训群众 40 000 人次以上。2011 年，全市累计发放广场民族健身舞教学光盘 1 000 份，培训群众十万余人次，使得广场民族健身舞在数十万名群众中得到普及。现在，不管是清晨还是晚上，在银川市大大小小的广场上，几乎随处可见人们学跳广场民族健身舞的身影。

三是举办银川市"踏歌起舞·幸福银川"首届广场民族健身舞大赛，推动广场民族健身舞在全市进一步的普及与提高。为了使广场民族健身舞成为银川市文化活动品牌，增进各民族之间的文化交流与融合，进一步营造广场民族健身舞大家学、大家跳、大家乐的氛围，促进社会和谐，银川市文化广播电视局 2011 年举办了"踏歌起舞·幸福银川"首届广场民族健身舞大赛，银川市文化艺术馆具体承办了这项活动。在初赛的基础上，他们选出 15 支队伍参加决赛。决赛在千人表演的回族纱巾舞中拉开帷幕。经过激烈的角逐，评出一等奖 1 个，二等奖 3 个，三等奖 5 个，优秀奖 6

个，组织奖 4 个，优秀辅导员 19 个。大赛有力地推动了广场民族健身舞在全市群众中的进一步普及与提高。现在，银川市广场民族健身舞培训声名远播，不仅宁夏各地派人学习广场民族健身舞，陕西等省份也邀请银川市文化艺术馆馆长季妍等前去开办培训讲座，并教授广场民族健身舞。随着广场民族健身舞培训的持续开展，银川市文化艺术馆的这一免费开放服务品牌越来越响，同时，也吸引更多的群众加入到学跳广场健身舞的行列当中，尽情享受银川市文化艺术馆所创造的优质公共文化产品，充分沐浴文化的阳光，感受艺术的魅力，体验运动的快乐。

【专家点评】

文化部、财政部下发的《关于推进全国美术馆、公共图书馆、文化馆（站）免费开放意见》要求，2011 年年底之前，全国所有文化馆（站）实现无障碍、零门槛进入，公共空间设施场地全部免费开放，所提供的基本服务项目全部免费。2012 年年底之前，全国所有文化馆的一级馆、省级馆、省会城市馆、东部地区馆（站）免费提供的基本公共文化服务质量和水平不断提升，形成 2 个以上服务品牌。银川市文化艺术馆作为一级文化馆和省会城市馆，自觉按照文化部、财政部要求，在全面开展免费开放服务的同时，积极打造免费开放服务品牌，并取得显著的成绩，显得十分可贵。银川市文化艺术馆所打造的玉皇阁广场文艺演出和广场民族健身舞培训两大免费开放服务品牌，有着鲜明的特色。两大品牌都紧贴老百姓的文化需求，紧贴当地的文化传统，顺应人民群众对文化生活的新需求、新期待，前者采用了老百姓最喜欢的广场文艺活动形式，并让群众成为文艺舞台的主角；后者则以创作富有地方文化特色，能够为老百姓广泛享用的优秀公共文化产品——广场民族健身舞为前提。此外,银川市文化艺术馆打造免费开放服务品牌的方法和路径也非常值得肯定。在打造玉皇阁广场文艺演出服务品牌方面,他们精选场地,明确宗旨,精心策划,完美实施,形成机制。在打造广场民族健身舞培训服务品牌方面,他们将广场民族健身舞的编创、培训、比赛依次展开,并从制作和免费发放教学光盘、免费培训骨干和抓培训示范点入手,使培训覆盖广泛的人群。这些做法都为各地文化馆、站打造免费开放服务品牌提供了可资学习和借鉴的经验。

(点评人:戴珩)

【思考题】

1. 文化馆开展免费开放服务应该确立怎样的理念?
2. 文化馆设置免费开放服务项目应该遵循哪些原则?
3. 如何创新设置文化馆免费开放服务项目?
4. 文化馆应该如何打造免费开放服务品牌?
5. 如何办好馆办公益性杂志?

后　记

当选编完这本案例时，首先在编者心中充满的是振奋、责任和谢意。

令人振奋的是，国家进入"十二五"时期，随着党和国家对公共文化服务体系建设重视程度和领导力度的不断加强，群众文化事业的发展又迎来了新的机遇、新的跨越，在全国群众文化系统的群众文化工作实践中，涌现出了众多紧扣时代脉搏、贴近群众需求、注重改革创新的鲜活案例，需要群众文化界的同行相互学习、交流。因此，这本案例选编是群众文化理论与实践的需要，是生逢其时的。

由于群众文化学是一个新兴的、处在发展中的学科，理论研究相对滞后于实践发展，编委会不辜负领导部门的信任，以对群众文化事业发展的文化责任，投入到案例的选编工作中，力求对群众文化工作者拓宽视野、交流经验起到帮助和参考的作用，为群众文化理论研究提供素材和例证，促进群众文化等理论上的提升。

在选编过程中，编委会得到了文化部、中国文化报社、国家公共文化发展中心等中央文化部门和单位的高度重视和大力支持，得到了全国各省、自治区、直辖市、新疆生产建设兵团文化厅局和全国群众艺术馆的大力支持，得到了国家公共文化专家委员会各位专家的指导，同时，本著也倾注了众多文字材料提供者和撰写人员的心血，由于很多案例材料是各文化厅局报送给文化部的材料，背后凝聚着众多领导和文字工作者的辛勤劳动。书中所选案例的文字材料提供者除了报送文化部全国群星奖、创新奖和示范项目的有关省、自治区、直辖市文化厅（局）外，还有向各群众艺术馆征集案例过程中提供文字材料的单位和个人。他们是：北京市文化局、湖北省文化厅、江苏省文化厅、广东省文化厅、陕西省文化厅、天津市文化局、云南省文化厅、浙江省文化厅、河北省文化厅、山东省文化厅、福建省文化厅、贵州省遵义市文化广电新闻出版局、湖南省常德市鼎城区文化广电新闻出版局、上海市嘉定区文化广电新闻出版局、江苏省昆山市文化广电新闻出版局、北京群众艺术馆、上海市群众艺术馆、天津市群众艺术馆、深圳市群众艺术馆、浙江省文化馆、福建省艺术馆、山东省艺术馆、宁波市群众艺术馆、浙江省杭州市群众艺术馆、浙江省舟山市定海区文化馆、上海东方文化艺术指导中心、重庆市大渡口区文化馆、上海市嘉定区文化馆、重庆市沙坪坝区文化馆、北京市西城区文化馆、北京市朝阳区文化馆、青岛市城阳区文化馆、江苏省苏州市吴江区文化馆、江苏省苏州市胜浦镇浪花苑社区居委会、姚付祥、邵银燕、吴永强、朱伟、张其培、刘文艳、韩磊、戴珩、余智、黄燕、肖丽。还有很多省、市的文化部门和群艺馆、文化馆、文化站积极参加案例征集，对本书的编选给予了大力支持，由于篇幅所限，一些征集到的文字材料未能入选，在这里，谨对所有文字材料提供者表示衷心的感谢！

按照文化部的统一部署，《群众文化案例选编》作为全国基层文化队伍培训系列教材之一，自 2011 年 3 月开始，在文化馆系列教材主编冯守仁的领导下，编委会制订了编写方案，此后着手搜集材料，并经过编委会专家多次讨论，邀请专家对案例进行编审和点评，历时一年多的时间。

在案例的编写过程中，编委会一直遵循以下原则。一是定位与范围。定位于"群众文化"，面向全国34个省市、自治区、特别行政区，按分类指导原则，照顾到中、东、西地区的案例入选比例，适当考虑各省入选案例的覆盖性。二是案例入选标准。在公共文化服务体系背景下，选取具有典型性、示范性、导向性、创新性，在行业内具有品牌意义、推广意义和借鉴价值，并且在实践中学得会、用得上、有实效的案例。编写的案例具有实用性、生动性、可操作性、科学性的特点。三是案例的主要来源。优先选取文化部获奖项目（群星奖、创新奖）和国家公共文化服务体系建设示范项目。其次选取《中国文化报》报道的和全国文化馆评估组推荐的典型案例。最后选用向全国各省市、自治区群众艺术馆征集的案例。

在编写过程中，一是按照编委会统一部署，从文化部、中国文化报等部门和单位的群星奖、创新奖、示范项目等材料中选择案例。二是由北京群众艺术馆以案例编委会的名义向各省市、自治区的群众艺术馆发函征集案例。三是初选稿经编委会集体讨论，基本确定入选案例。四是专家分别对案例进行编辑和点评。

在工作分工上，路斌同志负责本书的审阅、定稿工作，杜染同志负责本书的初选、统稿工作，贾乃鼎同志负责第一章的编审和点评，巫志南同志负责第二章的编审和点评，王全吉同志负责第三章的编审和点评，戴珩同志负责第四章的编审和点评。

编者还就书稿内容向北京市部分基层文化部门、文化馆、文化站的群众文化工作者征求意见，得到了业内同行和基层文化工作者的高度认可。

在此，向所有为本书选编工作付出劳动的有关领导和部门、专家学者、群众文化工作者表示衷心感谢！向为本书编辑和出版辛勤工作的北京师范大学出版社的领导和编辑表示衷心感谢！

由于时间仓促，加之编者水平有限，本书离预期的目的和领导及同行们的期待还有一定的距离，限于篇幅，还有很多精彩的案例未能选入书中，敬请谅解，对书中疏漏之处，敬请批评指正。

编者
2012 年 8 月